축구로 보는 유럽

축구로 보는 유럽

김봉철 김수미 송은지 정호윤 강채희 구지훈
이하얀 박종호 안준철 홍재웅 이은경 신의찬

HU:iNE

머리말

지구 전체에서 가장 많은 사람들이 즐기는 운동의 하나가 축구이다. 인류의 역사가 시작된 이후 '발로 차고 달리는' 이 원시적인 운동은, 시대와 지역에 따라 여러 모습으로 진화하였음에도 그 본질이 변하지는 않았다. 시간이 흘러 인류가 산업혁명과 식민제국주의 등을 경험하면서 근대사회에 들어서자, 축구는 여러 지역이 통일되고 보편적인 기준을 공유하며 즐기는 운동이 되었다. 여러 대륙과 언어 그리고 문화를 관통하는 축구라는 운동은, 전 지구적 공감을 얻으며 동시에 각 지역의 문화, 사회, 정치, 경제를 담는 다양한 모양의 그릇이 되었다.

이 시기 유럽은 축구의 세계화 또는 국제화 과정에서 중요한 역할을 하였다. 여러 유럽 사회는 자본주의 및 산업화에 의한 변화 속에서 축구의 역할을 공유하였고, 다른 대륙과의 무역과 식민 지배 과정에서 그들의 축구 기준과 문화를 전이시켰다. 이제 국제사회는 '규격화된 축구'를 공유하면서, 전 세계가 보편화된 축구를 통해서 유사한 사회적 교류를 하게 되었다. 시간이 흐르면서 이러한 현상은 일방적인 전파에 그치지 않고, 전파된 유럽의 축구가 새로운 사회 문화적 요소와 결합하여 새로운 맛으로 다시 유럽에 수출되기도 하였다.

현대의 유럽 축구는 정치적 도구로 활용되기도 하였으나, 세계대전으로 분열되고 불안정한 사회에 평화와 통합을 주는 역할을 하였으며, 때로는 국가와 지역의 자긍심을 일깨우는 촉매제가 되었다. 최근 유럽 축구는 자본주의와 결합하여 많은 이익을 생산하는 산업적 측면이 강조되기도 하는데, 이러한 상황에서 유럽의 축구는 새롭게 외부의 자본과 선수를 흡수하며 세계 축구의 중심 무대임을 확인하고 있다. 유럽의 축구가 가지는 영향력은 역사적으로도 다양하고 깊은 층위를 가지고 있으므로, 학자들에게는 흥미롭고 충분한 탐구의 대상이다.

아시아 최대의 유럽 연구자 학술 모임인 한국유럽학회는, 2024년부터 유럽의 축구에 대한 다양한 이야기를 나누자는 재미있고 도전적인 계획을 수립하였다. 유럽 축구를 이야기할 수 있는 주제는 다양하고 풍성하지만, 이 계획을 구현하고자 모인 연구자들은 축구가 시대와 민족, 정치와 문화, 국가와 외부 관계 등을 설명하는 수단일 수 있다는 점에 착안하여, 각자 이해하는 유럽 축구를 풀어내고자 하였다. 이러한 작업은 한국유럽학회의 젊은 회원들에게 학자로서 사회적 역할에 관한 생각을 새롭게 하였고, 흥미로운 연구에 도전하는 동기가 되었다. 서로의 축구 이야기는 자체 발표회를 개최하거나 유럽학회 학술대회에서 발표되었으며, 그 결과는 2025년에 발간된 한국유럽학회의 한국연구재단 등재지 '유럽연구' 특별호로 발간되었다.

이 연구에 참여했던 연구자들은, 논문이 아닌 일반 독자를 위한 단행본의 목적으로도 유럽 축구에 관한 이야기를 모으기로 결심하였다. 저자들은 논문에서 채우지 못한 내용들을 보완하면서, 사진 등 여러 자료를 첨부하고 읽기 쉽게 표현을 다듬었다. 이렇게 준비된 원고들은 편집과 검토를 통하여 다시

가공되어 단행본의 모습이 되었는데, 저자들은 이 책이 유럽 축구의 의미를 새로운 각도에서 살펴볼 기회를 제공할 것이라고 확신한다. 이 글을 저술하신 저자들과 출간 작업을 주도하신 구지훈 국립창원대 교수님, 윤문 작업에 도움을 주신 한국유럽학회 박진수 간사님, 그리고 한국외국어대학교 지식출판콘텐츠원의 많은 분에게 한국유럽학회를 대표하여 감사를 드린다.

한국유럽학회장 김봉철

이 책의 구성

이 책은 유럽을 연구하는 이들의 생각과 관심을 '축구'라는 주제로 모아낸 것인데, 축구를 좋아하고 축구로 인해 공부를 시작했던 편집자로서 뿌듯함을 느낀다. 이 책의 편집을 담당하면서 저자들께 부탁한 것은 색다른 시선에서 유럽과 축구를 보자는 것이었다. 여러 시공간에서 축구는 국가의 얼굴이었고, 계급의 무대였으며, 이념과 예술, 통합과 갈등이 교차하는 사회의 풍경이었다. 저자들은 각자의 방식으로 축구를 해석하고 결과를 공유하였는데, 그러면서 이 운동 종목이 얼마나 다양한 방식으로 문화의 언어, 정치의 전략, 정체성의 상징이 되어왔는지 실감할 수 있었다.

이 책은 다음과 같이 전체 네 개의 장으로 구성된다. 제1장은 각국의 축구가 지닌 고유한 역사와 정체성, 제2장은 축구와 사회문화의 긴장과 실천, 제3장은 이민과 다문화, 인종 이슈를 중심으로 한 통합의 조건, 제4장은 예술과 제도 속에 침투한 축구의 언어를 담고 있다. 각 장은 다른 결로 사람과 국가와 사회를 바라보지만, 결국에는 공통의 질문과 마주한다. "우리는 왜, 어떻게, 축구로 사람과 사회를 말하는가?"

제1부는 유럽 국가들의 축구 이야기를 통해서, 축구가 국가의 문화, 역사, 정치, 정체성을 투영하는 거울이자 세계와 연결되는 도구임을 살핀다. 스페인과 포르투갈은 식민지 경험과 유소년 시스템을 결합하여 세계 축구의 교차로를 형성했으며, 근대 축구의 발상지인 영국은 내부의 고유한 정체성과 국가 통합의 긴장을 축구에서 보여준다. 헝가리는 '매직 마자르' 시대의 영광과 공산 체제의 통제를 거쳐, 국민적 자긍심과 문화적 상징으로 축구를 새롭게 해석하고 있다.

김봉철은 「스페인과 포르투갈의 축구: 대륙을 연결하는 이베리아」에서, 스페인과 포르투갈이 축구로 사회 · 정치 · 문화적 정체성을 표출하고 대륙을 연결함을 조명하였다. 스페인은 내전과 프랑코 정권에서 축구로 정치 메시지를 전달하였고, 라틴아메리카 선수를 받아들이며 전술의 다양성과 흥행을 도모하였다. 포르투갈은 유소년 육성 체계로 주로 브라질 및 아프리카 출신 선수를 발굴하여 세계 축구의 인재 공급지가 되었다. 양국 모두 과거 식민지와의 언어와 문화적 연결점을 기반으로 축구 네트워크를 확장하였는데, 아시아 국가와도 교류하며 '대륙 사이의 다리' 역할을 다하고 있다.

김수미는 「4개국의 정체성을 담은 영국 축구: 스포츠와 문화의 교차점」에서, 축구가 사회적 매개체로 작용하며, 영국 내부의 민족주의와 글로벌화를 드러내는 도구라고 강조하였다. 잉글랜드, 스코틀랜드, 웨일스, 북아일랜드로 구성된 영국은 축구로 각자의 정체성을 형성하고 표현한다. 잉글랜드는 축구의 발상지로서 제국주의와 산업화로 축구를 세계적으로 제도화하고, 프리미어리그로 글로벌 정체성을 강화하였다. 스코틀랜드는 잉글랜드와의 축구 경기에서 응원가 「Flower of Scotland」로 민족 서사를 노래하며 정체성을 강조한다. 웨일스의 축구 응원가 「Land of My Fathers」은 고유 언어와 문화를 보존하려는 자긍심을 보여준다. 북아일랜드의 응원가인 「God Save the King」은 영국과의 연합주의적 정체성을 증명한다.

송은지는 「매직 마자르의 부활: 헝가리 축구의 어제와 오늘」에서, 헝가리 축구의 역사적 황금기와 정치적 통제 속의 전환기, 오늘날의 재도약을 설명하였다. 헝가리는 푸쉬카쉬와 함께 '매직 마자르'라는 이름을 얻으며 세계를 제패했지만, 정치적 억압과 체제 변동으로 선수들이 망명하며 급격하게 쇠퇴하였다. 이후 경제적 불안과 지원 부족으로 헝가리 축구는 경쟁력을 잃었으나, 최근 기반을 다지며 새로운 전성기를 꿈꾸고 있다. 응원가 「Nélküled」는, 트리아농 조약의 상처와 민족적 결속 그리고 헝가리인의 정체성과 연대감을 강화하는 문화적 상징이다. 헝가리 정부는 민족적 유대의 수단으로 축구를 활용하며, 국경을 넘는 헝가리 정체성 구축에도 나서고 있다.

제2부는 축구가 사회가 지닌 욕망과 상처, 이상과 통제를 드러내는 사회적 거울이자 역사적 실천의 장임을 보여준다. 브라질에서는 유럽 이민자들의 참여와 공장에서 인기를 얻은 축구가 계급과 인종의 벽을 허물었고, 독일에서는 축구가 어두운 역사의 유산을 되짚으며 평등과 공존을 위한 도구가 되었다. 파시즘 시대의 이탈리아는 월드컵에서 메토도 전술을 구현하며 축구를 정권의 선전 수단으로 활용하였고, 공산당 지배의 불가리아는 축구를 체제 선전과 영웅 만들기의 수단으로 삼았다.

정호윤은 「브라질 축구의 시작과 진화: 유럽 이민자들의 영향을 중심으로」에서, 브라질에서 유럽 이민자들이 축구를 상류층의 전유물에서 대중적이고 민주적인 국민 스포츠로 변모시켰다고 설명하였다. 영국계 이민자들은 브라질에 축구를 처음 도입하고 초기 클럽을 형성했으며, 이탈리아와 포르투갈 이민자들은 그들의 클럽에서 축구의 프로화와 다양성을 시도하였다. 파우메이라스는 이탈리아적 전술과 조직력을, 바스쿠 다 가마는 인종적 포용성을, 코린치안스는 노동자 중심의 정치적 저항을 상징한다. 유럽 이민자들은 축구를 브라질 사회의 통합, 계급 해체, 인종 평등을 위한 매개체로 진화시켰으므로, 브라질 축구의 독창성과 위상은 이민자들의 융합과 사회적 실천의 결과물이라고 할 수 있다.

강채희는 「독일 축구, 차별을 넘어 평등으로」에서, 독일 축구가 과거 유대인 배제와 같은 차별의 시기를 극복하고 평등의 가치를 확산시키려는 노력을 소개하였다. 메수트 외질 사건 등은 독일 사회의 잠재적 이중잣대를 보여주기도 하지만, 클럽들은 끊임없이 반차별 캠페인, 교육, 역사 기억 활동 등을 통해서 목표를 향한 사회적 실천을 주도한다. 독일 축구는 법과 제도의 형식적 평등을 넘어서 팬과 구단, 사회가 함께 참여하는 '성장하는 평등 체계'를 지향하며, 차별 없는 사회를 향한 공론장으로 작동하고 있는데, 이 점은 한국 사회와 축구계에도 평등의 내면화와 실천이라는 중요한 시사점을 제공한다.

구지훈은 「1930년대 월드컵 우승에 나타난 비토리오 포초의 메토도 전술과 파시스트의 전략적 활용」에서, 이탈리아의 1930년대 월드컵 2연패를 이끌었던 메토도(Metodo) 전술이 파시스트 정권과 연결되어 있다고 보았다. 이 전술은 수비 안정성과 미드필더 중심의 효율적인 자원 배치를 추구하였는데, 당시 파시즘 정부는 그들이 추구한 질서, 집단성, 영웅주의 그리고 이상적인 국가와 국민의 모습을 구현하였다고 보았다. 당시 포초 감독은 심리전, 군사적

은유, 검은 유니폼, 로마식 경례 등으로 선수단을 이끌면서 파시스트 이데올로기를 스포츠에 이식하였고, 체제의 지원을 받으며 '파시스트에 최적화된 인물'로 기능하였다.

이하얀은 「축구로 보는 사회주의: 불가리아 공산당의 스포츠 정책」에서, 사회학적 관점에서 축구가 지배 이념을 재생산하는 동시에 저항의 장이 될 수도 있다는 양면성을 설명하였다. 불가리아 사회주의 체제에서 축구는 국가 이념 확산과 국민 통합의 정치적 도구로 활용되었다. 불가리아 공산당은 축구를 통해서 '사회주의 영웅'으로서의 선수 이미지를 구축하고, 체제 홍보와 대중 동원을 추진하였다. 그러나 1985년 국가컵 결승에서 벌어진 폭력 사태는 '모범적 스포츠인'에 대한 국가의 통제와 대중의 기대 사이에 발생하는 차이를 보여주었다. 당시 불가리아 축구는 정치, 언론, 이념 교육이 총동원된 통합 장치였으나, 사회주의 체제의 붕괴와 함께 해체되었다.

제3부는 축구가 이민자, 디아스포라, 다문화 공동체의 삶에 어떻게 연결되는지 설명한다. 인도에서는 영국 식민주의 아래에서 축구가 지역의 정치적 저항 혹은 순응의 방식으로 수용되었다. 프랑스의 '레 블뢰'는 다문화 대표팀이라는 정체성으로 갈등과 통합의 상징이며, 스웨덴에서는 클럽이 이민자 청소년에게 사회적 자본과 네트워크를 제공하는 실천의 장이 된다. 축구는 다문화 사회에서 갈등을 해소하는 통합의 플랫폼이지만, 차별과 경계의 거울이기도 하다.

박종호는 「인도로 간 영국 축구: 벵골과 펀자브의 상반된 궤적」에서, 벵골과 펀자브의 사례를 중심으로 인도에서 축구가 지역적, 정치적, 인종적 맥락에 따라 다르게 수용되고 변형되는지 설명하였다. 벵골에서는 축구가 영국 식민주의에 대한 저항과 민족주의의 상징으로 발전하면서, 인도인의 자긍심과 정체성 회복의 수단이 되었다. 펀자브에서는 축구가 규율과 충성심을 함양하는 도구로 활용되어, 정치적 열망이나 사회적 동원으로 이어지지 않았다. 이러한 차이는 '신체의 정치'와 인종주의 담론, 영국 제국주의의 전략적 편견, 그리고 지역 주민들의 정치적 태도에서 원인을 찾을 수 있다. 이주한 인도인 공동체에서도 축구는 정체성 유지와 계층화된 질서의 반영이라는 이중적 기능을 수행하였다.

안준철은 「'레 블뢰(Les Bleus)'와 사회 통합: 다문화 사회에서 축구의 역할」에서, 프랑스 축구 대표팀이 다문화 통합의 상징이자 정치적 갈등의 원인으로도 작동한다고 설명하였다. 이민자 출신 선수들의 활약하였던 1998년과 2018년 월드컵 우승은 국민적 자부심과 연대감을 주며 다문화 사회의 성공 사례로 평가받았다. 그러나 2010년 월드컵 예선 탈락 등 위기에서는 다문화 구성에 대한 비난과 인종차별이 되살아나며, 축구가 사회적 분열의 도구가 되었다. 축구는 사회통합의 도구로 발전해야 하는데, 포용적 교육, 지역 공동체 프로그램, 제도 개혁과 결합해야 진정한 사회통합의 플랫폼이 될 수 있다. 이 점은 다문화 사회로 가는 한국에도 중요한 시사점을 준다.

홍재웅은 「스웨덴 축구와 사회통합: 공존과 희망의 이야기」에서, 이민자와 난민 수용에 적극적인 스웨덴이 축구를 사회통합의 핵심 도구로 활용한 방식을 이야기한다. 스웨덴에서는 이미 오래전부터 축구가 언어 장벽과 문화 차이를 넘어 사회적 연결망으로 작동하였는데, 많은 이민자 배경 선수들이 선수로 성장하는 과정에서 클럽의 참여가 중요한 역할을 담당하였다. 이러한 모습은 스웨덴에서 사회통합의 구체적이고 중요한 사례로 평가받는다. 축구는 여전히 현대 스웨덴 사회에서 다문화 사회 속에서 공존과 협력을 가능케 하는 실천적 공간이자, 지속 가능한 사회통합을 위한 핵심 도구가 된다. 스웨덴의 사례 역시 한국 사회가 검토할 좋은 모델이 될 것이다.

제4부는 축구가 예술의 언어와 제도의 질서 속에서 어떻게 문화적 상상력과 정치적 조직성을 획득해 왔는지 설명한다. 러시아 아방가르드 회화와 문학, 패션은 축구의 역동성과 집단주의를 시각적 · 철학적으로 재구성하며, 소련 사회의 이상과 육체미학을 예술적으로 형상화했다. UEFA의 제도적 발전은 보스만 판결과 재정적 페어플레이 도입을 통해 유럽연합(EU)과의 정책적 · 문화적 상호작용을 심화시키며, 축구를 유럽통합의 거버넌스 영역으로 확장하였다.

이은경은 「축구로 보는 러시아 미술, 문학, 패션」에서, 러시아와 소련의 축구가 아방가르드 예술, 문학, 시각문화, 패션에 영향을 주고, 예술과 이념, 신체와 권력, 개인과 국가 사이의 긴장과 상호작용을 드러내는 복합적 문화 현상이라고 보았다. 말레비치의 절대주의 회화는 축구의 역동성과 추상성을 형상화하고 리시츠키는 콜라주와 구성주의로 축구를 혁명적 상징으로 재구성하는 등, 당시 여러 작가가 이데올로기와 신체 미학의 구현으로 축구를 그려내었다. 한편 올레샤의 소설 『질투』는 축구를 통해서 구세계와 신세계, 개인주의와 집단주의의 대결을 묘사하면서 사회가 요구하는 이상적 인간상을 보여주었다. 카바코프의 개념미술은 소련 이후의 비판을 담아내며, 축구를 통해 사회주의의 거짓 기쁨과 집단주의의 허상을 은유적으로 표현하였다.

신의찬은 「축구로 하나되는 유럽: 유럽축구연맹(UEFA)의 발전과 유럽통합」에서, UEFA가 유럽통합 과정과 상호작용하는 초국가기구로서 진화하였다고 설명하였다. UEFA는 보스만 판결(1995)을 기점으로 EU의 법질서를 수용하고 재정적 페어플레이(FFP) 규정과 같은 제도를 도입하여 EU와의 조율을 강화하였는데, 축구의 방송권, 이적 규정, 선수 이동의 자유 등 정책들로 회원국의 이익, 법적 압력, 팬덤 문화와 얽힌 다층적 통합의 경로를 만들기도 하였다. 유럽 챔피언스리그, 유로파리그, 네이션스리그 등 UEFA가 유럽대회를 확대한 것도 유럽적 정체성과 경제 통합을 강화하는 도구이므로, UEFA는 유럽통합의 제도화 · 문화화 · 상업화를 이끄는 중요한 행위자이다.

저자들이 모두 인식하는 것은 축구가 단순한 스포츠가 아닌, 세상을 관통하는 언어라는 것이다. 이 책이 축구라는 언어로 사회를 읽고, 인간을 이해하며, 문화를 재구성하려는 시도의 한 결실이 될 수 있을 것이다. 이 책이 경기장의 열기를 넘어서 독자분들의 축구에 관한 생각을 확장하는 기회가 되기를 기대한다.

편집자 구지훈

차례

이베리아의 스페인-포르투갈
대륙을 연결하는 축구

김봉철(한국외국어대학교)

근대 축구가 이베리아에서 시작된 이후 스페인과 포르투갈은 지역의 역사·문화적 배경을 바탕으로 축구를 단순한 스포츠 이상의 사회적 현상으로 발전시켰고, 식민지 관계를 통해 다른 대륙으로도 그들의 축구를 확산시켰다. 이베리아의 축구는 오랜 시간 일상에 스며들어 자연스러운 문화가 되었으며, 사람들의 지역적 자부심도 표현하는 수단이 되었다. 두 나라 모두 유소년 육성 시스템에 집중해 국제적 수준의 선수 양성을 목표로 한다. 이베리아 국민은 지역 클럽과 국가대표팀에 대한 강한 자부심을 가지고 글로벌 축구 무대에서도 성공을 거두었다. 그러나 양국의 축구에는 차이가 있는데, 스페인은 정교한 전술을 바탕으로 팀워크와 조직력을 강조하며, 포르투갈은 개인기와 창의적인 플레이를 중시하는 축구를 선호한다. 스페인 축구가 정치적 정체성 표현에 중요한 수단이 되는 것에 비해 포르투갈은 이러한 모습이 덜하다. 스페인 축구는 스페인어권 라틴아메리카 선수를 활발히 영입하여 화려한 스타일을 발전시켰고, 포르투갈은 브라질과 아프리카에서 뛰어난 선수들을 발굴하여 경쟁력을 높였다. 최근에는 양국 모두 아시아와의 축구 교류가 활발해지고 있는데, 스페인과 포르투갈 출신 지도자들이 아시아에서 활약하거나 일본과 한국 출신 선수가 이베리아 무대를 통해서 유럽 무대로 발전하는 모습이 나오기도 한다. 이는 아시아 축구의 수준을 높이는 기능도 한다.

I. 이베리아의 스페인과 포르투갈

유럽의 이베리아(Iberia) 지역에 있는 스페인과 포르투갈은, 언어, 역사, 문화적 유사성을 가지고 오랫동안 아라비아와 교류하였고 유럽을 아프리카 및 아메리카와 연결하는 중개자 역할도 하였다. 이들은 13세기와 15세기에 각각 이슬람 세력으로부터 독립하여 통일된 왕국으로 새로운 항로를 개척하고 식민지 확장 경쟁도 하면서 이익을 확대하였고, 유럽 전체에 식민제국주의를 확산시키는 원인을 제공하였다. 이러한 역사적 배경은 이베리아 사람들이 축구를 즐기며 그것에 스포츠 이상의 문화적 또는 상업적 가치를 부여하고, 축구를 다른 대륙으로 전파하는 이유가 되기도 하였다. 이들은 근대 영국에서 규정화된 축구 기준을 빠르게 받아들여 지역의 색채로 덧입히는 작업을 수행하였는데, 지역의 축구는 사람들을 열광시키고 다른 유럽 국가처럼 삶과 가까이 있는 문화가 되었다. 특히 식민지를 다스리는 제국의 네트워크는 스페인과 포르투갈이 남미와 아프리카 등 다른 대륙의 축구와 유럽의 축구를 연결하는 역할을 하도록 만들었다. 이들의 축구는 다양한 선수가 가진 문화와 개인기를 전술적으로 승화시키며 축구의 기술적 향상에 이바지하기도 하였다.

현대 스페인 사회는 축구와 깊이 연관되어 있다. 스페인 내전과 이후의 프랑코 독재 정권 동안 축구는 권력의 선전 도구로 활용되었고, 지역 민족주의와 결합하여 권위주의 국가에 대항하거나 독립 주장의 수단이 되기도 하였다. 이러한 배경은 여러 스페인 축구 클럽이 정치적 또는 지역적 상징성을 가지게 하였고, 축구가 스포츠 이상의 정치적 또는 사회적 의미를 얻는 계기를 만들었다. 또한 스페인 축구는 라틴아메리카 선수들에게 중요한 활동무대를 제공하였고, 이들은 공격적이고 화려한 경기 스타일로 스페인 축구를 발전시켰다. 최근 축구가 글로벌 자본주의와 결합하는 환경 속에서 일부 스페인의 클럽에 강력한 경제력을 제공하였다. 이 덕분에 해당 클럽들은 중계권 수익과 기업 후원을 바탕으로 더욱 강력한 팀을 구성할 수 있었고, 이것이 다시 스페인 리그의 매력으로 작용하여 해외 팬을 끌어들이는 선순환의 역할을 하였다.

포르투갈 축구의 문화는 지역의 연고를 자랑하는 클럽에서 비롯되는 경우가 많은데, 이러한 클럽들은 다양한 이야기를 만들어내며 유럽 축구 무대에서도 중요한 역할을 하였다. 많은 포르투갈 클럽은 유럽에서 손꼽히는 우수한 선수 발굴과 육성 능력을 보여주는데, 식민지 역사와 언어적 공통점에 기반한 포르투갈의 축구 네트워크는 브라질과 아프리카 등에서 모인 선수에게 기술을 발전시키고 전술적 이해를 확장할 기회를 제공한다. 또한 이들의 자국 문화를 포르투갈 사회에 스며들도록 하기도 한다. 이러한 경로를 통해서 선수와 지도자 그리고 포르투갈 축구가 함께 성장하고 경쟁력을 가질 수 있는 것이다.

이 글을 통해 여러 대륙을 유럽과 연결하는 이베리아 축구의 특징과 그들의 축구 문화를 소개하고자 한다. 이러한 목적을 위하여, 이 글은 스페인과 포르투갈 축구의 역사와 특징을 간단하게 살피고, 그들의 축구가 어떻게 유럽과 세계 무대에서 공존하고 경쟁하는지, 그 저력에 대해 논의한다. 궁극적으로 그들의 축구가 가지는 사회적 의미와 도전 및 과제도 도출하여, 이베리아 지역을 이해하고 한국과의 관련성을 찾는 실마리를 제공하고자 한다. 이러한 연구는 변화하는 유럽 사회를 이해하고, 새로운 유럽 연구의 논제를 발견하는 계기가 될 수도 있을 것이다.

Ⅱ. 역사-민족-사회-정치-자본의 스페인 축구

1. 독재 정권의 수단에서 세계 축구의 중심으로: 라 리가의 진화

스페인에서 근대적 축구는 1870년 당시 우엘바(Huelva)라는 남부의 항구 도시에서 일하던 잉글랜드 노동자들의 영향으로 시작되었으며, 프로축구 리그인 '라 리가(La Liga 또는 Primera Liga)'는 1929년에 공식 출범하였다. 당시 스페인은 제2공화국(1931-1939)과 스페인 내전(1936-1939)으로 정치적 혼란에 빠져있었기 때문에, 리그 설립 초기에는 참여하는 팀이 10개에 불과하였고, 운영 상황도 열악하였다. 스페인 내전이 끝나고 프란시스코 프랑코(Francisco Franco)의 정권(1939-1975)이 수립되면서, 축구가 정권의 정치적 수단으로서 중요한 역할을 하였다. 프랑코 정부는 축구를 대중적 지지, 국민의 결집, 국가 이미지 개선을 위한 수단으로 삼았고, 라 리가는 정치적 선전을 강화할 목적으로 활용되었다. 축구 경기에서 군사 행렬과 애국적 음악을 진행하며 정권의 상징성을 부각함과 동시에 국민에게 민족주의적 메시지를 전달하여 대중의 관심을 정치에서 축구로 돌렸다.

라 리가는 프랑코 정권 이후 스페인의 정치적, 사회적 변화 속에서 발전하였는데, 1950년대 후반부터 리그 구조 개편과 클럽의 전문화가 시작되었다. 축구팀 아틀레티코 마드리드와 발렌시아를 시작으로 1970년대까지 여러 클럽이 성공하며 스페인 리그의 위상과 다양성을 높이기도 하였다. 스페인 축구 1부 리그 상위권 팀들은 유럽 대회에 진출할 기회를 얻는데, 이러한 기회는 스페인 축구가 국제 무대에서 입지를 유지하거나 강화하는 요소로 작용했다. 그 결과, 현재 스페인에는 총 4개의 상·하위 리그에 약 460개의 클럽이 존재한다. 스페인의 축구 클럽들은 독특한 역사와 전통을 지니고 지역 사회와 문화를 상징하며 팬에게 자부심을 부여하는데, 일부 클럽은 국제 무대에서도 강력한 존재감을 가진다. 레알 마드리드와 바르셀로나의 '엘 클라시코(El Clásico)'는 단순한 경기를 넘어 정치

엘클라시코가 진행될 때 스페인의 펍과 음식점에서는 경기 중계방송을 보여주며, 길거리에서는 응원 행렬이 이어진다.

에스타디오 산티아고 베르나베우(Estadio Santiago Bernabéu)는 축구 경기장의 성지로 여겨지는데, 2023년 대규모 리모델링으로 개폐식 지붕과 360도 비디오 스코어보드 등을 갖춘 첨단 경기장이 되었다.

적, 문화적 의미까지 내포하고 있다.

레알 마드리드(Real Madrid CF)는 1902년에 창단되어 다수의 UEFA 챔피언스리그 우승과 함께 세계에서 가장 성공적인 축구 클럽이 되었다. 마드리드를 연고로 하며 1902년 왕실의 하사로 '왕실이 인정한 뛰어난 팀'의 의미의 '레알(Real)'이라는 명칭을 사용한다. 독재 정권은 이 클럽을 스페인의 위상을 강화하고 국제 사회에서의 입지를 높이는 수단으로 사용되기도 하였다. 이후 클럽은 '갈락티코스(Galácticos)' 정책으로 데이비드 베컴(David Beckham), 지네딘 지단(Zinédine Zidane), 루이스 피구(Luís Figo) 등 최고 스타를 영입하며 경기력을 높였고, 세계 최고의 선수 중 한 명으로 불리는 크리스티아누 호날두(Cristiano Ronaldo) 역시 2009년부터 2018년까지 이 클럽에서 활약하며 최다 득점자로 챔피언스리그 우승을 이끌었다. 클럽의 소통도 경영에 포함되면서, 이 클럽은 글로벌 팬층을 확대하고 브랜드의 가치를 높이며 상업적 성공까지 얻었다.

1899년 창단된 FC 바르셀로나(FC Barcelona)는 스페인 카탈루냐 지역의 정체성과 민족주의를 상징한다. 이 클럽은 독재 정권의 억압에 대한 저항, 카탈루냐 지역 문화를 대변하면서 동시에 자부심으로 승화시켰다. 이 클럽은 19만 명의 조합원에 의한 협동조합 형태의 지배구조를 가지며, 독립성 강한 카탈루냐 지역의 정치 · 문화적 정체성을 담아 지역 사회와 깊은 유대감을 가진다. FC 바르셀로나는 많은 우승으로 스페인 축구의 거인이 되었는데, 2010년대 초반 펩 과르디올라(Pep Guardiola) 감독의 짧고 빠른 패스와 점유율 중심의 혁신적인 '티키타카(tiki-taka)' 전술로 세계 축구를 지배하였고, 이후의 감독들도 이를 계승하며 이 전술은 스페인과 세계 축구의 흐름이 되었다. 역대 발롱

FC바르셀로나 스타디움에는 "단순한 클럽을 너머(Més que un club)"라는 문구가 새겨져 있다. 카탈루냐 지역성을 가지고 스포츠 클럽 이상으로 사회적 책임을 다하겠다는 의미이다.

FC 바르셀로나의 캄프 누(Camp Nou) 박물관에는 리오넬 메시가 수상한 7개의 진품 발롱도르 트로피가 전시되어 있다.

도르 상(Ballon d'Or Award) 최다 수여자인 리오넬 메시(Lionel Messi)도 2004년부터 2021년까지 팀의 왕조를 이끌었다.

1903년에 창단된 아틀레티코 마드리드(Atlético Madrid)는, 레알 마드리드와의 더비(Madrid Derby)로 유명하다. 이 클럽은 최근 디에고 시메오네(Diego Simeone) 감독과 함께 정신력과 팀워크로 독보적인 위치를 차지하며 여러 팬으로부터 지지를 받고, 라 리가 우승과 유럽 대항전에서 경쟁력을 과시하였다. 이 팀의 팬들은 팀의 승리뿐만 아니라 헌신과 투지를 사랑하며 끈기와 강인한 정신력을 클럽의 정체성으로 하는 것 자체에 자긍심을 느끼는 높은 충성도를 가진 것으로 유명하다.

1898년 빌바오(Bilbao)에서 창단된 아틀레틱 클루브(Athletic Club) 또는 아틀레틱 빌바오(Athletic Bilbao)는 스페인 바스크(Basque) 지역의 상징이다. 영국의 노동자들이 19세기 말, 빌바오 지역에 정착하여 자원 채굴과 산업화를 이끌었는데, 지역에 대한 그들의 주요한 기여는 축구의 도입이었다. 클럽명으로 스페인어 'Atlético'가 아닌 영어 'Athletic'이 사용되는 것도 동일한 맥락이다. 이 클럽은 라 리가 초창기에 많은 우승으로 스페인 축구 역사에서 중요한 역할을 하였고, FC 바르셀로나와 함께 지역성과 저항 및 정치성을 중시하는 대표적인 클럽이다. 현재까지도 유럽 대항전에서 꾸준한 경쟁력과 존재감을 가지고 있다.

2. 스페인 축구의 특징과 국가대표

스페인 축구는 스페인 및 유럽의 뛰어난 선수들과 남아메리카 및 아프리카 출신 선수들이 어우러져 독창적인 축구 문화를 형성하였다. 특히 스페인과 아

아틀레틱 빌바오의 홈 경기장 산 마메스(San Mamés)는 1913년 개장한 스페인에서 가장 오래된 경기장에 포함되며, 그 역사와 전통성을 인정받아 '축구의 대성당(La Catedral)'이라고도 불린다.

르헨티나, 우루과이, 콜롬비아 등 스페인어권 남미 국가들과의 오랜 관계는, 이 국가의 선수들이 스페인 리그와 다른 유럽 무대로 진출하는 통로가 되었다. 스페인 클럽의 유소년 육성 체계는 이를 위한 중요한 디딤돌이 되었고, 자국 축구의 지속적인 성공을 보장하는 요소로 작용하였다. 최근에는 자본주의가 축구에 접목되면서, 선수의 육성과 이적은 클럽의 중요한 수익 창출 수단이 되었으며 스페인 축구계는 이러한 상황에 빠르게 적응하였다.

바르셀로나의 유소년 육성 체계인 '라 마시아(La Masia)'는 세계적인 축구 아카데미로, 리오넬 메시와 안드레스 이니에스타 등 축구의 전설들을 배출하였다. 라 마시아는 단순히 클럽에 많은 수익과 성공만 가져오는 것이 아니라, 팀의 고유한 전술적 이해와 정신을 다음 세대로 전달하는 중요한 역할을 하고 있다. 반면, 빌바오처럼 여전히 지역 출신의 선수를 육성하는 것에 집중하는 클럽도 존재한다. 아틀레틱 빌바오는 지역화와 유소년 아카데미라는 두 방식으로 지역 인재의 가치를 강조하는데, '칸테라(Cantera)'라고 하는 빌바오의 정책은 이러한 철학을 반영하여 지역의 선수를 발굴하고 육성하여 클럽의 정체성을 유지하는 것이다. 이러한 빌바오의 정책은 지역 및 민족과 강한 유대감을 만들고 자부심을 형성하지만, 국제화와 상업화되는 세계 축구의 흐름에 반하는 약점으로 작용하기도 한다.

스페인 축구 문화에서 정치성은 중요한 특징으로 자리 잡고 있다. 긍정적인 면이 있으나, 때로는 심각한 문제가 된다. 축구 응원과 같은 팬 문화에서 정치성은 주로 자발적인 형태로 나타나며, 정치적 성향을 보이는 이들은 이념적 유연성과 다양한 정체성 및 관심사를 가진 것이 특징이다. 이러한 팬 그룹의 연대는 주로 네오파시즘, 인종차별, 그리고 축구의 상업화 증가라는 세 가지 문제에 반대하여 나타난다. 또한 카탈루냐, 바스크, 갈리시아 지역의 팬은 지역적 민족주의와 역사적 공동체 부흥을 위한 투쟁에서 영향을 받으며, 지역적, 국가적, 초국가적 차원에서 집단적, 사회적 행동을 촉진하고 참여한다.

여러 축구 문화의 융합은 스페인 축구의 전술과 스타일에도 영향을 주었는데, 남미의 개인적이면서도 기술적인 플레이는 스페인의 조직적이고 세밀한 전술과 결합하여 리그와 대표팀의 전술적 다양성을 제공하였다. 여러 인종과 사회의 융합이 세계 축구에서 라 리가가 특유의 공격적이고 매력적인 스타일을 창조하는데 기반이 되었고, 2000년대 바르셀로나와 스페인 국가대표

아틀레틱 빌바오의 경기를 응원하는 팬들의 모습. 연령층과 성별이 매우 다양한 것을 확인할 수 있다.

팀의 주요한 전술적 진화로 이어졌다. 당시 스페인 국가대표팀 감독, 비센테 델 보스케는 바르셀로나의 티키타카 전술을 국제 무대에 구현하며 한층 스페인 특유의 색깔을 더하였다. 아틀레티코 마드리드의 디에고 시메오네(Diego Simeone) 감독도 단단한 수비와 효과적인 역습으로 스페인 축구에 큰 인상을 남겼다. 라 리가의 전술적 다양성은 스페인 축구를 유럽 축구의 전략적 실험장으로 만들어 왔으며, 다른 리그나 유소년 시스템에도 훌륭한 교과서 역할을 하고 있다.

이러한 클럽 차원에서의 전술 다양성은 오랫동안 성과가 없던 국가대표팀이 2000년대 후반 황금기를 맞이하는 데 중요한 원천이 되었다. 스페인 국가대표팀은 1964년 유로 대회 우승 이후 수십 년간 국제 대회에서 뚜렷한 성과를 내지 못하다가, 2008년 유로 대회에서 우승을 차지하며 오랜 침체기에서 벗어났다. 이 팀은 2010년 남아프리카공화국 월드컵에서 비센테 델 보스케(Vicente del Bosque) 감독의 지휘 아래 탄탄한 수비 조직력과 미드필더 중심의 플레이로 경기를 지배하며 월드컵 트로피를 얻었고, 2012년 유로 대회에서도 우승하며 유로 2연패와 월드컵 우승이라는 위업을 달성하였다. 당시 스페인 국가대표팀에는 지금까지도 축구계의 전설인 사비 에르난데스(Xavi Hernandez), 이니에스타(Andrés Iniesta), 세르히오 부스케츠(Sergio Busquets)와 같은 강력한 중원 선수들이 활약하였다.

스페인 대표팀은 2012년 이후 기존 선수들의 노쇠화와 세대교체의 어려움으로 국제 대회에서 좋은 결과를 얻지 못했으나, 새로운 유망주들을 중심으로 다시 정상에 오르기까지 오랜 시간이 걸리지 않았다. 스페인은 2022-23 UEFA 네이션스 리그 우승과 압도적인 경기력을 바탕으로 EURO 2024에서도 전승을 거두며 4번째 우승을 차지하였다. 이러한 스페인 축구의 성공 배경에는 혼란스러운 사회적 상황에서도 흔들림 없는 축구 문화의 힘이 존재하고 있다. 과거, 어지러운 상황에서 발현되지 못하던 스페인 특유의 축구 문화가, 현재는 다양한 인종과 지역 출신 선수들의 개인기와 촘촘한 전술적 전개를 바탕으로 세계 축구의 흐름을 선도하는 축구 강국으로 자리할 수 있게 하였다.

3. 스페인 축구가 가진 과제

스페인의 프랑코 정부는 국민의 여가 활동을 장려하는 수단으로 스포츠 기반 시설을 개선하며, 축구 클럽에 재정적 지원을 제공함과 동시에 전국적으로 경기장을 건설하였다. 이는 축구의 대중화와 발전에 긍정적인 영향을 미쳤다.

또한 다양한 대회와 리그의 활성화는 사람들이 잠시나마 정치적 갈등을 잊고 축구를 통해 일체감을 느끼게 하였다. 특히 카탈루냐의 FC 바르셀로나처럼 중앙 정부에 반감이 큰 지역의 클럽은 저항과 독립을 상징하며 중앙 정부와 가까운 클럽과 경쟁 구도를 형성하였다. 이것이 자극제로 작용하여, 스페인에서 축구는 스포츠 이상의 정치적, 문화적 의미를 가지고 국제 무대에서도 중요한 위상을 유지하게 되었다.

스페인은 1982년 FIFA 월드컵을 개최하며 다시 한번 축구 관련 기반 시설을 현대적으로 개선하고 확장하는 기회를 마련하였다. 월드컵을 준비하며 스페인 전역의 경기장과 관련 시설들이 현대화되었고, 특히 레알 마드리드의 산티아고 베르나베우(Santiago Bernabéu)와 FC 바르셀로나의 캄프 누(Camp Nou) 등의 대규모 경기장들이 세계적 명성을 얻었다. 이러한 경기장은 스페인의 풍부한 축구 역사와 문화를 반영하며, 글로벌 팬들에게 스페인을 방문하도록 유도하여 열광적 경험을 제공하였다. 다른 대륙과의 융합을 바탕으로 이루어진 스페인 축구의 전술적 진화가 세계 축구의 흐름을 바꾸어 놓았다면, 리그와 국제 대회의 개최는 여러 대륙의 팬들을 초대하여 세계 축구를 모으는 역할을 하였다.

스페인 클럽들의 유소년 육성 체계는 지역의 재능을 발견하고자 시작된 것이지만, 다른 대륙의 선수를 발굴하는 바탕이 되기도 하였다. 특히 스페인의 많은 클럽은 과거 식민지였던 칠레, 멕시코, 아르헨티나와 같은 스페인어권 남미 지역의 어린 선수들에 집중하였고, 이들은 자연스럽게 남미의 축구를 유럽으로 이식하는 역할을 하였다. 남미 선수들의 유입은 스페인 축구에 전술적 다양성과 기술적 발전에 더하여 많은 수입을 창출하였다. 축구를 통하여 인력, 문화, 자본이 대서양을 넘나들게 된 셈이다. 그러나 국제화된 스페인에서도 지역 출신의 선수 육성에 집중하는 클럽이 있다. 아틀레틱 빌바오는 지역화와 유소년 아카데미를 결합하여 바스크 지방 출신 선수 발굴의 원칙을 고수하고 있으나, 클럽의 영향력은 바스크 지방에만 국한되지 않는다. 빌바오는 스페인 축구 클럽 내에서 다섯 번째로 많은 팬층을 가졌으며, 세계적으로도 많은 팬을 보유하고 있다. 특히 일부 바스크 지역 외의 팬들은 축구의 상업화와 세계화로 인한 역효과에 반발하여 빌바오의 정책을 지지하기도 한다.

스페인 축구에서 인종차별과 외국인 혐오는 아직도 심각한 사회적 문제로 남아있다. 축구 경기 중 나타나는 인종차별의 형태는 다양하며, 최근 발생하는 차별은 생물학적 차이보다 문화적 특징에 기반을 두는 특징이 있다. 이러한 인종차별과 외국인 혐오 문제는 일부 극단적 행동만으로 국한되지 않으며, 이에 대하여 스페인 사회의 지속적인 개선 노력과 의지가 필요하다. 또한 최근 다수의 스페인 축구 클럽이 재정적 부담에 시달리는 문제점도 드러났는데, 이러한 재정적 문제는 라 리가 구성원들 사이의 재정적 불균형을 심화시키기도 한다.

스페인 축구와 아시아 축구 간의 연결성도 강화되고 있다. 일부 한국과 일본 선수들은 라 리가에서 좋은 경기력을 보이며 유럽의 인정을 받았다. 대표적으로 한국의 이강인과 일본의 쿠보 다케후사(Takefusa Kubo)가 있다. 이 선수들의 성공으로 스페인과 아시아 축구 사이의 관계가 강화되었고, 스페인 리그는 아시아 선수에게 유럽 무대로 진출하는 중요한 교두보가 되었다. 특히 스페인의 2010년 남아공 월드컵 우승은 한국을 비롯한 여러 아시아 축구에 전술적 세밀함과 점유율 축구 철학이라는 전술적 영감을 주기도 하였다. 예를 들어, 레알 마드리드와 대표팀 수석 코치를 지내며 챔피언스 리그 3회 우승과 월드컵 및 유로 우승을 경험한 스페인 출신의 토니 그란데(Toni Grande)가 축구계에서 쌓은 선진 축구의 흐름은 아시아 대표팀에 흡수, 전달되기도 하였다.

III. 루소-트로피칼리즘, 대륙 사이의 다리가 되는 포르투갈 축구

1. 최고로 가는 디딤판: 포르투갈 축구 리그

세계의 많은 축구 선수가 유럽 리그에서 활약하기를 꿈꾸며, 그중 포르투갈 리그는 유럽 무대에 첫발을 내딛기에 이상적인 곳으로 평가받는다. '리가 포르투갈'(Liga Portugal)이라고도 부르는 포르투갈 축구 리그는 1934년 시작되어 오랜 역사를 자랑하며, 세계 축구계에서 뛰어난 선수들을 다수 배출해 명성을 쌓아왔다. 포르투갈 1부 리그는 18개 팀으로 구성되며, 상위 팀들은 유럽 대항전에 진출할 기회를 가진다. 전 세계 리그 최상위 대회인 유럽 UEFA 챔피언스 리그(UEFA Champions League)에서 포르투갈 리그는 평균 7위 수준이라고 한다. 이와 같이 세계 축구계에 인정받는 포르투갈 축구의 상당한 경쟁력은, 유망주들이 유럽 축구의 중심으로 진출하여 개인의 기술적 발전을 도모하고 전술적 적응력을 가지도록 하는 기회가 된다.

포르투갈 축구의 중심에는 세 개의 주요 축구 클럽인 벤피카(SL Benfica), 스포르팅(Sporting CP), 그리고 포르투(FC Porto)가 있다. 이 클럽들은 포르투갈 스포츠 문화의 기반이자 많은 팬과 교감으로 국가 정체성의 일부가 되었고, 각 클럽은 역사와 전통을 자랑하며 유럽 축구 무대에서도 확실한 존재감을 가진다. 팀은 리그 우승을 다투는 경쟁자이며, 그 팬들은 클럽의 역사와 전통에 대한 자부심을 가지고 클럽을 응원한다. 벤피카와 스포르팅이 수도 리스본을 기반으로 하여 경쟁하고, 제2의 도시인 포르투의 FC 포르투까지 이들과 함께하면서 3팀의 관계는 단순한 스포츠를 넘어 사회적인 의미까지 지니게 된다.

벤피카(SL Benfica)는 리스본을 연고로 1904년에 창단되어 전 세계적으로 많은 팬과 유료 회원을 보유한 포르투갈 최고의 클럽 중 하나로 평가받는다. 이 클럽은 1933년 포르투갈 리그가 시작된 시기부터 지금까지 강등된 적이 없는 압도적인 클럽이다. 태초에는 그루푸 스포르트 리스보아(Grupo Sport Lisboa)라는 이름으로 창단되어 그루푸 스포르트 벤피카(Grupo Sport Benfica)와 통합되며 현재의 명칭이 되었다. 현재까지 약 38회의 자국 리그 우승과 1961, 1962년 유럽 챔피언스컵(현 UEFA 챔피언스리그)에서 연패를 차지하며 당대 최강의 클럽으로 명성을 떨쳤다. 이러한 업적을 인정받아, 2000년 FIFA가 발표한 '20세기 최고의 클럽' 순위에서도 1.02%의 득표율로 12위에 오른 바 있다. 이 클럽의 황금기인 1960년대 팀의 간판이었던 에우제비우(Eusébio da Silva Ferreira)는 15년 동안 클럽에서 활약하며 전설이 되었다. 에우제비우의 활약으로 벤피카는 유럽 최고의 클럽이 되었고 포르투갈을 상징하였는데, 에우제비우 역시 벤피카를 넘어 포르투갈을 상징하는 축구 전설에 그의 이름을 올렸다. 그가 2014년 사망하자, 포르투갈 정부는 조기를 걸고 나흘간 애도의 날로 선포하기도 하였다.

스포르팅 리스본(Sporting CP)은 1906년에 창단되어 벤피카와 경쟁자가 되었다. 이 클럽은 우승 횟수가 적은 것에 비하여 항상 강한 전력을 유지하며 포

벤피카의 홈 경기장 "에스타디우 다 루즈(Estádio da Luz)"는 팀의 상징색인 빨강으로 채워졌다.

홈 경기장 앞에 설치된 에우제비우 동상

스포르팅 리스본의 경기장은 비교적 리스본 중심가인 깜뿌 그랑드(Campo Grande)에 위치하며, 상징 색깔은 초록색이다.

경기장 내부에 루이스 피구와 크리스티아누 호날두의 포스터가 설치되어 있다.

르투갈에서 중요한 클럽으로 평가된다. 스포르팅은 재능 있는 선수를 발굴하고 육성하여 보다 더 많은 기회를 주고 성장시키는 '알카셰트(Academia de Alcochete)'라는 청소년 육성 체계로 유명하다. 세계적인 선수들이 스포르팅의 유소년 아카데미에서 성장하여 국제 무대에서 활약하였는데, 대표적으로 크리스티아누 호날두(Cristiano Ronaldo), 루이스 피구(Luís Figo), 주앙 무티뉴(João Moutinho)가 있다. 세계적으로도 독보적인 명성을 가진 스포르팅만의 유소년 체계는 클럽의 장기적인 성공과 재정적 안정에도 큰 도움이 된다.

포르투(FC Porto)는 포르투갈의 주요 항구인 포르투를 연고지로 1893년에 설립되었고 리그에서 약 30회 우승을 기록하였다. 특히 이 클럽은 1987년과 2004년에 UEFA 챔피언스 리그에서 우승을 차지하며 세계적 강팀 반열에 올랐는데, 2004년 우승 당시 주제 무리뉴 감독은 전 세계에 반향을 일으켰다. 포르투는 유럽뿐만 아니라 남미와 아프리카 등 전 세계의 젊은 선수들을 발굴하고, 육성하여 다시 유럽의 큰 무대로 이적시키는 전략으로 유명하다. 이러한 전략은 포르투가 유럽 축구 이적 시장에서 중요한 역할을 담당하는 이유가 된다.

포르투갈의 주요 클럽인 벤피카, 스포르팅, 포르투는 서로 경쟁 관계를 형

포르투의 경기장은 파란색으로 채워진 "에스타디우 두 드라강(Estádio do Dragão)"이다.

성하며 포르투갈 축구계의 중심을 이룬다. 리스본을 연고로 벤피카와 스포르팅의 맞대결은 '데르비 다 카피탈(Lisbon Derby)'로 불리고, 이 경기는 포르투갈 팬들 사이에서 가장 중요한 경기 중 하나로 손꼽힌다. 포르투와 벤피카의 맞대결은 '오 클라시쿠(O Clássico)'라고 부르며, 또 다른 포르투갈 리그의 중요한 경기이다. 포르투와 스포르팅 사이의 경기도 앞선 맞대결들과 마찬가지로 지역의 자부심과 연결되어 긴장감 넘치게 진행된다. 포르투갈 축구는 세 팀의 관계와 경쟁을 바탕으로 성장하였고, 그들의 맞대결은 자국 스포츠 문화의 중요한 일부가 되었다. 그러나 흥미롭게도 포르투갈의 어느 축구 클럽도 특정한 정치적 성향을 지녔다고 보기 어렵고, 팬들의 정치적 선택에 직접적 영향도 미치지 않는다.

포르투갈 클럽들의 공통적인 특징은 유망주를 성장시키는 훌륭한 체계를 가졌다는 점이다. 클럽들은 브라질이나 아프리카 등 다른 대륙에 연결된 스카우트 네트워크를 바탕으로 유소년 선수를 선점하고, 오랜 경험으로 발전시킨 유소년 아카데미에서 이들을 육성한다. 이러한 유소년 육성 체계가 포르투갈을 유럽 축구계에서 인재 개발의 중심지로 만든 원동력이다. 세계적인 축구스타들이 이 체계를 통해 성장했으며, 유럽 최고의 무대로 자리를 옮겨 성공을 거두었다. 포르투갈 축구의 영향력은 글로벌 축구 시장에서 꾸준히 확대되어 중동과 아시아에서도 성공하는 사례를 만들고 있다. 이러한 모습은 각 클럽에 재정적인 기여를 가져다줄 뿐 아니라 포르투갈 사회를 개방적으로 유지하는 역할도 한다.

2022-2023 시즌 프리메이라 리가(Primeira Liga)를 우승한 벤피카의 모습.
전통적으로 리스본 연고를 가진 벤피카나 스포르팅이 우승하면, 우승한 팬들은 리스본의 퐁발 광장(Praça do Marquês de Pombal)에서 우승 당일 저녁부터 새벽까지 행진과 응원을 이어가며, 팀은 리스본 시청에서 트로피 행사도 진행하는 전통이 있다.

2. 포르투갈 식민지 역사와 축구의 특징 그리고 국가대표의 성과

포르투갈 축구는 자국 선수들과 과거 식민지였던 아프리카 또는 브라질 출신 선수들의 융합으로 독창적인 축구 문화를 만들었다. 19세기 브라질이 독립한 이후, 20세기 초부터 근대 축구는 포르투갈 제국의 식민지인 아프리카의 앙골라, 모잠비크, 기니비사우, 카보베르데, 상투메프린시페 등으로 빠르게 퍼졌는데, 해당 지역에 거주하는 포르투갈 정착민, 영국 상인 등 다른 국적의 사람들, 종교 단체와 학교, 무역 관련 분야에 종사하는 이민자 등이 축구를 즐기면서 아프리카 대륙으로 축구를 전파하는 촉매제 역할을 하였다. 국제 사회의 식민 지배 종식에 대한 압박이 커지는 상황 속에서, 포르투갈 정부는 제국의 통합 이미지를 구축하기 위하여 축구를 활용하였다. 제국의 아프리카인들도 식민지 투쟁에서 역사적 주체성을 주장하는 방법으로 축구를 사용하였다. 포르투갈어권 아프리카에서는 식민지 원주민과 정착민 모두가 스포츠 활동을 이용했으며, 일부 아프리카인들은 축구를 독립 투쟁을 위한 결집 수단으로 보았고, 일부는 단순히 제국의 본국으로부터 존경을 받기 위한 수단으로 축구를 활용하였다.

축구는 포르투갈 식민지 체제의 차별적 구조를 보여주기도 하였다. 1960년대 초까지 포르투갈 독재 정권은 자국 스포츠에서 유색인종을 배제하였는데, 아프리카인은 자신들만의 클럽과 대회를 만들었다. 결과적으로는 인종차별이 점차 폐지되는 흐름이 생겨났고, 동시에 축구 시장의 발전에 힘입어 아프리카 선수가 식민지 클럽으로, 포르투갈 본국의 클럽으로, 그리고 국가대표팀에 합류하는 시대가 열리게 되었다. 모잠비크 출신의 에우제비우는 포르투갈 축구의 아이콘이자 포르투갈의 다인종성을 상징하는 인물이 되었다. 그는 포르투갈 독재 정권이 자국 식민주의의 역사를 재해석하기 위해 만든 포르투갈이 지리적으로는 다양하고, 정치적으로는 동질적인 다인종 국가라는 '루소-트로피칼리즘(Luso-tropicalism)'을 상징하는 선전 도구로 활용되기도 했다.

포르투갈 축구는 기술적인 플레이와 조직적인 전술을 강조하는 스타일로 알려져 있다. 포르투갈 선수들은 유럽 전역에서 뛰어난 드리블 능력과 창의적인 공격 전술을 선보이며, 전술적 유연성과 적응력으로 다양한 포지션에서 활약할 수 있다는 장점을 가지고 있었다. 이러한 전술적 접근은 국제 대회에서 포르투갈의 팀들이 성공을 거둘 수 있는 요인으로 작용하였다. 주제 무리뉴(José Mourinho)는 포르투 감독으로 2003-2004 시즌 UEFA 챔피언스리그 우승을 거두며 전술적 완성도를 보여주었다. 그의 높은 수비 조직력과 역습 전술은 추후 포르투갈 축구의 특징이 되었고, 이후로도 레오나르두 자르딤(Leonardo Jardim), 루이스 카스트로(Luís Castro)와 같은 포르투갈 출신의 많은 감독이 전술적 혁신을 선도하며 발전했다.

포르투갈 축구의 또 다른 중요한 측면은 국가대표팀의 성공이다. 포르투갈 대표팀은 1966년 잉글랜드 월드컵에서 에우제비우의 활약으로 3위를 차지하였다. 그는 이 대회에서 득점왕에 올랐으며, 호날두의 등장 이전까지 포르투갈 축구에서 가장 위대한 선수로 손꼽혔다. 이후 큰 변곡점이 없던 포르투갈 축구 대표팀은 축구 스타들을 앞세워 2000년대 다시 국제 무대에서 놀라운 성과를 거두었다. 포르투갈 대표팀은 2000년 유로 대회에서 준결승에 진출하였고, 2016년 유로 대회에서는 우승을 차지하며 새로운 역사를 만들었다. 당시 포르투갈 대표팀의 전술적 혁신과 선수들의 개인 역량은 다른 유럽 축구계에 충격을 주었으며, 이는 포르투갈 리그 자체의 수준을 높이는 계기가 되었다.

포르투갈은 또한 2004년 유로 대회를 자국에서 개최하며 기반 시설 확충에도 큰 성과를 이뤄냈다. 이 대회는 포르투갈 축구의 전반적인 현대적 발전을 가져왔으며, 리스본과 포르투를 포함한 포르투갈 전역에 현대적 축구 경기장이 건설되었다. 특히 북부의 중세도시인 브라가 경기장(Estádio Municipal de Braga)은 독특한 디자인으로 세계적인 주목을 받았으며, 포르투갈 축구의 인프라인 동시에 지역의 상징적인 건축물이 되었다. 이러한 국제 대회가 포르투갈 축구 문화에 영향을 준 경우도 상당하다. 이러한 국제 대회를 계기로 많은 여성이 축구에 관심을 가지게 되었고, 결과적으로 국민 전체가 축구로 단합하고 국가 정체성을 확인하는 계기가 되었다. 유로 2016에서 포르투갈이 우승하면서 포르투갈과 해외의 포르투갈 커뮤니티는 국가 정체성을 표현하기도 하였다.

브라가 경기장은 중세도시인 지역의 정신을 담고 있으면서도 암석과 자연의 모습을 조화시켜 색다른 아름다움을 준다.

3. 대륙을 연결하는 포르투갈 축구

포르투갈은 남아메리카의 브라질, 아프리카의 모잠비크와 앙골라 등 과거 식민지들과 언어적 공통점과 문화적 유사성 그리고 역사적 연결성으로 가까운 관계를 유지하고 있다. 포르투갈의 식민지 정책은 국가와 제국의 개념을 융합하고, 1975년까지 식민주의가 지속되었다는 점에서 다른 유럽 국가의 일반적 식민주의와 차이점이 있다. 식민지 출신 선수가 포르투갈에 진출하면 클럽이 그를 육성하여 더 큰 무대로 이적시키는 역할을 하였는데, 이 관계와 과정은 식민 지배 종식 이후에도 유지되었다. 이러한 방식으로 포르투갈은 여전히 글로벌 축구 시장에서 인재 공급의 허브 역할을 하며, 자국뿐만 아니라 남미와 아프리카 출신 선수들이 유럽의 대형 리그에 진출하는 발판을 제공하고 세계 축구계의 선수 이적 시장에서 중요한 교차로 역할을 한다.

포르투갈은 포르투갈어권 국가 중에서는 중심을 차지하지만, 유럽 전체로 확대하면 현실적으로 그렇지 못하다. 그러나 축구에 있어서는 포르투갈이 '인재 수출국'으로서 유럽의 중심지가 되는데, 다만 브라질이나 아프리카 국가들과 마찬가지로 포르투갈에서도 축구 인재와 미래 자원들이 자국보다는 해외에 편향, 유출되는 부정적인 현상이 나타나기도 한다. 식민지 출신 선수들은 포르투갈을 통해 유럽 무대로 진출하게 된다면 개인의 경력뿐만 아니라 수입과 기술 발전에도 나은 기회를 가질 수 있다. 포르투갈어권 식민지 출신 축구 분야 종사자의 이주는 사실상 기타 포르투갈어를 사용하는 이민자들의 일반적인 이주 패턴과 유사성을 지닌다.

특히 브라질과 포르투갈의 축구는 두 나라가 서로에게 지속적인 영향을 주고받는 관계에 있다. 브라질의 개인적이면서도 화려한 기술 플레이와 포르투갈 특유의 조직적인 전술이 융합되어 팬들에게 재미와 성과를 선사한다. 이러한 혼합적 특성으로 포르투갈 리그는 공격적인 플레이와 전술적인 완성도를 동시에 지닌 팀들을 배출하였고, 포르투갈 축구는 세계적으로 다양한 문화와 재능이 혼합된 독특한 스타일을 자랑하게 되었다. 최근 선수뿐만 아니라 자국 또는 타국 출신의 축구 지도자들이 포르투갈을 거쳐 더 큰 국가와 리그에 진출하는 사례도 늘어나고 있다.

포르투갈의 클럽들은 소통 전략 강화에 중점을 둔다. 벤피카의 경우, 언론과 독립적으로 운영되는 전문적인 소통 플랫폼으로 자체 콘텐츠를 생산하고 글로벌 팬과 소통하여 두터운 팬심과 함께 막대한 경제적 이익도 얻는다. 이들은 SNS나 디지털 매체들을 활용하여 클럽의 다양한 이벤트와 팬 서비스를 연계하기도 한다. 디지털 시대 속 포르투갈 클럽의 혁신적인 소통 능력은, 상대적으로 작은 국가인 포르투갈 축구가 유럽을 넘어서 다양한 대륙으로 수월하게 전파되는 수단이 될 수 있을 것이다.

포르투갈 축구는 아시아 선수들에게도 유럽 무대에 적응하는 중간 단계로 기능하며, 아시아 축구의 발전에도 긍정적 역할을 하고 있다. 일부 일본 출신 선수들이 포르투갈 무대에서 뛰어난 경기력을 선보이며 유럽 축구에서 두각을 나타냈고, 이는 한국 축구에도 영향을 주었다. 한국과 포르투갈 축구 국가대표팀은 2002년 월드컵에서 조별리그에서 맞붙은 바 있었다. 이후 히딩크 감독의 후임자로 포르투갈인 움베르투 코엘류(Humberto Coelho) 감독이 선임되며 양국 간의 축구 교류는 더욱 활발해졌다. 그는 다양한 선수들의 기용, 선진적인 관리와 명확한 비전, 빌드업 공격 체계 등 유럽의 선진 축구를 한국에 이식하려 노력하면서 좋은 인상을 남겼다.

한국 축구는 2014년 브라질과 2018년 러시아 월드컵에서 실패를 겪은 후, 포르투갈 출신의 파울루 벤투(Paulo Bento) 감독을 선임하였다. 벤투 감독은 2002년 월드컵에서 한국을 상대했던 포르투갈 국가대표팀 출신이었으며, 2010년부터 2014년까지 포르투갈 국가대표팀 감독도 역임하였다. 그는 2018년부터 2022년까지 한국 축구 국가대표팀을 이끌며 카타르 월드컵에서 팀을 16강까지 진출시켰고, 선수 선발, 훈련, 전술적 전개에 관해 한국 축구에 큰 영향을 주었다. K리그에서도 포르투갈 출신 감독들이 활약하였다. 2010년 넬루 빙가다(Eduardo Manuel Martinho Vingada)가 FC서울을 이끌었고, 무리뉴 감독의 수석코치였던 조제 모리아스(José Manuel Ferreira de Morais)는 2019년부터 2020년까지 전북 현대의 감독으로 재임했다.

Ⅳ. 이베리아 축구의 공통점과 차이점, 한국에 주는 함의

스페인에서는 축구가 문화와 생활의 일부인데, 경기장의 응원, 거리 사람들의 유니폼, 식사에서 축구 토론 등은 일상적 모습들이다. 스페인 축구는 기술적이고 정교한 플레이를 강조하는데, 볼을 다루는 기술이나 드리블 및 정확한 패스 등 개인 능력을 중요시하고, 이것이 '티키타카'와 같은 전술적 스타일로 표현된다. 축구 응원도 단순히 클럽에 대한 사랑을 넘어서 지역이나 계층의 정체성을 표현하는 수단이 되었으며, 해당 지역의 자부심과 정체성을 대변한다. 이러한 흐름을 통해 사람들은 자연스럽게 지역 축구와 밀접하게 연결되는 데, 덕분에 어릴 때부터 지역 클럽의 유소년 축구팀을 통해 축구를 접하고 입문할 기회를 얻는다.

포르투갈 축구는 창의적 플레이를 중요시하며 호날두와 피구처럼 개인적 기술을 가진 선수를 선호한다. 상대적으로 작은 리그의 규모가 축구 유소년 육성 체계를 활성화하는 계기가 되었다. 주요 클럽의 수입원이 유망한 선수를 발굴하고 육성하여 판매하는 것이므로, 포르투갈 클럽은 뛰어난 선수를 빠르게 발굴하고 국제 무대에서 두각을 나타내도록 돕는다. 이것은 기본적으로 언어 및 역사적 연관성을 바탕으로 한다는 점에서 스페인과 비슷한 패턴이다. 포르투갈 국가대표팀은 특정 스타의 개인 기량만큼이나 팀워크와 안정적인 경기 운영을 중시하며, 이러한 태도는 포르투갈 축구가 견고한 수비와 효과적인 역습을 추구하는 기반이 된다. 포르투갈 팬은 충성도가 높고, 자신의 클럽뿐만 아니라 국가대표팀에도 강한 애정을 가진다. 2000년대 이후 국제 대회에서 거둔 좋은 성적은 포르투갈 국민에게 국가적 자긍심을 주기에 충분하였다.

스페인과 포르투갈의 축구는 이베리아(Iberia)와 라틴(Latin)이라는 공통점으로 연결된다. 양국은 기술적인 축구를 중요시하며, 선수의 기술적 역량을 강조하고, 창의적인 플레이를 추구한다. 양국 리그에는 수준 높은 강팀이 있으며, 열정적인 팬 문화가 있다. 지역 클럽에 대한 애정이 국가대표팀을 넘어 국가적 자부심까지도 연결된다. 이러한 관심과 지원은 다수의 국제 대회 속 좋은 성적으로 이어졌다. 양국은 본인들의 언어, 문화권을 공유하는 국가들과의 공통점을 적극 활용하여 유소년 인재 발굴과 육성에 집중적으로 투자한다.

양국의 축구에는 차이점도 있다. 스페인 스타일은 짧고 빠른 패스로 점유율을 높이려고 하는데, 이러한 모습이 상대를 지루하게 만들기도 한다. 포르투갈은 선수의 기술적인 개인플레이를 기반으로 창의적인 축구를 선호하며, 빠른 전개와 돌파를 추구한다. 스페인 리그는 세계적으로 규모가 크고 경쟁력이 있다고 평가받는데, 포르투갈 리그는 상대적으로 규모와 경제력에도 불구하고 경쟁력을 가진다. 스페인 축구는 지역적 자부심과 자존심을 걸고 축구를 하며, 스포츠를 넘어 정치 · 문화적 의미도 많이 가진다. 포르투갈에도 지역적 자부심은 존재하지만, 이것이 정치적 갈등으로 이어지는 경우는 적다. 또한 양국의 축구가 과거 식민지 역사를 바탕으로 선수를 발굴하고 육성한다는 공통점이 있으나, 스페인이 스페인어권 남미 선수를 주로 영입하는 반면에 포르투갈은 주로 브라질 선수나 포르투갈어권 아프리카 선수를 직접 발굴하고 육성한다.

최근 이베리아 축구가 아시아와 연결되는 경우가 많다. 국제 교류가 빈번해지는 '글로벌(Global)' 시대에 자연스러운 현상이지만, 특히 이베리아 축구와의 교류는 특별하다. 이는 아시아 축구의 발전에 따른 결과이기도 하며 동시에 아시아 축구의 수준 향상에 중요한 원인이기도 하기 때문이다. 스페인과 포르투갈에서 활약하는 아시아 출신 선수들이 늘어나는 추세인데, 일부 중동 선수를 제외하면 일본과 한국 선수들을 중심으로 그러한 현상이 두드러지고 있다. 여러 이베리아 축구의 문화와 특징들이 오랜 시간 사회 전반에 스며들었다는 점을 상기하면, 아시아 축구에도 이러한 현상이 지속될 것이라 예상할 수 있다.

2030년에 개최되는 월드컵은 월드컵 100주년을 기념하는 대회로, 스페인, 포르투갈, 모로코가 주최국이 되며 최초로 2개 대륙에서 3개국이 공동

개최한다. 또한 아르헨티나, 파라과이, 우루과이 3개국이 이 월드컵 개막식을 진행할 예정이다. 유럽-아프리카-남미를 연결하는 이러한 국제 축구 연맹(Fédération Internationale de Football Association, FIFA)의 시도는, 축구 역사에서 중요한 전환점을 의미한다. 이처럼 대륙을 넘어, 세상을 연결하는 이베리아 축구가 세계적으로 미래 축구 도약에 새로운 역할을 하는 것이다.

참고문헌

김봉철·임소라·양수영·박철용, “라틴아메리카 식민정책과 근대 조약: 1750년 마드리드 조약 체결을 중심으로”, 『EU연구』, 제65호, (2023).

김영환·박의범, “한국 프로축구의 국제화를 통한 수익극대화 전략: 선진 축구리그의 사례 분석을 중심으로”, 『상품학연구』, 제30권 제1호, (2012).

류청, 『유럽 축구 엠블럼 사전』 (서울: 보누스, 2014).

류청, 『축구는 사람을 공부하게 만든다』 (서울: 브레인스토어, 2014).

박경호, “프리메라리가의 민족주의: ‘엘 클라시코’를 중심으로”, 『한국체육사학회지』, 제21권 제1호, (2016).

박경호, “유럽 축구의 지역연고주의에 대한 사회문화적 분석”, 『한국체육교육학회지』 제24권 제2호, (2019).

사이먼 쿠퍼(정병선 옮김), 『축구 전쟁의 역사』 (서울: 이지북, 2002).

알프레드 바알(지현 옮김), 『축구의 역사』 (서울: 시공사, 1999).

에두아르도 갈레아노(유왕무 옮김), 『축구, 그 빛과 그림자』 (서울: 예림기획, 1998).

최영수, 『라틴아메리카 식민사』 (서울: 대한교과서주식회사, 1995).

크리스토프 바우젠바인(김태희 옮김), 『축구란 무엇인가』 (서울: 민음인, 2006).

홍대선·손영래, 『축구는 문화다』 (서울: 책마루, 2010).

Angel Barajas and Plácido Rodríguez, “Spanish Football Clubs Finances: Crisis and Player Salaries”, International Journal of Sport Finance, 5(1), (2010).

Blanco Callejo Miguel and Francisco Javier Forcadell, “Real Madrid Football Club: A New Model of Business Organization for Sports Clubs in Spain”, Global Business and Organizational Excellence 26(1), (2006).

Carlos Nolasco, “Player migration in Portuguese football: a game of exits and entrances”, Soccer and Society 20(6), (2018).

César García, “Real Madrid Football Club: Applying a Relationship-Management Model to a Sport Organization in Spain", International Journal of Sport Communication 4, (2011).

Fernando Gutiérrez-Chico, "Identities at Play: Non-Basque Supporters' Reflections on Athletic Bilbao's Basque-only Signing Philosophy", Studia Iberica et Americana 4(4), (2017).

Florbela Dantas, Ana Borges and Rui Silva, "Impact of UEFA Champions League and UEFA Europa League on Financial Sustainability-Case Study of Two Small Football Portuguese Teams", Sustainability 12(21), (2020).

Francisco Montes, Ramon Sala-Garrido and Antonio Usai, "The lack of balance in the Spanish First Division football league", European Sport Management Quarterly 14(3), (2014).

José de Lemos Quintela, "Football and Communication: The "Big Three" of Portuguese Football", Observatorio Journal 16(4) (2022).

João Francisco, "Football and politics: Preference for football teams in Portugal correlates with political party identification", Dissertation for the MSc in Business with Specialization in Strategic Marketing (Universidade Católica Portuguesa), (2017).

Jorge Tuñón and Elisa Brey, "Sports and Politics in Spain: Football and Nationalist Attitudes within the Basque Country and Catalonia", European Journal for Sport and Society 9(1-2), (2012).

Nina Clara Tiesler and João Nuno Coelho, "Globalized Football at a Lusocentric Glance: Struggles with Markets and Migration, Traditions and Modernities, the Loss and the Beauty", Soccer and Society 8(4), (2007).

Nuno Domingos, "Football in Lusophone Africa", Oxford Research Encyclopedia of African History (December 2020).

Marcos Cardão, "A Star is Born: Eusébio, Football, and Ideology in the Late Portuguese Empire", International Journal of the History of Sport 38(4), (2018).

Mário Borges, António Rosado, Rita de Oliveira and Francisco Freitas, "Portuguese football coaches' migration: Patterns and networks in 2009-2013", Sociología del Deporte 1(2), (2020).

Mariann Vaczi, "Sport, Identity and Nationalism in the Hispanic World", Studia Iberica et Americana 4(4), (2017).

Ramon Llopis-Goig, "Racism and Xenophobia in Spanish Football: Facts, Reactions and Policies", Physical Culture and Sport Studies and Research 47(1), (2009).

Ramón Spaaija and Carles Viñas, "Political ideology and activism in football fan culture in Spain: a view from the far left", Soccer and Society 14(2), (2013).

Salomé Marivoet and Jorge Silvério, "Football fan cultures after the Euro 2004 in Portugal", Soccer and Society 20(5), (2019).

Victor Melo, Marcelo Bittencourt and Augusto Nascimento, "Sport and Colonialism in Lusophone Africa-An Introduction", International Journal of the History of Sport 35(4), (2018).

"UEFA rankings", https://www.uefa.com/nationalassociations/uefarankings/country/?year=2025 (2024년 12월 19일 검색)

4개국의 정체성을 담은 영국 축구
스포츠와 문화의 교차점

김수미(한양대학교)

"연합왕국(UK, United Kingdom of Great Britain and Northern Ireland)" 영국을 구성하는 4개국(잉글랜드, 스코틀랜드, 웨일스, 북아일랜드)은 축구와 축구 문화를 통해 각자의 방식으로 국가 정체성을 표현한다. 축구는 단순한 스포츠를 넘어 민족적 · 문화적 · 역사적 정체성을 표현하는 매개체로, 지역과 국가의 독립적 정체성을 나타낸다. 축구의 발상지 잉글랜드는 제국주의와 산업화를 거치며 국제 축구 문화를 형성했고, 스코틀랜드는 잉글랜드와의 경쟁을 통해 민족적 독립성을 강조한다. 웨일스는 언어와 전통을 보존하려는 의지를, 북아일랜드는 영국과의 연합주의적 정체성을 축구를 통해 표현한다. 축구의 제도화와 대중문화적 특징을 역사적 관점에서 접근하여, 영국 축구가 단순한 지역적 차이를 넘어 국가 정체성을 형성하는 방식을 살펴봄으로써, 축구가 사회적 통합과 분열을 동시에 반영하는 복합적 구조를 지니고 있음을 엿볼 수 있다.

I. 영국 축구의 역사와 대중화

영국은 축구를 전 세계로 확산시킨 발원지로서, 축구를 하나의 스포츠 종목의 의미를 넘어 영국의 국가적 정체성과 문화적 영향력을 보여주는 상징물로 만들었다. 국가에 준하는 독립적 자치권을 가진 영국(UK, United Kingdom of Great Britain and Northern Ireland)의 네 구성국(이하 4개국)인 잉글랜드, 스코틀랜드, 웨일스, 북아일랜드가 보유하고 있는 독립적인 축구팀은 각 지역의 정체성을 반영함과 동시에 영국의 국가 구성과 관련한 독특하면서도 복잡한 내셔널리즘을 상징한다. 글에서는 영국을 구성하는 4개국의 축구 국가대표팀이 각 국가 정체성을 구축하고 보여주는 방식을 살펴보고, 지역성과 글로벌 성이라는 두 축을 중심으로 발달하며 형성되어 온 영국 축구의 정체성과 의미를 알아본다. 이를 위해 영국 축구의 역사를 산업화 시기부터 현대에 이르기까지의 발전 과정을 통해 정리하고, 시대적 전환 과정에서 대중문화적 요소를 살펴보았다. 그리고 영국을 구성하는 4개 국가가 축구라는 대중 스포츠 문화를 통해 사회문화적 정체성을 표현하는 방식에 대해 주목하였다.

축구가 대중문화의 일부인 스포츠로 자리 잡게 된 역사적 배경에는 단일팀을 응원하는 관중이 결속력을 다지고, 다른 정체성을 가진 지역, 국가대표팀과의 대결에서 승리하거나 패배하는 것에 의미를 부여하는 역사가 함께 존재해 왔다. 대중 스포츠로 자리를 확고히 해나가는 축구 역사를 통해 계층 간의 갈등이나 사회 구도의 변화도 엿볼 수 있다.

문화는 정치와 불가분한 관계에 있다는 맥락에서, 축구가 대중문화로서 지역과 국가의 정치적 상황에 따른 정체성을 반영한다는 것은 영국 4개국 국가

대표팀의 실천적 사례에 나타난다. 본래 축구의 기원은 중세 시대 잉글랜드에서 민속놀이와 지역 축제에서 찾을 수 있으나, 규칙이 없는 공놀이 형태였으므로, 현대 축구의 기원은 19세기 영국에서 탄생한 것으로 본다. 축구가 본격적으로 발전하게 된 계기는 영국 제국주의 시대 산업화를 거치면서 야기된 사회계층과 생활 양식의 변화 등 정치, 사회, 문화의 변화이다.

따라서 현재 세계 축구가 현대 글로벌 대중 스포츠로 자리 잡게 된 과정을 살펴보면, 축구가 영국의 사회와 문화사를 보여주는 주요 매개체임과 동시에 영국의 정체성 형성에 기여한 방식을 확인할 수 있다. 역사적 관점에서, 영국 축구의 역사는 사회 질서와 문명화 과정에서 정체성을 형성해 가는 하나의 문화적 실천의 무대였다. 영국 축구의 제도화 및 세계화 과정에서는 보편성이 나타난다. 첫째, 중세 시대 영국에서 민속놀이에 가까웠던 민중 축구는 지배계급에 의해 탄압되며 사회적으로 통제된 역사가 있었다고 전해진다. 근대에 들어와서야 비로소 축구가 비교적 조직화 및 표준화되었는데, 19세기 후반의 근대 축구 형성 시기 영국 축구는 상류층의 스포츠로 먼저 자리 잡았다. 옥스퍼드대나 케임브리지대 같은 명문 사립에서 처음 도입되어, 상류층을 중심으로 축구가 제도화되었다. 당시 각 지역의 학교마다 서로 다른 규칙을 사용하고 있었으나, 1848년 케임브리지 대학에서 11개의 조항으로 구성한 케임브리지 규칙(Cambridge Rule)을 고안하여 현대 축구의 제도적 기초를 마련했다.

이후 영국 축구의 본격적 시스템 구축에 따른 제도화의 중심에는 1862년 잉글랜드 축구협회(FA, Football Association)의 설립에 따른 현대 축구 규칙의 정립이 있었다. 이로써 표준화된 스포츠로서의 영국 축구가 형성되던 시기 중심적 역할을 했던 잉글랜드가 영국 축구의 핵심으로 자리하게 된다. 1863년 잉글랜드 축구협회가 첫 회의에서 정한 축구 경기 규칙이 이후 보편적으로 수용된 계기가 되는 등 영국 축구의 보편성 확립은 제국주의 시대 영국이 세계적으로 영향력을 확대해 나간 역사적 배경 속에서 쉽게 이해할 수 있다. 이 시기 축구 클럽과 경기장의 점차적 조직화가 리그의 발전으로 이어지는 과정에서 1888년 잉글랜드 축구 리그(EFL, English Football League)가 세계 최초의 프로 축구 리그로 설립되었다는 사실도 이를 증명한다.

당시 영국 사회의 맥락에서 교육과정으로서의 축구는 단체정신을 함양하고 단결, 협동 정신, 조직에 대한 결속력은 물론 엘리트 정신과 페어플레이 정신 등 영국 사회가 중요시하는 가치를 반영했다. 이후 산업 노동자 계층에서도 여가 활동으로 축구를 즐기며 프로팀을 창설하고, 프로와 아마추어팀의 대결 구도를 통해 관중을 형성해 나갔는데, 이는 축구의 역사에서 중요한 전환점이 되었다. 축구가 상류층 중심의 엘리트 스포츠에서 노동자 계급의 스포츠로 인식되는 계기가 되었기 때문이다. 사회적 맥락에서, 축구는 사회적 결속력을 강화하고 공동체적 정체성을 형성하는 수단으로서 기능하며 영국의 정체성을 보여주는 사례로 기능하기 시작했다.

둘째, 세계사적 맥락에서 보면 축구는 영국 제국주의 시기 지배를 확장하는 과정에서 피지배국을 중심으로 전파된 제국주의의 유산으로 볼 수 있다. 영국의 주요 식민지 지역이었던 인도, 남아프리카공화국, 호주 등지에서 축구의 제도적 시스템이 보급되어 이른바 축구의 세계화가 진행되었다. 1904년 프랑스 파리에 설립된 국제 축구 조직 국제축구연맹 FIFA(Fédération Internationale de Football Association)는 축구의 제도적 세계화를 증명하는 주요 사례이다. 영국은 초기 FIFA의 주도적 역할을 담당하며, 영국에서 시작한 축구의 규칙과 축구로 인해 파생되는 정체성 형성 등 문화 전파에 있어 중심적 역할을 이어 간다. 따라서 영국 축구는 영국사뿐만 아니라 세계사적으로도 보편성을 띠며, 제도화와 세계화를 거치면서 확장·전파되었다. 그리고 각국의 역사적 맥락에 따라 정체성을 형성해 나가게 하는 문화적 매개로 기능했다.

현대 스포츠 경기로서의 축구는 전 세계의 문화를 강력하게 연결할 수 있는 연결고리이자 집단 정체성을 상징하는 요소이다. 지역, 국가, 글로벌 팬덤 등 다면적 층위의 커뮤니티를 구성하고, 한 개인은 축구 선수, 클럽, 국가대표팀 등 응원하는 다양한 커뮤니티에 소속되어 축구를 통해 정체성을 공유한다. 이러한 특징은 축구가 단순한 스포츠 종목 이상으로, 대중문화적 요소와 위상을 내재한다는 의미이며, 역사적, 사회적, 문화적 맥락에 따라 축구가 담아내는 정체성의 성격 또한 변화한다는 것을 시사한다. 대중문화로서의 축구는 소비하는 상업성과 보존하고 향유하는 문화적 가치와 의미가 교차하는 지점에 있으면서, 특정 시대에 대한 기억과 향수의 감정적 매개체로 작용하기도 한다.

스포츠가 대중의 소리를 표현하는 문화적 장이라면, 경기장에서 울려 퍼지는 응원가는 강렬한 정체성의 표출이다. 응원 문화는 집단주의적 특성이 두드러지며, 그 가사가 시대적 담론과 흐름을 반영한다는 점은 세계 각국에서 반복적으로 확인되었다. 팬들의 자발적이고 적극적인 참여와 미디어를 통한 다양한 콘텐츠 생산은 응원가를 대중적 문화 요소로 만들며, 시대적 정체성을 드러내는 중요한 방식으로 자리 잡게 했다.

II. 영국을 구성하는 4개국의 축구와 정체성

스포츠가 영국 사회와 국민 정체성을 형성하고 상징하는 데 있어 중심적인 역할을 하고 있는 방식에 대한 논의는 21세기 영국인을 정의하는 데 있어 스포츠가 매우 중요한 요소임을 증명한다. 스포츠와 영국의 정체성 간의 복잡한 관계를 탐구할 때, 스포츠에 나타난 민족주의는 영국의 통합과 분열, 화합과 갈등의 구조를 이해하는데 주요한 주제이다. 따라서 영국을 구성하는 4개국이 축구를 통해 각기 고유한 방식으로 국가 정체성을 표현하는 방식을 통해 영국 축구가 통합적이면서도 각국의 특수성을 반영하는 면모를 지닌다는 점을 고찰하고자 한다.

1. 잉글랜드

축구하면 대표적으로 연상되는 종주국 잉글랜드는 앞서 언급했듯 영국 축구의 중심지이자 세계 축구의 발상지로 영국 축구의 대표적 정체성을 형성한다. 앞서 언급한 것처럼 영국 축구의 역사에서 잉글랜드의 주요한 기여와 선구적 역할에도 불구하고, 잉글랜드 축구 역사 자체는 영광과 쇠퇴의 시기를 겪는다. 1966년 잉글랜드에서 열린 FIFA 월드컵에서 잉글랜드가 우승해서 축구 강국으로서의 위상을 확립하고 국민에게는 자부심을 안겨준 이래, 1970년부터 잉글랜드 축구는 침체기를 지나게 되는데, 이에 따른 국민(혹은 팬들)의 감정들은 향후 국가대표팀 응원가 가사에 그대로 드러난다. 이는 영국 제국주의적 패권의 쇠퇴와 함께 축구의 하락세가 국가적 자부심의 약화로 연결되었음을 보여준다. 이어 1980년대 여러 차례 발생한 잉글랜드 축구 경기장 대참사는 잉글랜드 축구와 응원 문화에 심대한 영향을 끼쳤고, 훌리거니즘(Hooliganism)과 같은 폭력성을 띤 응원 문화에 대한 사회적 관심과 대응 방식이 스포츠 안전의 문제로 대두되기도 했다.

잉글랜드 축구는 1990년대 세계화가 시작되면서 1992년 프리미어리그(Premier League)를 설립해 가장 영국적이면서도 가장 글로벌한 특징을 띄게 된다. 맨체스터 유나이티드, 리버풀, 아스널 등의 대표적 클럽은 잉글랜드의 지역성을 상징하면서도 국가 정체성과 글로벌 스포츠 문화 형성에 크게 기여했다. 1995년 보스만 판결 이후 선수들의 이동권이 보장되면서 유럽은 세계 각국의 우수한 선수를 수용할 수 있게 되었고, 클럽 중심의 지역성 또한 강화하게 되었다. 이에 따라 잉글랜드 프리미어리그 창설은 축구 역사를 부활하기 위한 하나의 개선책으로 작용했다. 잉글랜드는 축구 클럽을 영국의 거대한 경제 사업체로 성장시켰고, 프리미어리그는 세계에서 가장 규모가 큰 리그로 발전하면서 상업적으로도 큰 성공을 거두었다. 이 과정에서, 각 지역을 대표하는 클럽들이 창설되면서 도시의 사회 · 문화 · 역사성을 반영하며, 지역 정체성을 확립하는 중요한 역할을 하게 되었다. 1990년대 미디어의 세계화와 대중매체의 발달로 전 세계는 국제 경기를 지리적, 시간적 경계를 넘어 지켜볼 수 있게 되었고, 해외 이동도 자유로워졌다. 여기서 형성된 초국가적 축구 팬덤은 잉글랜드 축구의 세계화가 초국가적 문화 현상으로 자리 잡았음을 보여주는 대표적인 사례이다.

축구가 정체성을 형성하는 과정에서, 응원하는 축구 팬들은 응원가를 통해 결속력을 다지고, 공동체적 문화를 함께 만들어 간다는 점에서 잉글랜드 국가대표팀의 응원가 「Three Lions(세 마리 사자)」는 주목할 만하다. 1996년 영국 대중문화에 큰 반향을 일으키며 등장한 이 응원가는 잉글랜드 대표팀의 역사를 어떻게 담아왔는지뿐만 아니라, 단결의 메시지와 잉글랜드 국가대표팀 및 팬들이 공유하는 정서와 공동체적 의식이 반영되어 있다는 점에서 중요한 의미가 있다. 이는 축구가 정체성을 형성하는 하나의 문화적 실천임을 시사하며, 또한 잉글랜드 대표팀의 성과가 국가적 자부심과 국가적 위상에 어떠한 영향을 미치는지를 보여준다.

곡의 제목과 가사에 등장하는 「Three Lions」는 잉글랜드 국장과 마찬가지로 축구 국가대표팀의 엠블럼에 있는 삼사자를 뜻하며, 이는 곧 잉글랜드 축구의 상징이자 정체성을 나타낸다. "Jules Rimet(줄 리메)"는 1966년 월드컵에서 잉글랜드가 우승했을 때 수여된 트로피로 과거의 영광을 나타냄과 동시에, "Thirty years of hurt(30년의 고통)"은 1966년 우승 이후 반복된 잉글랜드팀의 좌절과 팬들의 실망감을 표현한다. 하지만 마지막 부분에 영광의 순간을, 잉글랜드를 대표하는 선수의 활약으로 마무리하며 영광이 재현되길 바라는 희망을 나타낸다. 잉글랜드 축구의 역사성을 담아내면서도, 대중성을 동시에 지닌 이 응원가는 영국 사회에서 계층 간의 차이를 넘어서 대중의 지지를 받고, 대중이 참여하며, 관중이 있어야 비로소 완성되는 의미가 있는 축구의 현대 대중문화적 요소를 반영한다.

잉글랜드 축구 국가대표팀 로고와 응원가

Jules Rimet still gleaming
줄 리메 컵은 여전히 빛나고 있어
Thirty years of hurt
30년의 고통
Never stopped me dreaming
하지만 나의 꿈을 멈추게 하진 못했어.

So many jokes, so many sneers
수많은 농담과 비웃음들
But all those "Oh so near"s
"오 정말 가까웠는데"라는 순간들이
Wear you down through the years
지난 세월동안 너를 지치게 했지

But I still see that tackle by Moore
하지만 난 여전히 무어의 태클이 보이고
And when Lineker scored
리네커가 골을 넣던 순간과
Bobby belting the ball

보비가 공을 세차게 차던 모습

And Nobby dancing

그리고 노비의 춤추던 모습도

I know that was then

지난 일이란 걸 알아

But it could be again

하지만 다시 일어날 수 있어

It's coming home [⋯]

다시 돌아온다

Football's coming home

축구가 (종주국 잉글랜드로) 다시 돌아온다

영국에서 잉글랜드 프리미어리그가 축구의 역동적인 글로벌화와 세계적인 성공의 상징으로 이어지는 논의 선상에서, 축구의 문화적 세계화에 대한 논의는 글로벌 맥락 속에서 축구가 끊임없이 문화로서 재구성되고 공존한다는 것을 시사한다. 세계적 팬덤을 보유한 잉글랜드의 글로벌 정체성이 강조되면서 국가 정체성이 뚜렷하게 강조되고 있다고 보기는 어렵지만, 축구와 국가 정체성 간의 깊은 관련성은 영국 내 다른 국가들과의 이른바 '국제' 경기에서 드러난다. 영국 내 민족 정체성의 분화를 가장 잘 보여주는 사례는 잉글랜드와 스코틀랜드로, 축구는 국가 정체성을 가장 강력하게 드러내는 스포츠로 작용한다.

2. 스코틀랜드

영국 역사에서 스코틀랜드와 잉글랜드는 오랫동안 독립성을 둘러싼 갈등을 겪어왔다. 잉글랜드의 여러 차례에 걸친 스코틀랜드 침공은 스코틀랜드 민족주의를 강화하는 계기가 되었고, 1707년 대영제국 결성 이후 독립적 국가 정체성에 대한 역사적 감정은 현대사에서도 진행 중이다. 특히, 브렉시트(Brexit) 과정에서 영국으로부터의 독립 요구가 재점화되었고, 이후 영국 중앙정부의 중앙집권적 통제와의 충돌로 이어졌다. 두 국가 간의 갈등은 축구 대표팀의 응원가에서도 드러나며, 과거 스코틀랜드의 잉글랜드에 대한 승리를 기리는 가사가 포함되기도 한다. 스코틀랜드는 잉글랜드와의 축구 경기를 통해 민족적 독립성과 정체성을 확인하며, 이러한 경쟁 구도를 통해 갈등을 표출한다.

스코틀랜드가 축구 경기를 통해 잉글랜드를 인식하는 방식을 잘 보여주는 사례는 1872년 11월 30일 글래스고(Glasgow)에서 열린 두 국가 간의 첫 공식 경기이다. 이 경기는 세계 최초의 국제 축구 경기로 기록되었으며, 스코틀랜드 내에서 축구가 단순한 스포츠를 넘어 민족주의적 정체성을 강조하는 주요 상징으로 자리 잡았음을 보여준다. 민족주의적 성향이 짙은 스코틀랜드에서 축구는 민족주의의 주요 상징으로 여겨지며, 웨일스와 북아일랜드에 비해 잉글랜드로부터의 독립된 정체성을 가장 강하게 강조하는 요소로 작용한다. 이는 국민에게도 강한 상징적 의미로 다가간다. 이처럼 스코틀랜드는 잉글랜드와의 축구 경기를 자신들만의 문화와 정체성을 표현하는 계기이자 기회로 활용하는 특징이 있다. 잉글랜드가 1966년 FIFA 월드컵에서 우승한 이듬해 브리티시 홈 챔피언십(British Home Championship)에서 스코틀랜드가 잉글랜드를

3:2로 이긴 기록이 스코틀랜드 축구 역사에서 민족적 자부심의 상징적 사건으로 남아있는 것은 대표적 사례이다.

특히, 축구를 통해 스코틀랜드의 독립적 정체성을 표출하는 대표적 예로 스코틀랜드 축구 대표팀의 팬덤 타탄 아미(Tartan Army)를 들 수 있다. 스코틀랜드 전통의상인 타탄(체크무늬) 복장을 하고, 전통 악기 백파이프를 이용한 응원은 스코틀랜드 민족 문화와 정체성을 보여주는 일종의 의식으로 자리 잡았다. 스코틀랜드 국가대표 선수들의 강렬하고 투지를 보여주는 플레이 스타일 또한 축구를 통해 민족적 자부심을 표현하는 의지를 나타내는 것으로 분석된다.

스코틀랜드 축구 국가대표팀의 응원가는 전통과 현대를 아우르며 스코틀랜드의 민족적 정체성과 문화를 표현하는 다양한 곡으로 구성되어 있다. 이 중 스코틀랜드 축구협회가 1997년 지정한 축구 국가대표팀의 대표 응원가인 「Flower of Scotland(스코틀랜드의 꽃)」는 영국의 공식 국가 「God Save the King(신이시어, 국왕 폐하를 지켜주소서)」 대신 스코틀랜드 국민의 큰 지지를 받으며 비공식 국가로도 불리는 역사성 짙은 곡이다. 원래 이 곡은 1967년 스코틀랜드 가수 더 코리스(the corries)의 멤버였던 로이 윌리엄슨(Roy Williamson)이 작곡 및 작사한 민요 스타일의 대중가요였다. 이후 더 코리스 앨범에 수록되면서 1970년대 당대의 최대 히트곡으로 널리 알려지게 된다. 최근까지 글래스고의 축구 경기장인 햄던 파크에서 축구 국가대표 경기가 열리면, 더 코리스 멤버가 나와 군중들 앞에서 곡을 선창하기도 한다. 특히 1314년 스코틀랜드 배녹번(Bannockburn) 전투에서 스코틀랜드 왕 로버트 1세가 잉글랜드 왕 에드워드 2세의 침공을 막고 승리를 거둔 내용을 담은 1절이 불린다. 이후 국가를 잃었던 역사를 노래하는 2절과 잉글랜드로부터의 광복을 희망하는 3절이 있지만, 1절에서 배녹번 전투를 통해 민족적 감정을 자극하는 가사는 국가대표 축구 경기에서 큰 의미가 있다. 스코틀랜드 국가의 독립과 자유를 상징하고 기념함과 동시에 민족의 역사와 자부심을 반영하는 곡으로, 스코틀랜드 축구 국가대표팀이 국제 경기 전 국가 대신 연주하며 팬들이 함께 따라 부르는 의미 있는 곡이다.

스코틀랜드 축구 국가대표팀 로고와 응원가

O Flower of Scotland

오 스코틀랜드의 꽃이여,

When will we see your like again

너를 언제나 다시 만날 수 있을까

That fought and died for,

함께 싸우고 목숨을 바친

Your wee but Hill and Glen

너의 자그만한 언덕과 골짜기를 위해

And stood against him,

그에 맞서서 싸운

Proud Edward's Army,

에드워드 군대에 맞서

And sent him homeward,

그리고 그를 집으로 돌려보내서

Tae think again.

후회하게 만든

이러한 역사적 의미는 곡의 가사뿐만 아니라 스코틀랜드 축구 국가대표팀의 상징에서도 찾아볼 수 있다. 축구 국가대표팀의 엠블럼은 잉글랜드 축구 대표팀이 삼사자를 사용한 것과 마찬가지로 스코틀랜드의 국장에 포함된 빨간색 사자를 사용하고 있다. 이처럼 영국을 구성하는 하나의 국가가 축구 대표팀을 통해 표출하는 민족적 자부심과 문화적 정체성을 통해 축구가 국가 정체성을 반영하고 형성하는 주요 매개체임을 알 수 있다.

3. 웨일스

웨일스는 잉글랜드와 긴밀하게 연결되어 있으면서도, 독립적인 축구 문화 정체성을 유지하는 특징을 보여준다. 2016년 UEFA 유로에서 사상 처음으로 4강에 진출한 성과는 웨일스가 축구 강국 영국의 일부임을 세계에 알리는 계기가 되었고, 동시에 웨일스 축구에 대한 국제적 관심을 높이는 중요한 순간이었다. 국가대표팀 경기 전에 웨일스어로 불리는 국가 「Land of My Fathers(우리 선조들의 땅)」은 웨일스 언어, 문화, 역사를 보존하고자 하는 의지를 보여주는 상징적 이벤트이다.

스코틀랜드의 대표 응원가처럼 웨일스의 전통 국가 역시 잉글랜드와의 경기 등 중요한 경기에서 웨일스의 정체성을 강하게 드러내며, 조국을 지키기 위해 싸운 승리의 역사를 기념하며 웨일스어로 부르는 상징적인 응원가다. 1856년 웨일스의 국가로 작곡되었고, 가사는 주로 웨일스의 자연, 언어, 전통 유산을 보호하고자 하는 웨일스인들의 열망과 결속을 노래한다. 웨일스어는 잉글랜드의 동화 정책 속에서도 민족 정체성의 상징으로 남았기 때문에, 웨일스어로 불리는 국가는 특별한 의미가 있으며, 특히 잉글랜드와의 경기에서는 강렬한 정체성의 표현 수단으로 기능한다. 웨일스 축구 국가대표팀의 엠블럼은 서양식 용의 모습을 형상화한 것으로, 용은 팀의 별명으로도 널리 알려져 있다.

웨일스 축구 국가대표팀 로고와 응원가

The land of my fathers, so dear to me

내 조상의 땅, 나에게 너무 소중한 곳

Land of poets and singers

글을 쓰는 자, 노래를 부르는 자,

and people of renown

그리고 명망높은 자들의 땅이라네

Its brave warriors, great patriots

용감한 전사들, 위대한 애국자들이

Shed their blood for freedom

이땅의 자유를 위해 피를 흘렸네

따라서 잉글랜드와 웨일스의 국가대표 축구 경기에서 불리는 응원가와 응원 문화는 웨일스가 잉글랜드와 독립된 국가임을 선언하는 일종의 상징적 행동이며, 국가 정체성을 재확인하고 세계에 알리는 의미 있는 순간으로 여겨진다.

4. 북아일랜드

북아일랜드는 정치적·종교적 갈등 속에서도 독자적인 축구 문화를 유지해 온 국가로, 1880년 독립적으로 북아일랜드 축구협회를 설립하여 국가 리그와 대표팀을 보유하고 있다. 북아일랜드 축구는 민족주의적 감정을 강하게 드러내는 스코틀랜드나 웨일스와는 달리 상대적으로 잉글랜드와 우호적 관계를 유지하고 있다. 1921년 아일랜드 분리 이후 영국의 일원으로 남기로 한 북아일랜드는 대다수가 개신교도로 종교적 유대감을 유지해 오고 있다. 이러한 배경 속에서 잉글랜드와의 축구 경기는 상대적으로 우호적인 분위기로 진행되며, 축구 경기를 통해 민족주의적 대립과 정체성을 강화하는 경향이 상대적으로 적다. 또한, 북아일랜드 축구협회의 엠블럼은 1921년 영국-아일랜드 전쟁 이후 영국령에서 벗어난 아일랜드 축구의 역사와 기록을 승계하는 의미도 담고 있다. 이는 현재 영국의 일부로 남아있는 북아일랜드 축구가 아일랜드 축구 역사와도 연결되어 있음을 보여준다.

Scatter his enemies

북아일랜드 축구 국가대표팀 로고와 응원가

적들을 흩어내시어

And make them fall

무너지게 하소서

Confound their politics

저들의 체제를 혼란에 빠뜨리시고[...]

Long may s/he reign

(여)왕이 오래도록 군림하게 하소서

May s/he defend our laws

우리의 법을 수호하게 하시고

And ever give us cause

항상 저희로 하여금

To sing with heart and voice

충심으로 목청껏 찬양하게 하소서

God save the Queen/King

하느님, (여)왕을 지켜 주소서

영국과 영국 연방 일부에서 국가로 사용되는 「God Save the King(신이시어, 국왕 폐하를 지켜주소서)」의 가사를 보면 북아일랜드가 영국의 일부임을 강조하고 재확인하는 방식을 이해하는 데 효과적이다. 특히 왕실에 대한 충성과 정치적 메시지를 담고 있는 가사가 나타내듯, 「God Save the King」은 영국 군주제를 찬미하고, 영국의 통합과 안녕을 기원한다. 북아일랜드의 종교적 정체성인 연합주의(Unionism)를 통해 영국과 강한 유대감을 강조하고, 특히 개신교 커뮤니티의 강력한 지지를 받는다. 그러나 북아일랜드 내 가톨릭 민족주의자에게는 종교와 사회적 분열을 상징하는 요소로 받아들여지기도 하며, 이에 따라 북아일랜드 전체의 통합적 정체성을 대표하지 못한다는 비판의 시각도 존재한다. 그럼에도 불구하고 응원가는 북아일랜드만의 정체성을 보여주는 중요한 요소이다.

III. 영국 축구: 역사와 정체성을 반영하는 문화적 매개체

영국 축구는 단순한 스포츠를 넘어, 각 지역의 정체성을 표현하고 국가적, 문화적, 역사적 유산을 반영하는 상징적 매개체로 기능한다. 산업화와 제국의 제도화 및 세계화의 상징인 잉글랜드, 민족주의적 상징성과 독립성을 강조하는 스코틀랜드, 역사와 문화의 보존 의지를 나타내는 웨일스, 연합 영국 정부와의 통합을 강조하는 북아일랜드는 독립적인 축구 대표팀을 통해 각 지역의 정치적 · 사회문화적 특성과 민족적 정체성을 표현한다. 이는 다국가로 구성된 영국의 역사적, 정치적, 사회문화적 특수성을 이해하는 데 의미 있는 시사점을 제공한다. 그리고 영국 4개국의 역사적 관계를 이해하는 데 유용한 통찰을 제공한다.

영국 축구의 발전은 단순히 세계화 과정과 초국가적 팬덤을 토대로 문화적 교류를 촉진하며 글로벌 스포츠로 자리매김하는 데 기여했을 뿐만 아니라, 여전히 영국 사회에 강하게 발현되는 민족주의와 지역적·민족적 긴장을 반영하며, 사회의 통합과 분열을 동시에 드러낸다. 본 글에서는 역사적으로 끊임없이 재해석되고 있는 영국 축구의 특수성을 응원가가 표현하는 국가의 역사와 정체성의 사례를 통해 발견했다. 응원가는 단순히 팀의 경기 승패를 넘어서는 의미가 있으며, 공동체 정신과 민족적 자긍심을 강화하는 상징적인 기능을 수행하는 축구라는 대중 스포츠 문화의 일부임을 알 수 있다.

따라서 영국 축구는 지역적 정체성을 표현하는 동시에, 글로벌 사회 속에서 영국이 지닌 독특한 문화적 위상과 국가 정체성의 복합성을 드러내는 중요한 도구로 기능하고 있다. 축구를 매개로 각 지역이 표현하는 문화적 정체성은 지역 간의 차별성과 독립성을 유지하면서도, 스포츠라는 글로벌 플랫폼을 통해 통합적이고 상호의존적인 세계 속 영국의 모습을 드러내는 데 기여한다. 결론적으로 축구는 영국의 지역적 맥락과 글로벌 사회문화 속 영국을 이해하는 중요한 틀을 제공하며, 스포츠가 사회적, 문화적, 정치적 의미를 형성하는 과정에서 핵심적인 역할을 수행하고 있음을 보여준다.

참고문헌

김세기·하남길, "영국 축구의 사회사: 사회 계급적 통제와 지배," 『체육사학회지』, 제17권 1호, (2012).

이대희, "축구와 정체성의 정치: 유럽 축구를 중심으로," 『유럽연구』, 제39권 3호, (2021).

정윤수, "스포츠와 응원가: 강렬한 정념의 집합적 표출," 『대중음악』, 제31권 (2023).

Bairner, Alan, Sport, Nationalism, and Globalization: European and North American Perspectives (Routledge, 2001).

BBC News, "Hillsborough: Timeline of the 1989 stadium disaster" https://www.bbc.com/news/uk-england-merseyside-47697569 (검색일: 2024. 12. 21)

Bradley, Joseph M., "Football in Scotland: a History of Political and Ethnic Identity," The International Journal of the History of Sport, Vol. 12, No. 2 (1995).

Britannica, "God Save the King: British national anthem" (2024), https://www.britannica.com/topic/God-Save-the-King-British-national-anthem (검색일: 2024. 12. 20)

Cambridge Rules 1848, "About Cambridge Rules," https://www.cambridgerules1848.com/about (검색일: 2024. 12. 27)

Doidge, Mark et al., "The Impact of International Football Events on Local, National and Transnational Fan Cultures: A Critical Overview," Soccer & Society, Vol. 20, No. 5 (2019).

English Football League, "History: The EFL, Who We Are," https://www.efl.com/about-the-efl/history (검색일: 2024. 12. 27).

FIFA, "A History Timeline About FIFA," https://historytimelines.co/timeline/fifa (검색일: 2024. 12. 21).

Fire Brigades Union, "Bradford City FC Stadium Fire," https://www.fbu.org.uk/history/bradford-city-fc-stadium-fire (검색일: 2024. 12. 21)

Football Association, "The History of The FA," https://www.thefa.com/about-football-association/what-we-do/history (검색일: 2024. 12. 22)

Gibbons, Tom, English National Identity and Football Fan Culture: Who Are Ya (Routledge, 2016).

Gibbons, Tom, and Dominic Malcolm, eds., Sport and English National Identity in a 'Disunited Kingdom' (Abingdon: Routledge, 2017).

Giulianotti, Richard, and Roland Robertson, "The Globalization of Football: A Study in the Glocalization of the 'Serious Life'," The British Journal of Sociology, Vol. 55, No. 4 (2004).

Goldblatt, David, The Ball is Round: A Global History of Football (Penguin UK, 2007).

Hall, Stuart, "Popular Culture, Politics and History," Cultural Studies, Vol. 32, No. 6 (2018).

Liston, Katie, and Matt Deighan, "'Show Respect to Our Anthem': Identity Politics and National Team Football in Northern Ireland," in Football, Politics and Identity (Routledge, 2021).

Lower Block, "Tartan Army Scotland Football Fans Euro 92," https://lowerblock.com/articles/tartan-army-scotland-football-fans-euro-9 (검색일: 2024. 12. 28)

Moore, Kevin, "It's Coming Home, It's Coming Home, This Football's Coming Home," in Museums and Popular Culture (Leicester University Press, 2000).

Porter, Dilwyn, "'Your Boys Took One Hell of a Beating!': English Football and British Decline, c. 1950-80," in Sport and National Identity in the Post-war World (Routledge, 2013).

Premier League, "1992/93 Season Review," https://www.premierleague.com/history/season-reviews/1/report (검색일: 2024. 12. 27)

Robert O'Connor, "Scotland's national anthem: Flower of Scotland lyrics in full & explained", Goal, 8 Feb 2024, https://www.goal.com/en/news/scotland-national-anthem-flower-of-scotland-lyrics-in-full-explained/1725hkctzuszr1hdcjr73q3c98 (검색일: 2024. 12. 20)

Stead, Phil, Red Dragons: The Story of Welsh Football, 2nd ed. (Y Lolfa, 2015).

The Scotsman, "Scotland's National Anthem: What is the Scottish National Anthem and why was it chosen? Lyrics and origins" https://www.scotsman.com/sport/scottish-national-anthem-lyrics-and-origins-4280559 (검색일: 2024. 12. 20)

Tomlinson, Alan, and Christopher Young, eds. National Identity and Global Sports Events: Culture, Politics, and Spectacle in the Olympics and the Football World Cup (Routledge, 2000).

본문에 사용된 사진 및 자료 출처

p.61 GPinkerton, CC BY-SA 4.0 〈https://commons.wikimedia.org/wiki/File:Arms_of_The_Football_Association.svg〉

p.65 "Three Lions" lyrics © BMG Rights Management, Kobalt Music Publishing Ltd., Reservoir Media Management, Inc. All rights reserved.

Royal Arms of the Kingdom of Scotland.svg: and Scottish Thistle (Heraldry).svg:, CC BY-SA 4.0 〈https://commons.wikimedia.org/wiki/File:Arms_of_the_Scottish_Football_Association.svg〉

"Flower of Scotland" lyrics © Roy Williamson, 1967.Allrights reserved.

p.67 Sangjinhwa, CC0, via Wikimedia Commons 〈https://commons.wikimedia.org/wiki/File:Flag_of_Wales_%283-2%29.svg〉

"Hen Wlad Fy Nhadau" lyrics, written by Evan James, composed by James James, 1856. (Public Domain)

p.69 "God Save the King" (Traditional, first known performance in 1745). Public Domain.

JohnDoe, 'Irish Football Association logo.svg', CC BY-SA 4.0 〈https://commons.wikimedia.org/wiki/File:Irish_Football_Association_logo.svg〉

매직 마자르의 부활
헝가리 축구의 어제와 오늘

송은지(한국외국어대학교)

헝가리 축구는 120년이 넘는 유구한 역사를 품고 있으며, 그 발자취는 헝가리 국민의 삶과 문화 속에 깊이 새겨져 있다. 단순한 스포츠 이상의 의미를 지닌 축구는 세대와 지역을 넘나들며 모든 국민이 공유하는 관심사이자, 국가적 자부심의 원천으로 자리매김해 왔다. 특히 1950년대는 헝가리 축구의 황금기로 기억된다. 그 시절 헝가리 대표팀은 세계 축구 무대에서 독보적인 존재감을 발휘하며 '매직 마자르(Magic Magyar)'라는 별명에 걸맞은 놀라운 기량을 선보였다. 1952년 헬싱키 올림픽에서 금메달을 목에 걸고, 1954년 스위스 월드컵 결승에 도달하는 등 눈부신 성과를 이루었지만, 결승전에서 서독에 아쉬운 패배를 당하며 우승의 영광은 아쉽게도 멀어지기도 했다. 그럼에도 불구하고, 헝가리 축구가 선사한 혁신적인 전술과 압도적인 경기력은 전 세계 축구 팬들에게 깊은 인상을 남겼다. 하지만 1950년대의 영광 이후, 헝가리 축구는 서서히 국제무대에서의 입지를 잃어가기 시작했다. 한때 세계 최강을 자부했던 그 힘찬 전성기는 점차 그 빛을 잃었고, 지금의 헝가리 축구는 과거만큼 눈에 띄는 성적을 내지는 못하고 있다. 아이러니하게도, 경기 성적과는 별개로 축구에 대한 국민의 사랑은 여전히 뜨겁다. 최근 헝가리인을 대상으로 한 설문조사에서도 축구는 헝가리를 대표하는 스포츠로 꼽힐 만큼, 국민적 애정과 지지를 한 몸에 받고 있다. 헝가리인이 올림픽이나 세계대회에서 강세를 보이는 수영, 수구와 비교해도 축구에 얼마나 큰 애정을 품고 있는지를 잘 보여준다. 이처럼 헝가리 축구는 단순한 경기 결과를 넘어, 국민에게 과거의 영광과 미래에 대한 희망을 상기시키는 소중한 문화적 유산으로 자리 잡고 있다. 헝가리인의 정체성과 자긍심을 대변하는 상징적인 존재로, 축구는 오늘날에도 국민의 마음 한켠에 깊은 애정으로 남아 있다.

I. 헝가리 축구의 시작과 매직 마자르의 탄생

헝가리는 중부 유럽의 심장부에 위치한 아름답고 매혹적인 내륙국가로, 독특한 문화와 풍경을 자랑한다. 주변 국가들이 주로 슬라브 민족으로 구성되어 있는 반면, 헝가리는 오랜 역사를 지닌 마자르족이 주류를 이루는 나라로, 민족적 · 문화적 독자성이 뚜렷하다. 특히 헝가리어(마자르어)는 유럽의 대부분 언어와들과는 전혀 다른 어휘와 문법 체계를 지닌 핀우그르 계통의 언어로, 그 독특함 덕분에 외국인들에게 신비롭고 이국적인 매력을 선사한다. 이러한 언어적 · 민족적 특수성은 헝가리의 정체성을 형성하는 중요한 요소이기도 하다.

수도인 부다페스트는 다뉴브강(두너 강)을 따라 자리한 도시로, 유럽에서 가장 아름다운 야경을 가진 도시 중 하나로 꼽힌다. 강을 사이에 두고 나뉘어 있는 부다와 페스트 지역은 서로 다른 개성과 역사를 간직한 채, 하나의 도시로 조화를 이루며 헝가리의 과거와 현재, 전통과 현대가 만나는 상징적인 공간이 되었다. 부다의 언덕에는 고풍스러운 왕궁과 성곽, 어부의 요새가 자리해 역사적 분위기를 자아내는 반면, 페스트 지역은 국회의사당과 같은 화려한 건축물, 활기찬 거리와 카페 문화가 어우러져 현대적 감성을 더한다.

특히 19세기 말, 부다페스트는 헝가리의 역사와 미래가 교차하는 중요한 전환점을 맞이하게 된다. 1896년, 밀레니엄 기념행사(Millenniumi ünnepség)가 열리면서 헝가리는 마자르족의 카르파티아 분지 정착 1000주년을 성대하게 기념했다. 이 행사는 단순한 축제를 넘어, 헝가리 민족의 자긍심과 문화적 정체성을 대내외에 천명하는 중요한 계기가 되었으며, 수도 부다페스트와 헝가리 전역에 새로운 역사적 랜드마크들을 탄생시켰다. 대표적으로, 영웅광장은 헝가리를 대표하는 역사적 인물들과 민족의 긴원을 기리는 거대한 기념비로 조성되었고, 국립 미술관은 헝가리 예술의 정수를 보여주는 문화의 전당으로 자리매김했다. 이와 더불어, 유럽 대륙 최초의 지하철(M1 노선)이 완공되어 헝가리의 현대적 발전 의지를 보여주는 상징적 업적이 되었다. 특히 이 밀레니엄 기념행사에는 엘리자베스 여왕을 비롯한 유럽 각국의 왕실 인사들이 대거 참석해, 헝가리가 전통과 현대가 어우러진 강인한 국가임을 세계에 알리는 계기가 되었다. 이처럼 밀레니엄 기념행사는 헝가리가 단순히 과거를 기념하는 것을 넘어, 미래로 나아가는 새로운 도약의 발판을 마련한 순간으로 기억된다.

흥미롭게도, 이 역사적 분위기와 함께 헝가리 사회 전반에 변화의 바람이 불던 시기, 또 하나의 새로운 역사가 시작된다. 바로 1897년, 헝가리 축구 역사에서 기념비적인 해로 기록될 중요한 사건이 일어난 것이다. 이해에 '부다페스트 스포츠 클럽(Budapest Torna Club)'이라는 이름으로 헝가리 최초의 축구팀이 창단되면서, 축구가 본격적으로 헝가리 사회에 등장하게 된다. 같은 해, 오스트리아와의 첫 국제 경기가 성사되며 양국 간 스포츠 교류의 문이 활짝 열렸다. 특히 이 경기를 계기로, 사람들이 입장료를 내고 경기를 관람하는 문화가 자리 잡기 시작했으며, 축구는 곧 단순한 여가 활동을 넘어 사회적, 경제적 의미를 지닌 스포츠로 성장하기 시작했다. 이러한 축구의 등장은 산업화와 도시화가 빠르게 진행되던 당시 헝가리 사회의 변화상과도 맞물리며, 새로운 대중문화를 형성하는 중요한 동력이 되었다.

이후 수십 년 동안 꾸준히 성장해 온 헝가리 축구는 마침내 1950~1960년대에 전성기, 이른바 '헝가리 축구의 황금기'를 맞이하게 된다. 이 시기 헝가리 축구는 국가적 자부심과 국민적 열망을 상징하는 존재로 자리 잡았으며, 세계 무대에서도 눈부신 활약을 펼쳤다. 당시 서유럽에서는 텔레비전의 보급을 계기로 축구를 거대한 비즈니스로 발전시키며 소비자 시장, 기업 후원, 방송권 판매, 상품화, 선수 이적 등으로 막대한 수익을 올리기 시작했지만, 헝가리의 축구는 이와는 전혀 다른 길을 걸었다. 전체주의 독재 정권 아래에서, 헝가리 축구는 국가 주도의 프로젝트로 급격히 성장했다. 정부는 모든 축구 클럽을 직접 관리하며, 축구를 공산주의 체제의 우월성을 세상에 과시하는 중요한 도구로 삼았다. 정권은 축구를 통해 서방 자유주의 국가들에 자신들의 체제 우수성을 입증하기 위해 대대적인 재정 지원과 인프라 확충에 나섰다. 그 결과, 새로운 경기장들이 속속 건설되고, 기존의 노후한 시설들은 막대한 자금을 투입하고 인프라를 확충했다. 그 결과, 새로운 경기장들이 전국 곳곳에 세워지고, 기존의 노후한 시설들도 현대적으로 재건되었다. 그 대표적인 사례가 바로 1953년 부다페스트에 건립된 '시민 경기장(Nép stadion)'이다. 10만 명을 수용할 수 있는 이 거대한 경기장은 단순한 스포츠 시설을 넘어 국가의 위상을 대외적으로 과시하는 상징적 건축물로 자리 잡았다. 이 경기장은 헝가리 축구가 국제무대에서 경쟁력을 갖추는 데 중요한 발판이 되었으며, 국민적 자긍심의 공간으로 자리매김했다.

그러나 이러한 눈부신 발전 이면에는 정치적 억압과 통제의 그늘도 깊게 드리워져 있었다. 축구가 정권의 이념을 선전하는 수단으로 활용되면서, 체제에 비협조적인 선수들은 혹독한 제재와 탄압을 피할 수 없었다. 정치적 이유로 팀에서 강제 퇴출되는 일이 빈번했으며, 때로는 경기장에서 벌어지는 반체제 시위에 대해 경기장 전체 관중의 강제 퇴장 명령이 내려지기도 했다. 나아가 선수와 코치진 내에 정보원을 심어 이들의 일거수일투족을 감시하는 조직적인 감시 체계까지 운영되었다.

그 대표적인 사례 중 하나가 바로 헝가리 대표팀의 골키퍼, 줄러 그로시치(Gyula Grosics)의 이야기다. 그로시치는 당대 최고의 골키퍼로 평가받으며, 1950년대 헝가리 축구의 황금기를 이끈 주역이었다. 국민적 영웅으로 칭송받던 그로시치조차 공산정권의 철저한 감시망에서 벗어날 수 없었다. 헝가리 비밀경찰(ÁVH)은 그를 네 차례나 소환해 심문했고, 지속적으로 정보원으로 포섭하려는 시도를 멈추지 않았다. 이는 단순히 그로시치 개인에 대한 의심 때문만이 아니었다. 공산 정권은 국가대표 선수들조차 철저히 통제하려 했으며, 그들의 충성심을 확인하는 수단으로 감시와 협박을 일삼았다. 선수들의 영향력이 대중에게 미치는 만큼, 체제 이탈을 사전에 차단하기 위한 의도였다. 하지만 그로시치는 끝까지 이에 끝까지 저항했고, 결국 그 대가로 1955년 국가대표팀 출전 정지 처분을 받는 혹독한 처벌을 당했다. 그는 다시는 헝가리 대표팀 골문을 지키지 못했으며, 수도 부다페스트의 명문 구단에서 밀려나 지방팀인 떠떠바녀(Tatabánya) 구단으로 이적되는 수모를 겪었다. 더욱이, 부다페스트로의 복귀마저 금지되면서, 사실상 정치적 유배와 다름없는 처지에 놓였다. 국가를 대표하는 선수로서 온 국민의 사랑을 받던 그로시치였지만, 체제에 순응하지 않았다는 이유만으로 모든 것을 빼앗긴 채 은둔의 삶을 살아야 했던 것이다.

이처럼 선수들에 대한 정치적 통제와 감시는 단지 국내에만 국한된 문제가 아니었다. 1949년부터, 공산 정권은 선수들의 해외 이적을 전면 금지하는 강력한 정책을 시행했다. 이는 체제 이탈과 서방 세계로의 망명을 막기 위한 조치였지만, 동시에 세계적 기량을 갖춘 선수들에게는 커다란 좌절과 박탈감을 안겨준 결정이었다. 국제 무대에서 활약할 기회마저 차단된 선수들은 그들의 재능을 마음껏 펼칠 수 없는 채로 억눌린 삶을 살아야 했다. 그럼에도 불구하고, 목숨을 건 탈출을 감행해 해외 진출에 성공한 사례도 존재했다. 그 대표적인 인물이 바로 쿠벌러 라슬로(Kubala László)와 녜르쉬 이슈트반(Nyers István)이다. 쿠벌러 라슬로는 헝가리를 탈출해 스페인으로 건너가, 이후 FC 바르셀로나에서 전설적인 선수로 명성을 떨쳤다. 그는 단순한 이적을 넘어, 억압된 조국을 떠나 세계 축구 무대에서 자신의 재능을 꽃피운 상징적인 인물이 되었다. 한편, 네르쉬 이슈트반 역시 이탈리아의 명문 구단 인터 밀란(Inter Milan)으로 이적해, 당시 유럽 최고의 공격수 중 한 명으로 인정받았다.

하지만 이러한 해외 진출의 길이 항상 순탄했던 것은 아니었다. 헝가리 정부는 선수들의 해외 망명을 체제에 대한 중대한 도전으로 간주했으며, 국경을 넘으려는 시도를 강력히 단속했다. 그 과정에서 잔혹한 처벌과 보복이 가해졌고, 선례를 통해 공포를 확산시키려는 정치적 목적이 분명했다. 그중에서도 가장 비극적인 사례로 기억되는 인물이 국가대표 출신 수비수였던 슈츠 샨도르(Szűcs Sándor)였다. 1951년, 자유를 찾아 국경을 넘으려다 체포된 슈츠는 결국 사형을 선고받고 처형당하는 비극을 맞았다. 이는 단순한 법적 처벌을 넘어, 체제에 대한 불복종에 대한 무자비한 경고이자 정치적 본보기로 사용된 사건이었다. 특히 슈츠가 경찰 출신이었기에, 정권은 그의 처형을 통해 체제 내부의 잠재적 반대 세력에 대한 공포를 조장하고자 했다.

이러한 탄압에도 불구하고, 헝가리 축구는 1950년대 세계 축구계를 주름잡으며 화려한 전성기를 누렸다. 헝가리 축구의 전성기를 상징하는 대표적인 사례는 바로 '황금의 팀(Arany Csapat)'이라 불린 헝가리 국가대표팀이었다. 이들은 1950년대 세계 축구계를 지배하며 혁신적인 전술과 압도적인 경기력으로 전 세계 팬들에게 강한 인상을 남겼다. 국제무대에서는 '매직 마자르(Magic Magyar)'라는 찬사를 받으며, 당시 축구의 흐름을 바꿨다고 평가될 정도로 강력한 존재감을 드러냈다.

매직 마자르는 단순히 한 시대를 풍미한 강팀이 아니었다. 그들의 성공은 헝가리 공산주의 정권의 체제 선전과 밀접하게 연관되어 있었다. 공산 정권은 스포츠를 단순한 오락이 아닌, 체제의 우월성을 알리고 국가적 자부심을 고취

황금의 팀(Arany csapat) 단체 사진

하는 강력한 도구로 활용했다. 특히, 서방 세계와의 경쟁이 치열했던 냉전 시대에 헝가리 대표팀의 연이은 국제적 성과는 공산주의 체제의 성공을 증명하는 상징적인 사례로 여겨졌다. 경기에서 거둔 승리는 단순한 스포츠적 승리를 넘어, 이념적 승리로도 해석되었다. 이에 따라 매직 마자르의 선수들은 단순한 운동선수를 넘어 국가적 영웅으로 부상했으며, 그 대가로 다양한 물질적 보상과 사회적 특권을 누릴 수 있었다.

헝가리 축구 역사에서 빼놓을 수 없는 인물 중 한 명이 바로 푸쉬카쉬 페렌츠(Puskás Ferenc, 1927~2006)이다. 그는 매직 마자르 대표팀의 핵심 선수이자, 세계 축구사에 길이 남을 전설적인 공격형 미드필더로 평가받는다. 푸쉬카쉬는 정교하면서도 강력한 슈팅 능력, 탁월한 경기 운영 능력을 갖춘 선수였으며, 헝가리 대표팀과 이후 레알 마드리드에서 눈부신 활약을 펼쳤다.

그는 프로 무대에서 793경기에서 806골을 기록하며 역대 7위의 최다 득점자로 등극하였으며, 국가대표 경기에서도 84경기에서 85골을 기록하는 기염을 토했다. 이는 경기당 1골을 넘는 엄청난 득점력으로, 당시 세계 최고의 공격수였음을 입증하는 기록이었다. 이러한 업적 덕분에 푸쉬카쉬는 단순한 축구 선수를 넘어 헝가리 국민들에게 국가적 상징과도 같은 존재로 자리 잡았다.

공산 정권 역시 그의 가치를 높이 평가했다. 축구가 체제 선전의 도구로 활용되던 시기였기에, 푸쉬카쉬는 국가의 자랑이자 정치적 상징으로 떠올랐다. 이에 따라 정권은 그에게 헝가리 인민군 소령 계급을 수여하고, 여권과 아파트를 포함한 다양한 특전을 제공하며 그의 공헌을 치하했다. 이는 스포츠에서의 성취가 정치적 자본으로 전환되는 전형적인 사례로, 체제의 우월성을 강조하는 선전 전략과도 맞물려 있었다.

푸쉬카쉬의 유산은 단순히 개인의 기록과 업적에 머무르지 않는다. 그의 이름은 헝가리 축구를 대표하는 역사적 자산이 되었으며, 이를 기리기 위한 다양한 시도가 이루어졌다.

2002년, 헝가리 수도 부다페스트에 위치한 '시민 경기장(Nép stadion)'은 공식적으로 그의 이름을 따 '푸쉬카쉬 페렌츠 경기장(Puskás Ferenc Stadion)'으로 명명되었다. 이 경기장은 오랫동안 헝가리 축구의 중심지로 기능했으나, 시간이 흐르면서 시설의 노후화 문제가 대두되었다. 이에 따라 헝가리 정부는 경기장 재개발을 결정했고, 2016년 기존 경기장은 폐쇄되었다.

2017년부터 본격적인 재건축이 시작되었으며, 2019년 '푸쉬카쉬 아레나(Puskás Aréna)'라는 이름으로 새롭게 개장되었다. 최신 기술과 최첨단 설계를

푸쉬카쉬 아레나 외관 모습

푸쉬카쉬 아레나 내부 모습

적용한 이 경기장은 헝가리 축구의 새로운 랜드마크로 자리 잡았으며, 국제 대회를 유치할 수 있는 규모와 시설을 갖춘 복합 스포츠 공간으로 변모했다. 단순한 경기장이 아니라, 푸쉬카쉬라는 전설적인 인물의 유산을 기리고 헝가리 축구의 자부심을 상징하는 공간이 된 것이다.

푸쉬카쉬는 생전뿐만 아니라 사후에도 전 세계 축구 팬들의 기억 속에 남아 있다. 그의 유해는 헝가리에서 가장 중요한 성당 중 하나인 성 이슈트반 대성당(Szent István Bazilika)에 안치되었으며, 이는 그가 헝가리 역사에서 차지하는 상징적 위상을 잘 보여준다.

또한, 그의 독창적인 플레이 스타일과 축구계에 남긴 업적을 기리기 위해 국제축구연맹(FIFA)은 2009년 10월, 'FIFA 푸쉬카쉬상(FIFA Puskás Award)'을 제정하였다. 이 상은 매년 전 세계에서 가장 아름답고 인상적인 골을 기록한 선수에게 수여되며, 푸쉬카쉬가 보여주었던 창의성과 예술적인 플레이, 그리고 축구의 미학을 기리는 의미를 담고 있다. 이 상의 수상자는 팬들의 온라인 투표를 통해 결정되며, 매년 전 세계 축구 팬들은 가장 감탄할 만한 골을 선정하기 위해 열띤 관심을 보인다. 푸쉬카쉬상의 첫 번째 수상자는 크리스티아누 호날두(Cristiano Ronaldo)로, 그는 2009년 맨체스터 유나이티드 소속으로 FC 포르투와의 UEFA 챔피언스리그 경기에서 기록한 중거리 슛으로 이 상을 받았다. 이후 푸쉬카쉬상은 네이마르, 이브라히모비치, 모하메드 살라 등 세계적인 스타들이 수상하며 축구 팬들에게 꾸준히 주목받고 있다. 특히, 2020년에는 한국의 손흥민이 이 상을 수상하며 아시아 선수로는 최초로 푸쉬카쉬상을 받는 영예를 안았다. 손흥민은 2019년 12월, 토트넘 홋스퍼와 번리의 경기에서 환상적인 골을 기록하며 푸쉬카쉬상을 거머쥐었다. 당시 손흥민은 자신의 페널티 박스 근처에서 공을 잡은 후, 약 70m를 질주하며 상대 수비수 6명을 따돌린 뒤 득점을 만들어내 '원더골'이라는 찬사를 받기도 했다.

푸쉬카쉬를 비롯한 매직 마자르(Magic Magyar) 팀은 1950년대 세계 축구의 흐름을 주도하며 압도적인 기량을 과시했다. 1952년 헬싱키 올림픽에서 헝가리 대표팀은 5연승을 기록하며 총 20득점 2실점이라는 경이로운 성적을 남겼다. 결국 결승전에서 유고슬라비아를 꺾고 금메달을 차지하며 세계 축구 무대에서 헝가리의 전성기를 알리는 신호탄을 쏘아 올렸다. 헝가리 클럽팀들도 중부 유럽 컵(Central European Cup)에서 두각을 나타내며, 유럽 축구계에서 확고한 입지를 다졌다. 이러한 연이은 성공은 헝가리 축구가 지닌 전술적 혁신과 선수들의 뛰어난 기량을 입증하는 사례로 기록되었다.

1953년 11월, 헝가리는 런던 웸블리 스타디움에서 잉글랜드를 6-3으로 격파하며 역사적인 순간을 만들었다. 당시 '축구 종가'로 불리던 잉글랜드는 홈에서 한 번도 유럽 대륙 팀에게 패배한 적이 없었으나, 매직 마자르는 혁신적인 전술과 강력한 공격력으로 이를 무너뜨렸다. 이 경기는 '세기의 경기(The

Match of the Century)'로 불리며, 이후 유럽 축구의 판도를 바꿔놓는 결정적인 계기가 되었다.

헝가리 대표팀은 이 기세를 몰아 1954년 스위스 월드컵 결승전까지 무패 행진을 이어갔다. 그러나 결승전에서 서독에게 2-3으로 석패하며 준우승에 머물렀다. 헝가리는 브라질과 우루과이를 연달아 상대하며 체력적 소모가 극심했던 반면, 서독은 상대적으로 유리한 컨디션을 유지할 수 있었다. 또한, 푸쉬카쉬는 부상으로 인해 최상의 기량을 발휘하지 못하며 아쉬움을 남겼다.

한편, 1954년 월드컵 조별리그에서는 대한민국을 상대로 9-0 승리를 거두며, 월드컵 역사상 가장 큰 점수 차 승리 기록을 세웠다. 이 기록은 여전히 깨지지 않는 역사적인 기록으로 남아 있으며, 헝가리 축구의 전성기와 매직 마자르의 압도적인 공격력을 상징하는 순간으로 평가된다.

Ⅱ. 헝가리 축구의 변곡점과 체제전환

1. 1956년 헝가리 혁명과 축구계의 변화

1956년 헝가리 혁명은 국가 전반에 걸쳐 커다란 변화를 불러일으켰으며, 헝가리 축구의 황금기에도 결정적인 전환점을 마련했다.

혁명은 1956년 10월 23일, 수도 부다페스트에서 발생한 대규모 시위로 촉발되었다. 이는 소련의 강력한 영향력 아래 놓여 있던 공산주의 체제에 대한 불만이 표출된 사건으로, 헝가리 작가동맹(MISZ)과 지식인 단체인 페퇴피 서클(Petőfi Circle)을 중심으로 한 지식인들과 대학생들이 적극적으로 참여하였다. 이들은 언론의 자유, 정치 개혁, 소련군 철수 등을 요구하며 거리로 나섰고, 민중의 지지는 빠르게 확산되었다. 하지만 이 같은 민주화 요구는 곧 소련군의 강경 진압을 초래했고, 특히 10월 25일 국회의사당 앞에서 시위 군중을 향한 무차별 총격 사건은 평화 시위를 무장봉기로 전환시키는 계기가 되었다.

결국 1956년 헝가리 혁명은 소련의 군사 개입으로 무력 진압되었고, 그 여파로 약 18만 명의 헝가리인들이 오스트리아로, 또 2만 명이 유고슬라비아로 도피하는 등 대규모 탈출 사태가 벌어졌다. 이 참혹한 사건은 헝가리 사회 전반에 거대한 충격과 변화를 초래했으며, 스포츠 역시 그 영향에서 결코 자유로울 수 없었다.

당시 헝가리 축구 대표팀은 벨기에 브뤼셀에서 유로컵 경기를 치르던 중이었다. 경기 도중 본국에서 혁명이 발발하고, 소련군이 무력으로 개입했다는 소식을 접한 대표팀 선수들은 충격에 빠졌다. 고국의 상황이 극도로 불안해진 상황에서, 많은 선수들은 공산 정권이 유지된다면 자신들의 미래가 위태로울 것이라는 불안감에 휩싸였다. 그 결과, 여러 주요 선수들이 헝가리로 귀환하는 대신 망명을 선택하게 된다.

그중에서도 가장 상징적인 인물이 바로 푸쉬카쉬 페렌츠(Puskás Ferenc)였다. 그는 혁명 실패 이후, 그는 헝가리로 돌아가는 길을 포기하고 스페인으로 망명하게 된다. 이후 레알 마드리드(Real Madrid)에 입단한 푸쉬카쉬는 유럽 축구사에 길이 남을 새로운 전설을 만들어가며, 억압된 조국을 떠나 새로운 무대에서 다시 일어선 상징적인 인물로 자리 잡았다.

푸쉬카쉬뿐만 아니라 코치시 샨도르(Kocsis Sándor)와 치보르 졸탄(Czibor Czibor Zoltán) 역시 헝가리를 떠나 스페인의 명문 구단 FC 바르셀로나로 이적하며 유럽 무대에서 자신들의 축구 인생을 이어갔다. 이들은 모두 헝가리 대표팀의 주축을 이루었던 '매직 마자르(Magic Magyar)' 시대의 핵심 선수들로, 망명을 선택한 이후에도 세계 정상급 기량을 유감없이 발휘하며 국제 무대에서 빛나는 활약을 펼쳤다. 하지만 헝가리 축구의 심장과 같았던 주요 선수들이 하나둘씩 조국을 떠나면서, 한때 세계 축구를 지배했던 헝가리 황금시대는 서서히 저물기 시작했다. 혁명 이후 몰아친 정치적 혼란과 선수 이탈로 인해, 헝가리 대표팀은 전성기의 화려함을 유지하기 어려운 상황에 놓였다. 그럼에도 불구하고, 대표팀은 이러한 어려움 속에서도 국제 무대에서의 경쟁력을 잃지 않기 위해 끊임없이 노력했다. 특히, 올림픽 무대에서는 꾸준히 강세를 보이며 존재감을 과시했다. 당시 서구 국가들이 올림픽 축구를 상대적으로 덜 중요하게 여긴 반면, 공산권 국가들은 국가의 명예와 체제 선전을 위해 최정예 선수들을 출전시키는 전략을 펼쳤다.

푸슈카슈 페렌츠의 선수 등록증

그 결과, 헝가리는 1956년 멜버른 올림픽에서 강한 모습을 보이며 선전했고, 이후 1964년 도쿄 올림픽에서 두 번째 금메달을 획득하는 쾌거를 이루었다. 1968년 멕시코시티 올림픽에서는 6경기에서 18득점 3실점이라는 압도적인 기록을 세우며 올림픽 2연패를 달성했다. 이처럼 헝가리는 1952년 헬싱키, 1964년 도쿄, 1968년 멕시코시티 올림픽에서 총 3개의 금메달과 1972년 뮌헨 올림픽 은메달을 포함해 남자 축구 최다 메달 획득국이라는 위업을 남졌다. 1972년 뮌헨 올림픽에서도 은메달을 추가하며 국제 무대에서의 전통적 강호로서의 자리를 지켰다. 그러나 이러한 올림픽 성과에도 불구하고, 헝가리 축구는 더 이상 과거와 같은 세계 축구의 중심에 서 있는 존재는 아니었다. 전성기 시절 월드컵 결승에 오르며 세계를 압도했던 시절과 비교하면, 국제 무대에서의 영향력과 위상은 점차 약화되어 갔다.

결국 헝가리 축구는 1980년대 후반부터 서서히 하락세를 보이기 시작했다. 한때 세계 축구를 주름잡던 영광의 시절이 점차 멀어져 가던 이 시기, 헝가리 사회 전체가 격변의 소용돌이로 빠져들게 된다. 특히 1989년, 공산주의 체제의 붕괴는 헝가리 축구의 몰락을 가속화시키는 결정적인 전환점이 되었다.

과거 공산 정권하에서, 축구는 국가가 직접 나서서 클럽과 리그를 재정적으로 지원하며 유지되었다. 정권은 축구를 체제 선전의 도구로 활용하는 한편, 대중의 여가와 국가적 자존심을 위한 중요한 사업으로 간주해 막대한 지원을 아끼지 않았다. 그러나 1989년 체제 전환 이후, 헝가리는 시장경제 체제로의 급격한 전환을 맞이했고, 축구계 역시 더 이상 국가의 지원에 의존할 수 없는 환경에 놓이게 되었다. 국영 기업이 운영하던 클럽들은 민영화되어야 했고, 선수 육성과 리그 운영을 위해 필요한 막대한 재원을 스스로 마련해야 하는 상황이 되었다. 하지만 오랜 국가 주도의 운영 방식에 익숙해진 축구계는 이에 제대로 적응하지 못했고, 이는 곧 클럽과 리그의 전반적인 침체로 이어졌다.

이러한 변화는 헝가리만의 문제가 아니라 동유럽 전역에서 나타난 공통된 현상이었다. 공산주의 붕괴 이후 대부분의 동유럽 국가들이 심각한 경제적 불안정에 빠졌고, 축구 역시 직접적인 타격을 입었다. 헝가리 축구협회는 서구식 스폰서-클럽 관계 도입과 유소년 축구 시스템 개편 등 여러 개혁을 시도했지만, 지속되는 경제적 불확실성 속에서 이러한 시도들은 제대로 자리 잡지 못했다. 결국 헝가리 축구는 점차 국제 무대에서 경쟁력을 상실하게 되었으며, 이를 상징적으로 보여주는 것이 바로 1986년 멕시코 월드컵 이후 단 한 차례도 월드컵 본선에 오르지 못한 기록이다. 또한, 올림픽에서도 1972년 이후 단 한 번, 1996년 애틀랜타 올림픽 본선 진출에 그쳤으며, 그마저도 조별리그 전패라는 초라한 성적으로 마무리되었다.

이처럼 장기간의 침체 속에서 헝가리 축구협회는 1986년부터 2004년까지 17명의 대표팀 감독과 10차례의 FA 회장 교체라는 극심한 내홍을 겪으며 변화를 모색했지만, 뚜렷한 성과를 거두지 못했다. 오랜 경제 · 사회적 불안정은 축구 발전의 가장 큰 걸림돌이었고, 시간이 흐를수록 축구에 대한 국가적 관심과 지원 역시 점점 줄어들었다.

하지만 최근 몇 년간, 헝가리는 다시 축구 부흥을 위한 노력을 기울이고 있다. 유소년 축구 육성 프로그램을 강화하고, 클럽 팀과의 협력을 확대하면서 새로운 가능성을 모색하는 중이다. 또한, 푸쉬카쉬 아레나(Puskás Aréna)와 같은 현대적인 경기장을 건설하며 인프라 확충에도 힘을 쏟고 있다. 헝가리는 한때 세계 축구를 주름잡았던 매직 마자르의 전설을 부활시키는 것을 목표로 하고 있다. 과거의 영광을 되찾기 위해서는 장기적인 전략과 지속적인 투자가 필수적이며, 국제무대에서 다시 한번 헝가리 축구가 빛날 수 있도록 체계적인 시스템이 마련되어야 할 것이다.

2. 헝가리 응원가, Nélküled(너 없이)

헝가리 축구의 정서를 대변하는 대표적인 곡이 있다. 바로 「Nélküled」, 한국어로 번역하면 '너 없이'라는 의미의 곡이다. 이 노래는 헝가리의 록 밴드 '낯익은 얼굴들(Ismerős Arcok)'이 2007년에 발표한 곡으로, 헝가리 축구 팬들 사이에서 경기 전 응원가로 널리 불리며 강한 공감을 불러일으키고 있다.

원래 「Nélküled」는 특정한 스포츠팀을 위한 응원가로 만들어진 곡은 아니었다. 2014년 헝가리 축구 리그에서 한 경기에서 우연히 이 곡이 연주되면서 축구 팬들 사이에서 폭발적인 반응을 얻었고, 점차 국가대표팀 경기에서도 불리기 시작했다. 특히, 2017년 헝가리 최대의 축구 경기장인 푸쉬카쉬 아레나(Puskás Aréna)의 신축 기념 경기에서 공식적으로 연주되면서, 단순한 응원가를 넘어 국가적 상징으로 자리 잡게 되었다. 이러한 과정을 거치며 이 곡은 '제2의 헝가리 국가(애국가)'라는 별칭까지 얻게 되었다.

이제 「Nélküled」는 헝가리 국가대표팀의 경기를 앞두고 항상 울려 퍼지는 곡이 되었다. 특히 중요한 국제 경기나 결승전과 같은 순간에는 경기장에 모인 모든 관중이 한마음으로 노래를 부르며, 헝가리 국민들의 단결과 자부심을 상징하는 요소로 기능하고 있다. 노래가 시작되면 경기장은 순간 엄숙한 분위기로 변하며, 관중들은 자리에서 일어나 헝가리 국기가 새겨진 응원 머플러나 깃발을 들고 함께 노래를 부른다. 노래가 끝날 때까지 누구도 자리에 앉지 않으며, 응원 도구를 손에서 내려놓지 않고 진지한 태도로 제창하는 모습을 보인다. 이는 단순한 응원이 아니라, 헝가리 축구와 국민들이 공유하는 강한 유대감과 정체성을 표현하는 상징적인 순간이 되었다.

「Nélküled」가 헝가리 축구와 깊은 연관성을 가지게 된 것은 단순한 멜로디나 가사의 감동적인 분위기 때문만이 아니다. 이 곡은 헝가리 역사에서 가장 아픈 사건 중 하나인 트리아농 조약(Treaty of Trianon)과도 밀접한 관련이 있다.

이 노래를 만든 밴드 '낯익은 얼굴들(Ismerős Arcok)'은 1999년에 결성된 6인조 록 밴드로, 원래 다양한 장르의 음악을 연주했다. 그러나 트랜실바니아 지역에서 공연을 하면서, 헝가리인들의 역사적 상처와 정체성에 대한 주제를 본격적으로 다루기 시작했다. 그들은 고향을 떠난 이들의 상실감과 그리움을 주요 테마로 삼아 곡을 만들었으며, 특히 트리아농 조약으로 인해 조국을 떠나야 했던 헝가리인들의 아픔을 표현하는 곡들을 발표해 왔다.

트리아농 조약(1920년)은 제1차 세계대전 이후 오스트리아-헝가리 제국이 해체되면서 헝가리가 광대한 영토를 상실하게 만든 조약이다. 제1차 세계대전에서 패전한 오스트리아-헝가리 제국은 1918년 생제르맹(Saint Germain) 조약을 통해 해체되었고, 헝가리는 독립 국가로 남게 되었다. 하지만 1920년 체결된 트리아농 조약으로 인해 헝가리는 영토의 72%, 인구의 64%를 잃었다. 이로 인해 현재도 약 500만 명의 헝가리계 사람들이 루마니아, 슬로바키아, 세르비아, 우크라이나 등의 주변국에 흩어져 살고 있다. 헝가리인들에게 이 조약은 단순한 외교적 사건이 아니라 민족적 정체성과 관련된 깊은 상처로 남아 있다. 과거 오스트리아-헝가리 제국 시절, 헝가리는 유럽의 강대국 중 하나였으나, 조약 이후 급격히 축소되었고, 많은 헝가리인들이 자신들의 고향을 떠나 타국에서 살아가야 했다. 이러한 역사적 경험은 오늘날까지도 헝가리 사회에 강한 영향을 미치고 있다.

「Nélküled」가 단순한 노래가 아니라 헝가리인의 애국심과 정체성을 상징하는 곡이 된 이유는 이 곡이 헝가리인의 강한 유대감과 그리움을 표현하는 역할을 하기 때문이다. 이 곡이 축구 경기장에서 불릴 때, 그것은 단순한 응원을 넘어 공동체적인 기억과 감정을 공유하는 순간이 된다. 과거 헝가리 축구는 1950년대 '매직 마자르(Magic Magyars)' 시대를 이끌며 세계 축구를 지배했다. 그러나 혁명과 주요 선수들의 망명, 그리고 공산 정권의 몰락 이후 헝가리 축구는 오랜 침체기를 겪으며 한때의 영광을 되찾기 위해 고군분투하고 있다.

이러한 헝가리 축구의 모습은 트리아농 조약 이후 영토와 국민을 잃고 상처를 안은 채 살아가는 헝가리의 역사적 경험과 맞닿아 있다. 헝가리인들은 「Nélküled」를 통해 과거의 상처를 애도하는 것뿐만 아니라, 민족적 정체성과 자긍심을 되새기고, 새로운 희망을 품으려 한다. 이 곡은 조국을 떠나 세계 곳곳에 흩어져 있는 디아스포라 헝가리인들에게도 하나의 연결고리 역할을 하며, 그들에게 정체성을 상기시키는 의미 있는 곡으로 자리 잡았다.

〈표 1〉 Nélküled의 헝가리 가사와 한국어 가사

Nélküled	너없이
Annyi mindent kéne még elmondanom S ha nem teszem, talán már nem is lesz rá alkalom Hogy elmeséljem, milyen jó, hogy itt vagyunk	할 말이 너무 많아요 그리고 그렇지 않으면 기회가 없을 수도 있어요 우리가 여기 있어서 얼마나 좋은지 어떻게 말로 다 할 수 있을까?
S mint a régi jó barátok egyet mondunk s egyet gondolunk Mint a villám tépte magányos fenyő Mint a vízét vesztett patak, mint az odébb rúgott kő	그리고 오랜 좋은 친구처럼 우리는 같은 말을 하고 같은 생각을 해요 번개에 찢겨진 외로운 소나무처럼 물을 잃은 시냇물처럼, 걷어낸 돌처럼

Mint a fáradt vándor, ki némán enni kér Otthont, házat, Hazát, nyugalmat már többé nem remél S bár a lényeget még nem értheted Amíg nem éltél nehéz éveket Hogy történjen bármi, amíg élünk s meghalunk Mi egy vérből valók vagyunk Mint a leszakított haldokló virág Mint az öt millió magyar, akit nem hall a nagyvilág Mint porba hullott mag, mi többé nem ered	말없이 먹을 것을 구하는 지친 방랑자처럼 집, 조국, 평화 외에 (다른 것은) 더 이상 희망하지 않아요 그리고 네가 아직 요점을 이해할 수 없더라도 어려운 세월을 보내지 않는 한 우리가 살고 죽는 동안 무슨 일이 일어나든 우리는 한 핏줄에서 나왔어요 뽑아서 죽어가는 꽃처럼 큰 세상에서는 들을 수 없는 500만 헝가리인처럼 먼지 속으로 떨어진 씨앗처럼, 우리는 더 이상 자라지 않을 거예요
Ha nem vigyázol ránk olyanok leszünk mi is, nélküled S bár a lényeget még nem érthetted Amíg nem éltél nehéz éveket Hogy történjen bármi, amíg élünk s meghalunk Mi egy vérből valók vagyunk	만약 네가 우리를 돌봐주지 않으면 우리도 그렇게 될거야, 너없이 그리고 네가 아직 요점을 이해하지 못했지만 어려운 세월을 보내지 않는 한 우리가 살고 죽는 동안 무슨 일이 일어나든 우리는 한 핏줄에서 나왔어요.

「Nélküled」는 헝가리인의 감성을 깊이 울리는 민족적 노래이자, 헝가리 축구와 밀접한 연관성을 지닌 상징적인 곡이다. 단순한 응원가를 넘어 헝가리 민족의 정체성과 결속을 확인하는 순간을 만들어 내는 곡으로 자리 잡았다.

이 노래의 가사에는 헝가리의 역사적 아픔과 상처가 상징적으로 담겨 있다. '번개에 찢긴 소나무, 마른 시냇물, 걷어낸 돌'과 같은 표현들은 단순한 자연의 이미지가 아니라, 헝가리가 겪어온 시련과 상실감을 은유적으로 보여준다. 이는 특히 트리아농 조약(Treaty of Trianon) 이후 조국을 떠나 디아스포라로 흩어진 헝가리인들의 정서를 대변하는 상징적인 가사로 해석된다.

가사 속에서 더욱 눈길을 끄는 구절은 '집, 조국, 평화 외에 (다른 것은) 더 이상 희망하지 않아요.'라는 부분이다. 이 문장은 헝가리 민족이 경험한 무력감과 현실에 대한 체념을 표현하면서도, 동시에 잃어버린 조국에 대한 깊은 그리움을 강하게 드러내고 있다. 이는 단순히 과거를 애도하는 노래가 아니라, 민족적 정체성과 유대를 강화하는 강력한 메시지를 담고 있으며, 헝가리인들에게 역사를 기억하고 공동체의 결속을 다지는 역할을 한다.

흥미롭게도, 헝가리 정부는 축구를 단순한 스포츠가 아니라 민족적 정체성을 강화하는 도구로 활용하는 정책을 지속적으로 추진해 왔다. 특히 오르반 빅토르(Orbán Viktor) 정부는 국경을 초월한 헝가리인의 정체성을 강조하는 정책을 적극적으로 펼치고 있다. 그 일환으로 2018년부터 헝가리 영토 밖에서 태어난 헝가리 아동에게 출산수당을 지원하는 '탯줄 프로그램(Köldökzsinór Proogram)'을 시행하며, 해외 거주 헝가리인과의 유대를 강화하고 있다. 이러한 정책은 단순한 복지 차원을 넘어, 전 세계에 흩어진 헝가리인들에게 '조국은 당신을 잊지 않는다'라는 메시지를 전달하는 의미를 갖는다. 또한, 헝가리 정부는 세르비아, 루마니아, 슬로바키아 등 과거 헝가리 왕국의 영토였던 지역에 축구 클럽을 지원하고 경기장을 건설하는 방식으로 축구를 통해 민족적 유대감을 강화하고 있다. 오늘날에도, 이 지역들에는 상당수의 헝가리계 인구가 거주하고 있으며, 이는 단순한 스포츠 발전을 넘어 '국경을 초월한 헝가리 정체성(borderless Hungarian identity)'을 구축하려는 정치적 시도로 볼 수 있다.

이는 이웃 국가에 거주하는 헝가리 민족을 포용하고, 헝가리 왕국의 역사적 영토와 문화적 정체성을 현재와 연결하려는 전략으로 해석할 수 있다. 즉, 헝가리 정부는 축구를 통해 과거의 역사적 기억을 현대적 방식으로 재해석하고, 민족적 결속을 강화하려는 정책적 접근을 시도하고 있는 것이다.

이처럼 헝가리 축구는 단순한 스포츠를 넘어, 정치적 · 역사적 맥락과 깊이 연결된 문화적 현상으로 자리 잡았다. 경기장에서 「Nélküled」가 울려 퍼지는 순간은 단순한 응원의 순간이 아니다. 과거의 영광과 상처를 공유하는 동시에, 미래에 대한 희망을 함께 나누는 강렬한 상징으로 기능한다. 노래가 연주되면 경기장은 경건한 분위기로 바뀌고, 관중들은 국기가 새겨진 머플러를 들고 한목소리로 제창한다. 이러한 의식은 헝가리 국민들이 공유하는 역사적 기억과 정체성을 재확인하는 순간이며, 국가적 단결을 강화하는 중요한 역할을 한다. 헝가리 축구가 과거 '매직 마자르' 시절의 영광을 되찾기 위해 고군분투하고 있는 현재, 「Nélküled」는 축구를 통해 민족적 결속을 다지고, 희망을 이어가는 상징적인 노래가 되었다. 이 노래가 헝가리 경기장에서 울려 퍼질 때, 이는 단순한 음악 이상의 의미를 갖는다. 그것은 헝가리인의 역사, 정체성, 그리고 공동체 의식을 되새기는 순간이자, 과거와 현재, 그리고 미래를 연결하는 강력한 메시지인 것이다.

Ⅲ. 헝가리 축구의 도전과 미래

한때 세계 축구계를 호령했던 헝가리는 오늘날 다시 한번 도약을 준비하고 있다. 과거 '매직 마자르' 시대의 영광을 되찾기 위해 다양한 전략을 모색하고 있지만, 국제무대에서 경쟁력을 회복하는 과정은 결코 쉽지 않다. 헝가리 축구는 국내 선수들의 낮은 시장 가치, 외국인 선수 의존도, 제한된 재정적 여건, 그리고 유소년 인재 육성의 어려움 등 여러 난관을 마주하고 있다. 특히, 헝가리 리그에서 외국인 선수의 비율이 30%를 초과하며, 이는 크로아티아나 세르비아 리그보다 높은 수치다. 그 결과, 국내 선수들의 출전 기회가 줄어들고, 헝가리 선수들의 국제적 경쟁력이 낮아지는 악순환이 지속되고 있다. 이 문제를 해결하기 위해서는 국내 리그의 체질을 개선하고, 유망한 선수들이 충분한 경기 경험을 쌓을 수 있는 환경을 조성하는 것이 중요한 과제가 될 것이다.

이와 더불어, 재정적 안정성 확보 또한 헝가리 축구가 직면한 가장 시급한 과제 중 하나다. 1989년 체제 전환 이후, 헝가리 축구는 오랜 기간 재정 부족에 시달려 왔으며, 이는 청소년 축구 육성, 클럽 운영, 국가대표팀 지원 등 다양한 분야에서 지속적인 제약을 초래했다. 그러나 최근 몇 년간 헝가리 리그는 점진적인 개선을 보이고 있으며, 2009년 1부 리그 클럽의 평균 수익이 180만 유로에 불과했던 반면, 2020년에는 1,320만 유로로 크게 증가하는 성과를 거두었다. 이러한 변화는 헝가리 리그가 동유럽 내에서도 경쟁력을 갖춘 리그로 성장하고 있음을 보여주는 긍정적인 신호로 평가된다. 물론, 여전히 재정적 한계를 극복하고 지속 가능한 성장을 이루기 위해서는 장기적인 투자와 체계적인 재정 관리 전략이 필수적이다.

헝가리 축구가 장기적으로 발전하기 위해 가장 중요한 부분 중 또 하나는 유소년 축구 시스템을 강화하는 것이다. 축구 강국들은 어릴 때부터 체계적인 훈련을 통해 선수를 육성하며, 이는 국가대표팀과 프로 리그의 질적 수준을 결정하는 중요한 요소로 작용한다. 현재 헝가리는 유소년 축구 참여율이 상대적으로 낮은 수준이다. 예를 들어, 독일에서는 매주 10만 개 이상의 팀에서 180만 명의 유소년 선수들이 활동하는 반면, 헝가리에서는 70,491명의 유소년 선수만이 등록되어 있다. 이러한 차이는 유소년 축구 저변 확대의 중요성을 더욱 부각시키며, 헝가리가 해결해야 할 중요한 과제로 떠오르고 있다. 이에 따라 헝가리 축구협회(HFF)는 U12-13, U14-15, U16-18의 연령 구분에 따라 체계적인 교육 커리큘럼을 도입하고, 각 클럽 및 교육기관과 협력하여 유소년 선수들이 점진적으로 성장할 수 있는 환경을 조성하고 있다. 또한, 훈련 프로그램의 효율성을 높이기 위해 데이터 분석을 기반으로 한 성과 평가 시스템을 도입하는 등, 현대적인 축구 교육 방식을 적극적으로 활용하고 있다. 이러한 변화는 단기적인 성과에 그치지 않고, 헝가리 축구의 지속적인 발전을 위한 중요한 기반이 될 것이다.

헝가리는 단순히 유소년 육성에 집중하는 것을 넘어, 프로 리그의 경쟁력 강화와 인프라 개선에도 많은 노력을 기울이고 있다. 주요 클럽들은 젊은 선수들의 성장을 적극적으로 지원하고 있으며, 이를 통해 국내 리그의 수준을 점진적으로 높이고 있다. 이러한 노력은 서서히 결실을 맺고 있으며, 헝가리 축구의 국제 경쟁력 또한 점진적으로 향상되고 있다. 2010년 FIFA 랭킹 62위였던 헝가리는 2024년 현재 32위로 상승하며 뚜렷한 발전을 보이고 있다.

특히, 리버풀에서 활약 중인 도미니크 소보슬라이(Dominik Szoboszlai)와 같은 선수들이 등장하며 헝가리 축구의 재도약을 상징하는 인물로 떠오르고 있다. 이러한 유망 선수들의 등장은 헝가리 축구가 다시 세계 무대에서 주목받을 가능성을 열어주고 있으며, 장기적으로 더 많은 인재가 배출될 수 있도록 지원 체계를 마련하는 것이 중요하다. 헝가리 축구가 지속적으로 성장하기 위해서는 단순히 국내 리그와 유소년 시스템을 강화하는 것뿐만 아니라, 다른 유럽 축구 강국과의 비교 분석을 통해 보다 효과적인 발전 전략을 모색할 필요가 있다. 예를 들어, 크로아티아는 인구가 적음에도 불구하고 세계적인 선수들을 꾸준히 배출하며 국제무대에서 강한 경쟁력을 유지하고 있다. 이에 반해, 헝가리는 크로아티아보다 더 많은 인구를 보유하고 있음에도 불구하고 상대적으로 유소년 육성과 프로 리그 운영에서 차이를 보이고 있다. 이러한 차이를 분석하고, 유소년 육성 시스템, 재정 운영 방식, 외국인 선수 정책 등을 비교 연구하는 것은 헝가리 축구 발전을 위한 중요한 지침이 될 것이다. 또한, 선수, 지도자, 팬들을 대상으로 한 심층적인 인터뷰와 설문조사를 통해 헝가리 축구가 안고 있는 문제점을 보다 명확하게 파악하고, 이를 해결할 수 있는 실질적인 정책적 방향을 도출하는 것이 필요하다.

헝가리 축구는 단순한 스포츠를 넘어 국가적 자부심과 민족적 결속을 강화하는 중요한 역할을 하고 있으며, 팬들의 열정적인 지지를 바탕으로 지속적인 발전을 모색하고 있다. 현재의 난관을 극복하고 과거의 영광을 되찾기 위해서는 장기적인 비전과 지속적인 노력이 필수적이다. 향후 헝가리 축구가 보다 체계적인 연구와 전략적 접근을 통해 국제무대에서 다시 한번 강력한 존재감을 드러낼 수 있기를 기대해 본다.

참고문헌

올림픽 홈페이지, https://olympics.com/ko/news/the-last-charge-of-hungary-s-magical-magyars, (검색일 : 2024.10.25.)

이상협, 『헝가리사』, (대한교과서주식회사, 1996).

atlatszo 홈페이지, "The Orban government spent billions on Hungarian football clubs in Serbia, Romania and Slovakia", https://english.atlatszo.hu/2018/12/11/the-orban-government-spent-billions-on-hungarian-football-clubs-in-serbia-romania-and-slovakia/#, (검색일 : 2025.01.1.)

Ágnes Kapitány, Gábor Kapitány, "Symbolic Elements of Everyday Culture", Magyar Tudományos Akadémia, (2012).

Balogh Renátó, Dajnoki Krisztina, Bácsné Bába Éva, "Miért Beteg a Magyar Futball Még Mindig? : A Magyar Labdarúgás Játékos Piacának Jellemzése", Jelenkori társadalmi és gazdasági folyamatok, Vol.13, (2018).

Bolgár Dániel, "Az első aranykor : A magyar foci 1945-ig", Hungarian Historical Review, No.6, (2017).

Család(헝가리 가족지원 센터)홈페이지, https://csalad.hu/tamogatasok/koldokzsinor-program, (검색일 : 2025.01.01.)

FIFA 홈페이지, https://inside.fifa.com/fifa-world-ranking/men, (검색일 : 2024.10.25.)

Gyöngyi szabó Földesi, "Social and Demographic characteristics of Hungarian Football Fans and their Motivations for Attending Matches", International Review for the Sociology of Sport. Vol.31, (1996).

G7, "Annyi pénz ömlött a magyar fociba, hogy Ausztrián kívül mindenkit lehagytunk a régióban", https://g7.hu/kozelet/20240624/annyi-penz-omlott-a-magyar-fociba-hogy-ausztrian-kivul-mindenkit-lehagytunk-a-regioban/, (검색일 : 2025.01.01.)

Hadas Miklós and Karády Viktor, "Futball és társadalmi identitás", (replika, 1995).

Hirado 홈페이지, https://hirado.hu/sport/cikk/2024/11/25/a-63-olyan-diadal-amely-egy-egesz-orszagot-tett-boldogga-bozsik-peter-az-aranycsapat-legendajanak-fia-az-evszazad-merkozeserol, (검색일: 2024.12.24.)

MLSZ Szövetség, “A Magyar Labdarúgás stratégiája”, (Xellum Kft, 2011).

Molnár Győző, “Hungarian Football: A Socio-historical Overview”, Sport in History, (2007).

Muszbek M, “Sport és gazdaság”, Semmelweis Egyetem Testnevelés és Sporttudományi Kar, (2012).

N. Pál József, “Idegenlégiósok – futball-emigránsok”, Rubicon, Vol.21, No.1, (2001).

Róbert Győri Szabó, “Football and Politics in Twentieth-Century Hungary”, The international Journal of the History of Sport, (2019).

Zoltán Roskó, “Strategy of Hungarian Football 2020-2025”, Hungarian Football Federation, (2021)

브라질 축구의 시작과 진화
유럽 이민자들의 영향을 중심으로

정호윤(국립부경대학교)

본 연구는 브라질 축구의 시작과 발전 과정에서 유럽 이민자들이 미친 영향을 고찰한다. 브라질 축구는 19세기 후반 유럽인에 의해 도입되어 상류층 사이에서 시작되었으나, 이후 이탈리아, 포르투갈, 영국 등 다양한 유럽 이민자들의 참여로 대중화되고 프로화되었다. 유럽 이민자들은 축구 클럽 창립, 전술 도입, 재정적 지원을 통해 브라질 축구의 발전에 크게 공헌했다. 특히, 이탈리아 이민자들이 설립한 파우메이라스, 포르투갈 이민자들이 주도한 바스쿠 다 가마, 영국 이민자들의 영향을 받은 코린치안스를 중심으로 유럽 이민자들의 역할은 브라질 축구의 진화 과정에서 큰 역할을 하였다. 궁극적으로, 본 연구는 브라질 축구의 시작과 진화 과정에서 유럽 이민자들이 단순히 스포츠의 도입자에 머물지 않고, 브라질 축구가 국민적 정체성의 상징이자 세계적으로 독창적인 스타일을 갖춘 스포츠로 자리 잡는 데 결정적이고 지속적인 영향을 미쳤음을 밝히고 있다.

I. 들어가며

브라질은 축구와 떼려야 뗄 수 없는 나라로, 이 스포츠는 단순한 놀이를 넘어 브라질인의 정체성과 문화 그 자체를 상징한다. 거리에서 공을 차는 아이들부터 세계적인 무대에서 활약하는 선수들까지, 축구는 브라질인의 삶 곳곳에 깊이 스며들어 있다. 브라질을 상징하는 축구의 역사는 그 시작부터 여러 문화가 조화롭게 융합된 결과로써, 브라질이라는 나라의 다채로운 역사와 맞닿아 있다.

이처럼 브라질 축구는 단순히 가장 사랑받는 스포츠 중 하나가 아니라, 브라질 사회와 문화를 상징하는 중요한 요소다. 축구는 브라질에서 국민적인 스포츠로 자리 잡으며, 국가적 자부심의 근원이자 사회적 결속의 중요한 수단으로 여겨진다. 브라질 축구의 역사는 단지 경기장의 승패를 넘어 브라질인의 정체성과 문화의 일부분을 구성하는 중요한 역사로 평가되며, 그 중심에는 역사적으로 다양한 유럽 이민자들의 기여가 자리하고 있다. 이민자들은 단순히 축구를 브라질에 소개하는 데 그치지 않고, 브라질 축구의 정체성 형성과 그 진화에 지대한 영향을 미쳤다.

브라질 축구의 시작은 19세기 후반, 유럽, 특히 영국 이민자들이 브라질에 축구를 처음 도입한 시점으로 거슬러 올라간다. 이들은 주도적으로 축구를 처음 브라질에 소개하였고, 이를 통해 축구는 상류층 사회와 유럽계 이민자들

사이에서 점차 인기를 얻기 시작했다. 이때 설립된 초기 축구 클럽들은 영국 축구의 전통을 따랐으며, 브라질의 축구 문화 형성에 있어 중요한 기초를 이루었다. 이후 이탈리아, 독일, 포르투갈 등 다양한 유럽 국가의 이민자들이 브라질에 정착하면서 축구는 새로운 전환점을 맞이하게 된다. 각국의 이민자들은 자신들만의 축구 스타일과 문화를 브라질에 도입했고, 이는 브라질 축구의 다양성과 유연성을 형성하는 데 큰 역할을 했다.

이러한 이민자들의 영향은 브라질 축구의 스타일에도 고스란히 녹아 있다. 유럽의 조직적이고 체계적인 축구 방식은 브라질의 창의적이고 예술적인 플레이 스타일과 결합하여 독특한 축구 문화를 탄생시켰다. 브라질 축구의 이러한 독특한 스타일은 이후 전 세계적으로 인정을 받으며, '삼바축구'라는 별칭으로 불리게 되었다. 삼바축구는 단순한 축구 방식이 아니라, 브라질 특유의 창의성과 자유로움을 상징하며, 이는 브라질 국민들의 삶의 방식과도 깊이 연결되어 있다.

본 장에서는 브라질 축구의 시작과 그 진화 과정을 통해, 유럽 이민자들이 브라질 축구에 미친 영향을 다층적으로 살펴볼 것이다. 특히 초기 축구의 도입과 클럽의 형성, 그리고 이민자들이 각자의 문화적 배경을 통해 브라질 축구의 진화 과정에 어떻게 공헌했는지를 구체적으로 탐구할 것이다. 브라질 축구의 프로화가 진행되며 축구 클럽들 또한 유럽 이민자들에게 큰 영향을 받았는데, 본 고에서는 특히 파우메이라스(Palmeiras), 바스쿠 다 가마(Vasco da Gama), 코린치안스(Corinthians)와 같은 브라질의 대표적인 클럽을 중점적으로 고찰할 것이다. 이들 클럽은 각각 이탈리아, 포르투갈, 영국 이민자들의 기여를 통해 브라질 축구에 다양한 색깔과 문화를 더하며 발전해 왔다. 즉, 이 세

개의 클럽을 중심으로 유럽 이민자들이 축구를 단순한 스포츠를 넘어 사회적 변화와 통합의 도구로 활용한 사례를 중점적으로 분석하고자 한다.

Ⅱ. 브라질 축구의 시작과 프로리그의 탄생

1. 브라질 축구의 도입: 영국의 영향과 상류층 축구의 시작(1894-1904)

라틴아메리카에서 축구의 초기 확산은 영국의 세계적 지위와 밀접하게 연관되어 있었다. 특히, 영국의 선원들이 이 과정에서 중요한 역할을 하였으며, 가장 오래된 축구 클럽들은 선원과 상인들이 방문한 아르헨티나의 로사리오(Rosario)와 부에노스아이레스(Buenos Aires), 브라질의 상파울루(São Paulo), 산토스(Santos)와 리우데자네이루(Rio de Janeiro), 우루과이의 몬테비데오(Montevideo), 페루의 리마(Lima), 카야오(Callao), 칠레의 발파라이소(Valparaíso)와 같은 주요 항구 도시에 설립되었다는 사실은 이를 방증한다. 즉, 라틴아메리카 지역에서 초기 축구의 도입과 확산을 위시한 국제화 과정은 지역 엘리트들과 그들의 기관들 사이에 형성된 기존의 네트워크를 통해 이루어졌으며, 브라질도 이 과정에서 예외는 아니었다.

브라질에서는 찰스 윌리엄 밀러(Charles William Miller)가 축구 도입과 대중화의 대표적인 인물로 여겨진다. 스코틀랜드 출신 아버지와 영국계 브라질인 어머니 사이에서 태어난 밀러는 사우샘프턴(Southampton)에서 학업을 마친 후 1894년 상파울루로 돌아올 당시 두 개의 가죽 공과 축구 장비를 가져왔다. 밀러는 상파울루의 영국계 커뮤니티를 포함하는 상류층 선수들로 구성된 팀을 조직하는 데 주력하였다. 그는 영국계 회사에서 일하면서도 상파울루의 영국 커뮤니티 젊은이들에게 축구의 기술, 규칙, 전술을 전수하는 데 열정을 보였다.

초기 브라질에서의 축구 도입과 관련하여 또 다른 중요한 인물로는 함부르크에서 온 한스 노블링(Hans Nobling)을 들 수 있다. 그는 상파울루에서 '게르마니아 클럽(Germania)'을 설립하였으며, 상파울루의 주요 회사 직원들을 모집하여 영국 선수들로 구성된 팀과 경기하였다. 당시 연방 수도였던 리우데자네이루에서는 오스카 콕스(Oscar Cox)가 상파울루의 밀러와 노블링과 유사한 역할을 했다. 영국인 아버지와 브라질인 어머니 사이에서 태어난 콕스는 스위스에서 학업을 마친 후 1897년 브라질로 돌아와 플루미넨시 축구 클럽(Fluminense F.C)을 설립하고 초대 회장이 되었다.

이처럼 상파울루와 리우데자네이루에 정착한 영국인 노동자들은 브라질 축구의 발전에 큰 영향을 미쳤다. 이들은 자신들의 문화를 브라질에 전파하며 축구의 발전에 공을 세웠으며, 이는 초기 브라질 축구에서 영국이 큰 영향력을 발휘하는 결과로 나타났다. 영국인 외에도 당시 브라질에서의 축구는 상류층 엘리트들만이 즐길 수 있는 스포츠였다. 축구 장비인 유니폼, 부츠, 공 등이 모두 수입품이었기 때문에 오늘날과는 달리 당시 축구를 즐기는 데에는 많은 비용이 들었고, 자연스럽게 경제적 여유가 있는 사람들만이 즐길 수 있는 특권적 활동으로 변질되었다. 정기적으로 축구를 즐기는 것은 엘리트 생활의 상징이었고, 많은 축구 클럽들이 대학생들로 구성되었다. 축구는 상류층이나 도시 엘리트들에게 사회적 지위를 재확립할 수 있는 수단으로 여겨졌으며, 축구 클럽들은 도시 엘리트들 간의 사교의 장으로 기능하였다.

2. 공장 축구(Factory Football)의 시작과 노동자 계층의 유입

브라질 축구의 초기 클럽들은 주로 상류층과 엘리트들만이 참여할 수 있었지만, 점차 대중의 관심을 끌며 그 문호를 넓혀가기 시작했다. 대표적인 노동자 팀으로는 1904년 리우데자네이루 교외의 섬유 공장인 'Companhia Progresso Industrial do Brasil'에서 설립된 방구 아틀레티코 클럽이 있다. 이 팀의 초기 멤버는 이탈리아인 한 명, 영국인 일곱 명, 백인 브라질인 한 명으로 구성되어 있었으나, 시간이 지나면서 팀원들은 공장 노동자들에게 축구를 가르쳤고, 방구는 점차 지역 사회의 지지를 얻어 노동자 팀으로 자리매김하게 되었다. 방구 아틀레티코 클럽은 리우데자네이루뿐만 아니라 다른 지역에서도 축구의 대중화에 중요한 역할을 하였다.

이 시기 축구는 노동자 계층 청년들을 사회에 도움이 되는 도덕적 인격체로 성장시키는 수단으로 활용되었다. 방구 공장의 이사회는 축구를 '전체 기관'의 훈육 및 교육 기법으로 채택하여, 노동자들이 회사 공동체에 대한 소속감을 느낄 수 있도록 장려하였다. 이는 스포츠가 노동자 교육과 통합을 위한 도구로 활용된 대표적인 사례였다. 1910년대에는 방구 팀을 본보기로 하여 상파울루의 여러 공장이 직원들 사이에서 축구를 장려하며 팀을 설립하게 되었으며, 이렇게 공장에서 조직된 아마추어 축구 클럽은 새로운 전통으로 자리잡게 되었다. 또한, 당시 브라질에서 노예제가 폐지된 이후(1888년) 카포에이라가 해방된 노예의 세력화를 막는다는 정치적 이유로 금지되면서 노동자들이 축구에 더욱 큰 관심을 가지게 된 것도 축구 확산에 중요한 역할을 했다.

3. 아마추어 축구에서 프로축구로의 발전을 통한 축구 민주화 과정(1923-1950)

1923년, 엘리트 클럽들이 오랜 기간 지켜온 지배적인 위치가 처음으로 흔들렸다. 이전까지 리우데자네이루 시 챔피언십은 모두 상류층 클럽들이 우승을 차지했지만, 이 해에 바스쿠 다 가마(Vasco da Gama)가 역사적인 우승을 이루어냈다. 바스쿠 팀은 노동자 계층의 우수한 선수들을 영입하고, 그들이 축구에만 전념할 수 있는 환경을 조성해 이 같은 성과를 거둘 수 있었다. 바스쿠 다 가마는 1923년에 백인이 아닌 선수들을 출전시킨 최초의 팀이었으며, 그들은 바로 챔피언십에서 우승을 차지하며 다른 팀들도 비슷한 선택을 하도록 유도했다. 이는 브라질 축구 역사상 유색 인종 선수들이 공식적으로 출전한 첫 사례였으며, 바스쿠의 성공은 브라질 축구의 대중화와 다양성 제고에 중요한 전환점을 마련했다.

그러나 노동자 팀의 성공은 브라질 사회에 잠재해 있던 사회적 및 이념적 긴장을 불러일으켰는데, 이는 리우데자네이루의 올스타팀이 전국 챔피언십에 출전할 예정이었지만, 바스쿠 팀의 선수들은 한 명도 포함되지 않았던 데에서 기인했다. 더 나아가 주요 클럽들은 새로운 축구 리그를 설립해 바스쿠의 가입을 거부했고, 선수들의 생계 수단을 조사해 그들이 진정한 아마추어인지 확인하는 위원회를 구성하였다. 이러한 조사는 브라질 사회의 계급 차별과 인종적 편견을 명확하게 드러내는 절차였다. 군인, 택시 기사, 이발사 등 특정 직종에 종사하는 사람들은 1부 리그에서 뛸 수 없었으며, 선수들이 경기장에 들어갈 때 서명하고 등록 양식을 작성하도록 하여 이들의 문해력을 검사하기도 했다. 이러한 암묵적인 문해력 검사는 브라질 사회의 계급과 인종 편견을 간접적으로 드러내는 방식이었다.

이와 같은 상황은 브라질 축구의 (인종적) 민주화를 지연시키고 사회적 갈등을 더욱 심화시켰다. 하지만 이러한 편견과 배제에도 불구하고, 유색 인종 선수들과 노동자 계층의 참여는 꾸준히 증가하였다. 이러한 흐름은 축구가 브라질 사회에서 점차 대중적인 스포츠로 자리 잡는 데 중요한 역할을 했으며, 축구를 통해 계층과 인종의 장벽을 허물고자 하는 움직임이 서서히 시작되는 계기로 작용했다.

1930년대 초, 축구의 프로화는 브라질 축구의 발전에 중요한 전환점을 가져왔다. 유럽 클럽들이 라틴아메리카 출신의 우수한 선수들을 영입하려는 시도가 늘어나면서, 브라질에서도 프로 축구의 필요성이 대두되었다. 특히, 무솔리니의 이탈리아는 1934년 월드컵 개최국으로서 국가의 우월성을 증명하기 위해 라틴아메리카 출신 이탈리아 선수들을 영입하고자 하였다. 이에 따라 부에노스아이레스와 우루과이는 프로 축구를 도입하였고, 브라질에서도 프로화의 도입이 가속화되었다. 결국 1933년, 브라질 축구는 공식적으로 프로화를 이루게 되었다.

프로화의 도입은 비(非)백인 선수들에게 사회적 해방의 기회를 제공하였으며, 이는 축구가 브라질의 "국민 스포츠"로 자리 잡는 데 중요한 역할을 했다. Leite Lopes(1997)는 "많은 백인 브라질 선수들이 이탈리아로 가서 그 사회에 통합되었으며, 이는 이탈리아계 브라질인들이 브라질에서 성공을 이루고 다시 이탈리아로 돌아가는 것을 이상적인 목표로 삼았기 때문이다"라고 설명한다. 반면, 흑인 선수들은 "현지에서의 성공"을 강요받았다. 이러한 맥락에서 프로 축구는 흑인 선수들에게는 사회적 해방의 수단이자, 브라질 축구가 "국민 스포츠"로 자리 잡는 데 필수적인 조건으로 자리매김했다.

1930년대부터 1950년대까지는 축구가 브라질 사회에서 점차 민주화되는 과정이었다. 특히 제툴리우 바르가스(Getúlio Vargas) 정권 아래에서 축구는 국가 건설과 사회 통합의 수단으로 활용되었다. 바르가스는 민족주의적 이념을 바탕으로 사회적 계층과 인종 간의 격차를 해소하고자 했으며, 이전에는 조롱받거나 철저히 무시되었던 비(非)백인 문화적 표현들이 점차 국가적 상징으로 변모하게 되었다.

1938년 월드컵에서 브라질 대표팀이 3위를 차지한 것은 축구가 브라질 국민 정체성의 중요한 요소로 자리 잡는 중요한 계기가 되었다. 이 대회에서 흑인 선수인 레오니다스 다 시우바(Leônidas da Silva)와 도밍고스 다 기아(Domingọs Antônio da Guia)와 같은 선수들이 활약하며 비백인 선수들이 인정받게 되었고, 이는 브라질 축구의 민주화에 기여하였다. 이 시기에 브라질의 사회학자이자 지식인인 질베르투 프레이레(Gilberto Freyre)는 브라질 축구를 새로운 시각에서 해석하였다. 그는 축구를 "아프리카 유산의 실현"이자 "브라질 고유의 아름다운 게임"으로 설명하며, 축구가 브라질 사회의 인종적 민주주의와 혼합주의의 본질을 반영한다고 주장했다. 프레이레의 이러한 시각은 브라질 축구가 유럽의 기계적이고 냉정한 플레이 스타일과는 대조되는, 예술적이고 창의적인 플레이 스타일을 형성하는 데 중요한 역할을 했다. 이와 함께, 스포츠 저널리스트이자 출판가인 마리오 필류(Mário Filho)는 그의 저서 'O Negro no Futebol Brasileiro'를 통해 브라질 축구에서 혼합주의의 중요성을 강조하고, 축구가 브라질 사회에서 인종적 민주주의를 구현하는 데 중요한 역할을 한다는 점을 부각시켰다.

결국, 1930년대부터 1950년대까지의 브라질 축구는 프로화를 통해 대중화되고, 다양한 인종과 계층의 참여를 통해 진정한 국민 스포츠로 자리 잡게 되었다. 이 시기의 축구는 단순한 스포츠를 넘어 브라질 사회의 인종적, 문화적 정체성을 형성하고, 브라질 국민으로서의 자부심을 고양하는 중요한 역할을 했다.

III. 브라질 축구의 진화 : 유럽 이민자들의 영향

상술한 바와 같이 브라질 축구의 발전 과정에서 유럽 이민자들은 중요한 역할을 담당했다. 초기 축구가 상류층과 영국 이민자들에 의해 도입되고 확산되었다면, 그 이후의 진화 과정에서는 다양한 유럽 국가에서 온 이민자들이 축구 문화에 깊이 관여하게 되었다. 유럽 이민자들은 새로운 축구 클럽을 창설하고, 기존 클럽을 재정적으로 지원하거나 서포터즈로 참여하는 방식으로 브라질 축구의 발전에 크게 기여했다. 이러한 맥락에서 본 장에서는 유럽 이민자들이 브라질 축구에 미친 영향을 구체적으로 살펴보기 위해, 세 개의 대표적인 브라질 프로축구 클럽인 파우메이라스(Palmeiras), 바스쿠 다 가마(Vasco da Gama), 코린치안스(Corinthians)를 중심으로 논의할 것이다. 이들 클럽은 각각 이탈리아, 포르투갈, 영국 이민자들의 영향을 받으며 발전해 왔으며, 브라질 프로축구 문화 형성에 중요한 역할을 해왔다.

1. SE 파우메이라스

파우메이라스의 공식 명칭은 소시에다지 이스포르치바 파우메이라스(Sociedade Esportiva Palmeiras)로, 축약하여 SE 파우메이라스라 불리기도 한다. 2024년 11월 기준, 파우메이라스는 브라질 프로축구 리그(Campeonato Brasileiro Série A)가 창설된 1937년 이후 최다 우승팀(12회)으로 등극하며 많은 인기를 얻고 있다.

파우메이라스는 역사는 지금으로부터 약 100여 년 전으로 거슬러 올라간다. 이 팀은 1914년 8월 26일 상파울루에서 이탈리아 이민자들에 의해 Palestra Itália라는 이름으로 창립되었다. 당시 이탈리아 이민자들은 브라질에 정착하면서도 고유한 정체성과 문화를 유지하고자 했으며, 이러한 배경에서 축구 클럽 창설이 이루어졌다. 클럽은 처음부터 이탈리아적인 가치와 문화를 강조하며 이민자 사회와의 강한 유대감을 형성하였고, 이는 브라질 축구의 대중화와 클럽의 발전에 크게 기여했다고 평가된다.

초기 파우메이라스는 이탈리아 이민자들 사이에서 강력한 지지를 받으며 성장하였다. 클럽은 주로 이탈리아 출신 지도자와 선수들을 영입해 이탈리아 축구의 전통을 도입했으며, 전술적 조직과 수비력을 강조하는 이탈리아식 축구 스타일을 브라질에 정착시키는 데 일조했다. 이는 당시 화려한 플레이의 브라질의 축구 스타일과 차별화된 요소였으며, 이는 오히려 파우메이라스의 경쟁력을 높이는 중요한 요인으로 작용했다. 클럽은 설립 이후 꾸준한 성장을 통해 상파울루 내에서 주요 클럽으로 자리매김하였고, 이민자들뿐만 아니라 지역사회의 많은 팬들로부터도 지지를 얻게 되었다.

그러나 제2차 세계대전이 발발하면서 파우메이라스는 중요한 전환점을 맞이하게 된다. 당시 브라질은 주축국과의 관계가 매우 민감해졌고, 외국어 사용 금지 및 관련 규제 정책이 시행되었다. 이에 따라 클럽은 1942년 Palestra Itália에서 현재의 이름인 파우메이라스로 개명하게 되었다. 파우메이라스는 이탈리아적 뿌리를 가진 클럽이지만, 이러한 개명 작업을 통해 브라질 사회에 통합되기 위한 중요한 발판이 마련되었으며 향후 진정한 브라질 축구 클럽으로서의 정체성을 확립할 수 있었다.

파우메이라스의 눈에 띄는 업적 중 하나는 1951년 코파 리우(Copa Rio)에서의 우승이다. 이 대회에서 팔메이라스는 이탈리아의 명문 클럽 유벤투스를 꺾고 우승을 차지하며 국제적인 명성을 얻었다. 당시 코파 리우는 비공식적인 클럽 월드컵으로 여겨졌지만, 파우메이라스의 우승은 브라질 축구가 국제적으로 경쟁할 수 있는 잠재력을 가지고 있음을 보여주는 중요한 계기로 작용했다. 이후 1999년, 2020년, 2021년에 각각 코파 리베르타도레스(Copa Libertadores da América) 에서 우승을 차지하며 브라질을 넘어 남미 및 세계적인 축구 클럽으로 성장했다.

[그림 1] SE 파우메이라스의 홈경기장 Allianz Parque

[그림 1]에서 볼 수 있듯, 웅장한 자태를 자랑하는 클럽의 홈구장인 알리안츠 파르크(Allianz Parque)는 2014년 11월에 개장한 현대적인 시설을 갖춘 경기장으로, 파우메이라스를 상징하는 장소로 자리 잡고 있다. 이 경기장은 약 42,500명 이상의 수용 인원을 자랑하며, 경기 외에도 다양한 문화 행사와 콘서트를 개최하는 다목적 공간으로 사용되고 있다.

이처럼 파우메이라스는 브라질 축구에서 중요한 역할을 수행하면서도 이탈리아 이민자들의 문화적 유산과 전통을 유지하고 발전시켰다고 평가된다. 이탈리아 출신 지도자들이 팀의 전술적 운영과 조직적 구조에 도입한 철학은 파우메이라스를 브라질에서뿐만 아니라 국제적으로도 경쟁력 있는 클럽으로 성장시키는 핵심적인 역할을 했다. 파우메이라스의 발전은 단순한 스포츠 클럽의 성공을 넘어, 이민자들이 브라질 사회에 통합되고 그 속에서 중요한 사회적 · 문화적 공헌이 충분히 가능함을 방증하는 사례 중 하나로 평가받고 있다.

2. 바스쿠 다 가마

파우메이라스와 함께 브라질 프로축구 리그에서 가장 성공적인 팀 중 하나로 평가받고 있는 팀으로 바스쿠 다 가마를 꼽을 수 있다. 바스쿠 다 가마의 공식 명칭은 클루비 지 헤가타스 바스쿠 다 가마(Club de Regatas Vasco da Gama)이며, 보통 CR Vasco da Gama로 통용된다. 바스쿠 다 가마는 1898년 8월 리우데자네이루(Rio de Janeiro)에서 포르투갈 이민자들에 의해 설립된 유서 깊은 클럽으로, 초기에는 조정 클럽(Club de Regatas)으로 창설되었지만 이후 축구팀을 조직하는 과정에서 탄생하게 되었다. 이러한 과정 속에서 포르투갈 이민자들의 영향력이 두드러지게 나타났다. 특히 포르투갈 이민자들은 바스쿠 다 가마가 리우데자네이루에서 빠르게 성장할 수 있도록 재정적 지원과 사회적 지지를 제공했다. 당시 포르투갈 이민자들은 브라질 사회에서 비교적 열악한 사회적 조건에 처해 있었기 때문에, 축구 클럽은 그들에게 자신들의 공동체를 강화하고 사회적 인정을 획득할 수 있는 중요한 수단으로 활용되었다.

제2장에서 기술한 바와 같이, 바스쿠 다 가마는 브라질 축구 역사에서 사회적 다양성을 대표하는 클럽으로 널리 알려져 있다. 1923년, 바스쿠 다 가마는 비(非)백인 선수들을 처음으로 공식적인 경기에 출전시킨 팀으로, 이는 당시 브라질 축구계에서 매우 혁신적인 시도였다. 바스쿠의 이러한 결정은 브라질 축구의 인종적 · 사회적 장벽을 허무는 중요한 전환점이 되었으며, 브라질 사회에서 축구의 대중화와 민주화를 앞당긴 촉매제 역할을 했다.

특히 바스쿠 다 가마는 노동자 계층과 흑인, 혼혈 선수들을 적극적으로 영입하며 브라질 축구에서의 사회적 변화를 주도했다. 이러한 배경에는 포르투갈 이민자들이 브라질에서 경험한 차별과 불평등에 대한 광범위한 인식이 존재했다는 점을 들 수 있다. 이러한 혁신적 시도는 자신들이 처한 차별 및 불평등 구조를 극복하기 위해 축구를 통해 평등한 팀, 더 나아가 포용적 사회를 만들고자 하는 의지가 표출된 결과였으며, 여러 노력 덕분에 바스쿠 다 가마는 다양한 배경의 선수들이 함께 뛸 수 있는 팀으로 성장하였다. 특히 1924년, 바스쿠 다 가마는 리우데자네이루 축구 리그에서 비백인 선수들을 출전시킨 것에 대한 반발로 인해 기존 리그에서 퇴출당하였지만, 이는 오히려 클럽의 정체성을 강화하는 계기가 되었다. 바스쿠 다 가마는 자체적으로 리그를 조직하며 독립적인 활동을 이어 갔고, 이후 기존 리그와의 통합을 이루어냄으로써 브라질 축구의 다양성과 포용성을 상징하는 클럽의 대명사로 자리 잡았다.

[그림 2] 바스쿠 다 가마의 홈경기장 São Januário〉

바스쿠 다 가마의 홈 구장 상 자누아리우(São Januário)는 1927년에 리우데자네이루에서 개장한 역사적인 축구 경기장이다. 이곳은 당시 브라질에서 가장 큰 구장이었으며, 브라질의 다양한 행사 개최를 위한 공간으로도 활용되었다.

이처럼 바스쿠 다 가마의 역사적 여정은 브라질 축구가 단순한 스포츠를 넘어, 사회적 변화와 통합의 중요한 도구로 작용할 수 있음을 보여주는 사례로서 우리에게 영감을 제공하고 있다.

3. 코린치안스

코린치앙스 또한 유럽의 이민자에게 강한 영향을 받은 브라질의 대표적인 프로축구팀이다. 공식 명칭은 스포츠 클럽 코린치안스 파울리스타(Sport Club Corinthians Paulista)로, SC 코린치안스라 불린다. 코린치안스는 1910년 9월 1일, 상파울루에서 노동자 계층에 의해 설립된 축구 클럽으로, 클럽의 이름은 영국의 코린시안 FC(Corinthian Football Club)에서 영감을 받아 명명되었으며, 이는 당시 영국의 축구 팀이 브라질에서 투어를 하며 큰 인상을 남긴 것에서 비롯되었다고 전해진다. 이는 코린치안스가 영국의 축구 문화를 바탕으로 브라질에서의 축구 대중화를 이끄는 데 중요한 계기가 되었다.

코린치안스의 창립 초기에는 영국 이민자들과 영국의 축구 철학이 클럽에 상당한 영향을 미쳤다. 영국 이민자들은 코린치안스의 전술적 접근과 팀 운영 방식에 중요한 역할을 수행함으로써 영국의 축구 스타일과 정신이 팀의 기초에 자리 잡게 되었다. 당시 브라질 축구는 상류층과 엘리트들이 주도하고 있었으나, 코린치안스는 노동자와 대중을 위한 클럽을 지향하며, 축구를 대중에게 보다 개방하고자 하였다. 이러한 철학은 영국에서 시작된 아마추어리즘의 영향을 받았으며, 클럽의 정신적 토대로 작용했다. 이에 따라 코린치안스는 특히 노동자 계층의 지지를 받아 빠르게 성장할 수 있었다.

1913년, 코린치안스는 상파울루 축구 리그에 처음 참가하였고, 1914년에는 상파울루주(州) 리그에서 첫 번째 우승을 차지했다. 이는 상류층 클럽이 주도하던 리그에서 노동자 계층이 이룬 첫 번째 큰 성과였으며, 브라질 축구의 민주화와 대중화에 기여한 중요한 사건으로 평가된다. 코린치안스는 이러한 승리를 통해 브라질 사회 내에서 축구가 계층을 초월한 스포츠로 자리 잡는 데 중요한 역할을 했다.

1920년대와 1930년대에 코린치안스는 브라질 축구의 주요 클럽으로 자리 잡으며 수많은 성공을 거두었다. 당시 상파울루 내에서 코린치안스는 가장 인기가 많은 클럽 중 하나로 성장했고, 노동자 계층을 중심으로 광범위한 팬층을 확보하게 되었다. 코린치안스의 발전 과정에서 또 다른 중요한 전환점은

1950년대였다. 이 시기 클럽은 브라질 축구 리그에서 강력한 경쟁력을 유지하며, 지역 대회뿐만 아니라 전국 대회에서도 꾸준히 좋은 성적을 거두었다.

코린치안스는 이후 수많은 국내외 대회에서 우승을 차지하며 브라질 축구 역사에서 중요한 위치를 차지하였다. 특히, 2000년과 2012년 두 차례에 걸쳐 FIFA 클럽 월드컵에서 우승하며 국제적인 명성을 얻었으며, 2012년에는 코파 리베르타도레스에서 첫 우승을 차지하며 남미 최고의 클럽 중 하나로 자리매김하였다.

[그림 3] 코린치안스의 홈구장 Neo Química Arena

코린치안스의 홈구장인 네오 키미카 아레나(Neo Química Arena)는 2014년에 개장했으며, 48,000명 이상의 관중을 수용할 수 있는 현대적인 시설을 갖추고 있다. 이 경기장은 2014년 FIFA 월드컵의 개최 경기장 중 하나로 활용되었으며, 코린치안스의 새로운 시대를 상징하는 장소로 자리 잡았다.

코린치안스의 팬층은 클럽의 철학과 역사적 배경에 큰 자부심을 가지고 있다. 클럽의 모토인 "Corinthians é o time do povo(Corinthians is the people's team)"는 코린치안스가 여전히 브라질 대중과 함께하고 있음을 상징함과 동시에 클럽이 추구하는 가치를 명확히 드러낸다. 브라질 사회의 다양한 계층을 포용하며, 축구를 통한 사회적 통합과 민주화를 이끌어 온 코린치안스의 여정은 브라질 축구 역사에서 빼놓을 수 없는 중요한 부분이다. 특히, 코린치안스는 1980년대에 "데모크라시아 코린치아나(Democracia Corinthiana)" 운동을 통해 브라질 사회에 큰 영향을 미쳤다. 이 운동은 당시 군사 독재 정권하에 있던 브라질에서 민주주의와 평등을 촉구하는 상징적인 움직임으로, 축구 클럽이 스포츠를 넘어서 사회적 변화를 촉구할 수 있음을 보여준 사례였다. 선수들은 클럽의 운영과 의사결정 과정에 적극적으로 참여하였고, 이러한 자율적이고 민주적인 접근은 많은 브라질인들에게 영감을 주었다.

이처럼 영국계 이민자들이 도입한 축구 정신과 노동자 계층의 참여를 확대하려는 철학은 코린치안스의 정체성에 깊이 뿌리내리고 있으며, 브라질 축구의 발전과 대중화를 이끄는 데 중요한 역할을 수행했다. 이러한 배경 속에서 코린치안스는 브라질뿐만 아니라 전 세계적으로도 사랑받는 클럽으로 성장할 수 있었고, 그들이 이루어 낸 성과는 브라질 축구의 진화를 온전히 대표한다.

IV. 나가며

본 연구는 유럽 이민자들이 브라질 축구의 시작과 발전 과정에 미친 영향을 고찰하였다. 유럽 이민자들은 브라질에 축구를 도입하여 초기 발전의 중요한 기틀을 마련하였으며, 이를 통해 브라질 사회 전반에 축구 문화가 정착될 수 있었다. 이후 축구의 프로화가 진행되며 파우메이라스, 바스쿠 다 가마, 코린치안스는 각각 이탈리아, 포르투갈, 영국 이민자들의 기여를 통해 브라질 축구에 다양한 색깔과 문화를 더하며 발전해 왔다. 이들 클럽은 축구를 사회적 통합과 변화의 도구로 활용함으로써, 브라질 축구의 대중화와 민주화에 중요한 역할을 수행했다.

팔메이라스는 이탈리아 이민자들의 전술적 접근과 조직력을 바탕으로 초기 브라질 축구에 큰 영향을 미쳤다. 이탈리아 이민자들은 팔메이라스를 통해 브라질 축구에 전술적 정교함과 강한 조직력을 도입함으로써 브라질 축구의 기술적 수준을 한 단계 끌어올렸으며, 이는 브라질 축구가 단순한 체력과 열정의 스포츠를 넘어, 정교한 전술과 계획을 바탕으로 한 경기로 변모하는 데 일조했다. 또한 팔메이라스는 이민자 사회와의 강한 유대감을 형성하면서, 브라질 내 이탈리아 커뮤니티의 정체성 유지와 발전에도 크게 공헌했다.

바스쿠 다 가마는 포르투갈 이민자들의 영향을 받아 인종적 다양성과 사회적 포용을 축구에 반영하는 데 중요한 역할을 했다. 바스쿠 다 가마는 비(非)백인 선수들을 공식적으로 출전시킨 최초의 클럽 중 하나로, 당시 인종 차별이 만연했던 브라질 사회에서 큰 전환점을 마련했다. 이 클럽은 브라질 축구에서 인종과 계층의 장벽을 허물고, 모든 계층의 사람들이 함께할 수 있는 스포츠 문화 형성에 일조하였다.

코린치안스는 영국계 이민자들이 도입한 아마추어리즘과 노동자 계층의 참여 확대를 통해 브라질 축구의 대중화를 이끌었다. 코린치안스의 데모크라시아 코린치아나(Democracia Corinthiana) 운동은 1980년대 군사 독재 정권하에서 민주주의와 평등을 촉구하는 중요한 상징적 운동으로, 축구가 사회적 변화를 촉구하는 도구로서 어떻게 기능할 수 있는지를 잘 보여준다.

이처럼 유럽 이민자들은 브라질 축구의 성장과 발전에 결정적인 역할을 했으며, 그들의 문화와 철학은 브라질 축구의 정체성 형성에 깊이 자리 잡고 있다. 이민자들은 각기 다른 방식으로 축구를 통해 브라질 사회에 자신들의 문화를 접목하며, 브라질 축구가 세계적으로 인정받는 독창적인 스타일과 정체성을 구축하는 데 기여했다. 브라질 축구가 현재까지도 전 세계적으로 사랑받는 것은 이와 같은 유럽 이민자들의 노력 덕분이었다는 주장은 더 이상 과장된 표현이 아닐 것이다.

참고문헌

Allianz, "Family of Stadiums," https://www.allianz.com/en/about-us/brand/partnerships/stadiums.html (검색일: 2024.11.5.).

Alves et al. "O Clássico dos Clássicos das Alterosas Mineiras: A Invenção da Rivalidade Futebolística entre Athletico e Palestra." Rev. Bras. Educ. Fís. Esporte, Vol. 30, No. 3 (2016), pp. 703-721.

Aquino, S. L. Rubim, Futebol: Uma Paixão Nacional (Rio de Janeiro: Jorge Zahar, 2002).

Archetti, P. Eduardo, Masculinities: Football, Polo and the Tango in Argentina (Oxford and New York: Berg, 1999).

Archetti, P. Eduardo, "The Spectacle of Identities: Football in Latin America," S. Hart and R. Young (eds.), Contemporary Latin American Cultural Studies (London: Oxford University Press, 2003), p. 116.

Corinthians, "Clube-Historia," https://www.corinthians.com.br/clube/historia (검색일: 2024.11.10.).

Eakin, C. Mashall, Becoming Brazilians: Race and National Identity in Twentieth Century Brazil (Cambridge, UK: Cambridge University Press, 2017).

Ferreira Antunes, M. R. Fatima, "The Early Days of Football in Brazil: British Influence and Factory Clubs in Sao Paulo," P. Fontes and B. Buarque de Hollanda(eds.), The Country of Football: Politics, Popular Culture and the Beautiful Game in Brazil (New York: Oxford University Press, 2014).

Gaffney, Christopher, "A World Cup for Whom? The Impact of the 2014 World Cup on Brazilian Football Stadiums and Cultures," P. Fontes and B. Buarque de Hollanda (eds.), The Country of Football: Politics, Popular Culture and the Beautiful Game in Brazil (New York: Oxford University Press, 2014).

Giulianotti, Richard, "Preface," P. Fontes and B. Buarque de Hollanda (eds.), The Country of Football: Politics, Popular Culture and the Beautiful Game in Brazil

(New York: Oxford University Press, 2014),
Giulianotti, Richard, Football: A Sociology of the Global Game (Cambridge, UK: Polity Press, 1999).
Leite Lopes, J. Sergio, "Transformations in National Identity through Football in Brazil: Lessons from Two Historical Defeats," R. M. Miller and L. Crolley (eds.), Football in the Americas: Futbol, Futebol, Soccer (London: Institute for the Study of the Americas, 2007).
Leite Lopes, J. Sergio, "Successes and Contradictions in Multiracial Brazilian Football," G. Armstrong and R. Guilianotti(eds.), Entering the Field: New Perspectives in World Football (Oxford: Berg, 1997), p. 55.
Levine, M. Robert,"Sport and Society: The Case of Brazilian Futebol," Luso-Brazilian Review, Vol. 17, No. 2 (1980), pp. 233-252.
Maranhão, F. Tiago and Jorge Knijnik, "Futebol Mulato: Racial Constructs in Brazilian Football," Cosmopolitan Civil Societies Journal, Vo. 3, No. 2 (2011), pp. 55-71.
O Globo, "Projeto Feito por Torcedores para Ampliação de São Januário Prevê Geral e Praças no Estádio," https://extra.globo.com/blogs/extra-extra/post/2023/11/projeto-feito-por-torcedores-para-ampliacao-de-sao-januario-preve-geral-e-pracas-no-estadio.ghtml (검색일: 2024.11.16.).
Palmeiras, "O Verdadeiro Nome do Palestra," https://www.palmeiras.com.br/noticias/o-verdadeiro-nome-do-palestra/ (검색일: 2024.10.28.).
StadiumDB.com, "Neo Química Arena (Arena Corinthians)," https://stadiumdb.com/stadiums/bra/arena_corinthians (검색일: 2024.11.16.).
Wachelke, Rech and Joao Fernando, "Brazilian Fans' Social Representations on Soccer," International Journal of Sport Science, Vol. 4, No. 13 (2008), pp. 1-19.

본문에 사용된 사진 및 자료 출처

p.114 ⓒ Allianz(n.d.)
p.117 ⓒ O Globo(2023)
p.119 ⓒ StadiumDB.com(n.d.)

독일 축구, 차별을 넘어 평등으로

강채희(가톨릭대학교)

스포츠는 인류의 감정을 하나로 묶는 강력한 힘을 지닌다. 수많은 사람이 같은 순간, 경기장과 TV 앞에 모여 환희와 좌절, 열정과 희망을 공유한다. 이처럼 스포츠는 단순한 오락의 경계를 넘어 사회의 이면을 비추는 거울이자 시대의 흐름을 담아내는 살아 있는 역사서로 기능한다. 그중에서도 축구는 국경을 넘어 인종, 문화, 이념의 장벽을 허물며 사회적 메시지를 전달하는 강력한 무대가 되어왔다. 규칙과 전략만으로 설명되지 않는 축구의 세계는 사회적 기대와 규범이 교차하며 우리 시대를 담아내는 창이자 사회적 장(場)으로 자리하고 있다.

I. 축구, 독일의 명과 암

독일 축구는 역사의 굴곡과 사회적 변화 속에서 독일 사회의 정체성을 비추는 거울이 되어왔다. 나치 집권 당시 축구는 유대인 차별이 어떻게 정당화될 수 있는지를 보여주었으며 21세기의 독일은 이 어두운 과거를 답습하지 않기 위해 이민자 증가와 극우 세력의 부상, 이에 따른 차별 문제에 적극적으로 나서고 있다.

700만명 이상의 회원을 보유한 세계 최대 규모의 단일 스포츠 연맹인 '독일축구연맹 Deutscher Fußball-Bund(DFB)'은 이러한 사회적 현실을 직시하며 축구를 사회적 통합과 평등의 장으로 만들기 위해 힘쓰고 있다. 독일 축구연맹은 축구에서의 공존을 독일 사회 전체의 사회적 분위기와 공존 수준을 가늠하는 척도로 간주하며 축구를 단순히 규정으로 차별을 금지하는 영역을 넘어 포용과 공존의 가치를 실천하는 장으로 만들고자 한다. 이를 위해 연맹은 독일 기본법(Grundgesetz)과 2006년 제정된 일반적 평등대우법(Allgemeines Gleichbehandlungsgesetz)을 바탕으로 차별 방지 정책을 강화해 왔다. 이러한 법적 기반은 구단 운영, 팬 교육, 캠페인 활동에 이르기까지 폭넓게 적용되며, 독일 사회 전반의 평등가치와 공존 문화를 확산해 실질적 평등으로 나아갈 수 있는 사회적 기반을 형성한다.

Ⅱ. 독일 축구와 차별

독일은 역사적으로 스포츠를 정치적 도구로 활용한 대표적인 사례를 보여주는 국가다. 나치당 집권 후 개최된 1936년 베를린 올림픽은 나치의 선전 도구로, 전 세계에 독일의 우월성을 과시하려는 의도를 담고 있었다. 나치 선전 영화 제작으로 논란이 된 영화감독이자 사진가 레니 리펜슈탈(Leni Riefenstahl)의 다큐멘터리 영화 〈올림피아 1. 민족의 축제(Olympia 1. Teil – Fest der Völker)〉

와 〈올림피아 2. 미의 제전(Olympia 2. Teil - Fest der Schönheit)〉은 스포츠 선수의 아름다움을 담아내면서도, 나치 이데올로기를 교묘하게 미화해 대중을 선동하는 도구로 기능했다는 평가를 받는다.

다큐멘터리 영화 〈올림피아〉 포스터

1934년 Triumph des Willens
(의지의 승리) 영화 포스터

리펜슈탈은 1930년대 당시로서는 파격적이었던 촬영 기법을 시도하며 다큐멘터리 영화의 새로운 장을 열었다. 수중 카메라와 슬로모션 기법을 사용해 선수들의 움직임을 생생하게 담아낸 그녀의 연출은 관객에게 새로운 시각적 경험을 제공함으로써 남성 중심의 영화 산업에서 두각을 나타낸 여성 감독으로 평가받기도 한다. 하지만 이러한 기술적 성취에도 불구하고 그녀의 작품은 나치즘이 이상적으로 내세운 아리아인의 '완벽한 신체'를 시각적으로 구현하고 미화하는 도구로 기능했다는 비판을 받는다. 근육질의 금발 선수들이 카메라에 담긴 방식은 '신체적 우월성'이라는 나치의 인종 이데올로기를 은연중에 강화하며, 아리아인이 '우월한 민족'임을 시각적으로 설득하려는 의도가 담겨있다는 것이다. 이와 관련해 리펜슈탈은 평생 자신이 정치와 무관하게 오직 예술적 아름다움을 추구했을 뿐이라 주장했다. 그녀는 1936년 베를린 올림픽의 생생한 순간을 예술적으로 기록하려 한 것이 전부이며, 나치를 미화할 의도는 없었다고 해명했다. 실제로 그녀의 카메라가 포착한 제시 오언스(Jesse Owens)의 금메달 장면은 나치의 인종주의를 정면으로 반박하는 상징적인 장면으로 남아 있다. 그러나 괴벨스를 직접 만나 영화 제작을 논의하고, 나치의 지원을 받아 작품을 제작한 그녀의 행보로 인해 그 해명은 큰 설득력을 부여하지 못했다. 그래서 그녀의 작품을 당시 기술적 한계를 뛰어넘은 다큐멘터리 영화로 평가하며 영화적 성취를 강조하는 시각이 있는가 하면, 선전적 성격을 무시할 수 없다는 비판적 입장도 존재하기에 학계에서는 리펜슈탈의 〈올림피아〉를 두고 여전히 의견이 엇갈린다. 다만 아리아인의 신체적 우월성을 강조한 연출이 결과적으로 나치 이념을 시각적으로 강화했다는 점에서 그녀의 작품을 그저 예술로만 보기에는 어렵다는 비판이 지배적이다.

결국 리펜슈탈의 영화는 나치 정권의 선전 전략에 활용된 동시에 영화사적 성취를 남겼다는 모순적이지만 복합적인 평가를 안고 있다. 올림피아는 독일 사회에서 스포츠와 정치, 예술과 이데올로기가 어떻게 맞물려 작동했는지를 보여주었으며 축구 또한 이와 같은 사회적 맥락 속에서 차별과 통합이라는 상반된 얼굴을 드러내 왔다. 스포츠는 본질적으로 승패의 논리에 의해 작동하지만, 특정한 사

'Lowlands'를 촬영 중인 레니 리펜슈탈

회적 분위기에 영향을 받아 사회적 가치를 내포할 수 있으며 〈올림피아〉는 스포츠 체계에 사회적 의미가 개입할 수 있음을 보여준다.

축구도 마찬가지로 역사적 변화와 사회적 맥락 속에서 독일 사회의 차별을 반영한 바 있다. 나치 집권 시기에 유대인의 활동이 제한되면서 유대인은 축구 구단을 포함한 모든 스포츠 활동에서 배제되었다. 1905년에 창설된 유대인 축구 구단 '하코아 베를린 SC Hakoah Berlin'과 '바 코차바 베를린 Bar Kochba Berlin'(현재 투스 마카비 베를린 TUS Makkabi Berlin)의 사례는 독일 내 유대인 스포츠의 대표적 사례로 볼 수 있다. 나치가 집권한 이후 유대인에 대한 억압은 점차 강화되어 1933년부터 유대인 선수들의 공식 경기 출전이 금지되었다.

Bar Kochba Berlin(1902)

1938년 11월, 거리마다 유대인 상점과 회당의 유리창이 산산이 부서져 내렸고, 바닥에는 깨진 유리 파편들이 끝없이 흩어져 반짝였다. '수정의 밤(Kristallnacht)'이라는 이름으로 기억되는 끔찍한 이날, 유대인들은 무차별적인 폭력과 학대를 당했고 그들의 삶은 한순간에 무너졌다. 이 사건을 기점으로 유대인 공동체의 모든 활동은 철저히 금지되었으며 스포츠조차 예외일 수 없었다. 비엔나의 유대인 스포츠 구단 하코아 비엔나(SC Hakoah Wien)도 1938년 3월 독일과 오스트리아의 병합(Anschluss) 이후 활동이 중단되었다. 이러한 사례는 축구를 포함한 독일 스포츠가 단순한 경기의 장을 넘어 사회의 차별적 구조와 권력의 논리를 반영해 억압적 체계를 형성했음을 보여준다.

나치 독일이 패망한 이후 유대인을 차별하고 탄압하던 폭력적 제도는 사라졌지만 차별로 인한 폭력 문제는 형태와 대상을 바꾸어 가며 사회에 남아 있다. 이에 독일축구연맹은 이러한 문제를 방지하고자 일반적 평등대우법을 규정에 반영하며, 지속적인 교육과 캠페인 활동을 통해 차별 없는 축구 문화를 구축해 나가고 있다. 일반적 평등대우법이 발효되던 해인 2006년 3월 25일, FC작센 라이프치히(FC Sachsen Leipzig)의 나이지리아 출신 선수 아데보왈레 오군부레(Adebowale Ogungbure)가 관중으로부터 경기 중 90분 내내 지속적인 인종차별적 모욕에 시달리다가 견디지 못해 이에 대한 대응으로 손가락으로 히틀러의 콧수염과 나치 경례를 모방해 보였고, 이로 인해 선수는 상대편의 팬으로부터 공격당했다. 이 사건이 발생한 날 '존중! 인종차별을 위한 자리는 없다(Respekt! Kein Platz für Rassismus)!'라는 캠페인이 펼쳐졌으며 이와 같은 이름의 단체가 설립되었다. 이 구호는 경기장을 넘어 독일 전역으로 확산되었

하겐 야외 박물관의 '인종차별을 위한 자리는 없다' 벤치

고, 2019년 프리미어리그에서도 동일한 구호 'No Room for Racism'으로 인종차별 반대 캠페인이 시작되었다.

같은 해인 2006년 9월 마카비 베를린과 VSG 알트글리에니케(VSG Altglienicke)의 경기에서 '유대인은 뒈져라(Jude verrecke)'와 '시나고그는 불타야 한다(Synagogen müssen brennen)'와 같은 반유대주의적 함성이 울려 퍼졌고, 선수들은 경기가 끝난 뒤에도 네오나치의 위협을 피해 탈의실에 머물러야 했다. 이 사건은 반유대주의가 여전히 사회에 만연하고 있다는 사실을 확인시켜 주는 사례로, 독일 사회와 언론에 큰 충격을 주었다.

차별을 근절하기 위한 독일의 노력에도 불구하고 아직까지 독일 축구계 내에는 이와 관련된 문제가 지속되고 있다. 독일 대표팀에서 활약한 메수트 외질(Mesut Özil)은 2018년 터키 대통령 레제프 타이이프 에르도안(Recep Tayyip Erdoğan)과 찍은 사진이 공개되며 독일 사회에서 거센 논란에 휩싸였다. 외질이 터키계 독일인으로서 선거를 앞둔 에르도안과 만난 것이 문제가 된 것이다. 당시 터키는 대선을 앞두고 있었고, 에르도안은 독일 내 터키인 유권자들의 지지를 얻기 위해 적극적인 선거 운동을 벌이고 있었으며, 이러한 맥락에서 터키 대통령과 외질 그리고 일카이 귄도안(İlkay Gündoğan)과의 만남이 정치적으로 해석되었다. 특히, 귄도안이 에르도안에게 '나의 대통령'이라고 적은 유니폼을 선물한 점이 논란을 더욱 키웠다. 그 당시 독일은 에르도안 대통령의 장기집권을 우려하고 있었고, 이 만남은 에르도안 대통령의 자국 내 정치적 개입 시도로 해석되었다. 독일 언론과 극우 정치인들은 외질과 귄도안을 대표팀에서 퇴출해야 한다고 주장했으며, 독일축구연맹 회장 라인하르트 그린델 역시 이들을 옹호하기보다는 비판적인 태도를 보였다. 독일이 러시아 월드컵 조별 리그에서 탈락하자 비난은 더욱 거세졌고, 외질은 결국 대표팀 은퇴를 선언했다. 그는 "그린델과 그의 조력자들 눈에는 내가 이기면 독일인이지만, 패배하면 이민자일 뿐이다(In den Augen von Grindel und seinen Helfern bin ich Deutscher, wenn wir gewinnen, aber ein Immigrant wenn wir verlieren)"라고 말하며 독일 사회의 이중적 태도를 정면으로 비판했다.

메수트 외질, 2018년 FIFA 친선 경기(오스트리아 vs. 독일) 중 Steindy

이 사건이 발생한 뒤, 독일에서는 스포츠와 정치의 관계에 대한 논의가 활발해졌다. 특히 국가대표팀에서 이민자 출신 선수들이 어떤 위치를 차지해야 하는지에 대한 다양한 의견이 제시되었으며, 이민자 선수들을 향한 독일 사회의 태도와 그들이 대표팀에서 받는 대우에 대한 비판적 성찰이 이어졌다. 외질의 은퇴 이후에도 대표팀 내 다문화적 배경을 가진 선수들의 역할은 더욱 강조되었고 독일축구연맹은 대표팀 내 포용성과 다양성을 강화하기 위한 정책을 추진했다. '모두를 위한 축구(Fußball für alle)' 프로그램이 확대되었으며, 이민자 선수들을 위한 지원책과 교육 프로그램이 강화되었다. 또한 대표팀 선수들은 국제 경기에서 인권 및 반차별 캠페인에 동참하며 차별 문제에 대한 경각심을 높였다. 결국 외질 사건으로 촉발된 논란과 사회적 압박 속에서 2019년 독일축구연맹 회장 라인하르트 그린델은 사퇴를 발표했다. 그의 사퇴는 단순한 인사 변화가 아니라, 독일 축구 내 구조적 차별 문제를 재조명하는 계기가 되었다. 이후 독일축구연맹은 다문화 사회로서의 정체성을 보다 적극적으로 반영하는 방향으로 변화를 모색했다.

그러나 연맹 차원의 노력에도 불구하고 차별은 여전히 종식되지 않고 있다. 2024년 6월 독일 공영방송 ARD가, "백인 선수 더 뽑으면 좋겠는가?"라는 인종차별적 설문 조사를 실시해 논란이 됐다. 이 설문은 다문화적 구성을 가진 독일 대표팀과 유럽 축구계에서의 포용성 논의에 반하는 것으로, 많은 축구인과 팬들로부터 강한 비판을 받았다. 독일축구연맹은 즉각적으로 해당 논의에 대한 우려를 표명함으로써 스포츠에서의 다양성과 포용성을 지키겠다는 입장을 재확인했다. 하지만 이 사건은 여전히 독일 사회 내 인종차별적 인식이 완전히 사라지지 않았음을 보여주는 사례로 남았다.

축구를 둘러싸고 차별이 끊임없이 발생함에 따라 독일 사회는 한편으로 스포츠에 열광하면서도 다른 한편으로는 스포츠가 초래할 수 있는 '군중현상'과 대중 선동의 위험성을 경계한다. 스포츠가 개인의 열정을 하나로 모으고 사회적 연대를 강화하는 놀라운 힘을 지니지만 독일의 역사적 경험이 이러한 집단적 에너지가 비판적 사고와 평등을 위협할 수 있음을 보여주기 때문이다. 과거 나치 정권은 스포츠를 단순한 오락이 아닌 선전의 도구로 활용하며, 사회적 통합이 아닌, 배제를 선택했다. 이로써 스포츠가 단순히 경기장에서 끝나는 것이 아니라, 사회적 책임과 윤리적 기준을 요구하는 영역임을 깨닫게 했다. 이로 인해 독일 사회는 스포츠와 이데올로기의 상호작용을 깊이 성찰하게 되었고, 끊임없이 발생하는 차별 문제에 대응하기 위해 독일축구연맹은 '지속 가능한'평등 체계를 구축하고자 노력을 기울이고 있다.

이 체계는 독일 축구 내에서 발생하는 크고 작은 차별 문제와 이를 해결하기 위한 회칙 개정, 캠페인 활동 등에서 드러난다. 이는 축구 고유의 규칙, 즉 공정한 경쟁을 바탕으로 승패를 가리는 단순한 게임 체계에서 비롯된 것이 아니라, 독일 사회 전반에 걸쳐 지속되어 온 차별과 갈등이 축구에 반영된 결과라고 볼 수 있다. 즉, 축구는 사회와 끊임없이 상호작용하며 그 구조를 형성해 나가기에, 차별을 정당화하는 장이 될 수도 있고, 반대로 평등을 확산하는 장으로 변화할 수도 있는 유동적이고 역동적인 성격을 지닌다.

Ⅲ. 평등을 위한 축구

독일은 기본법과 일반적 평등대우법을 통해 차별을 금지하고 있으며, 이러한 법적 규범은 독일축구연맹과 각 지역 협회의 규정에도 반영되어 있다. 하지만 법과 규정이 있다고 해서 차별이 저절로 사라지는 것은 아니다. 법은 원칙을 세우지만, 그 원칙이 사회에 뿌리내리기 위해서는 구성원들의 지속적인 노력이 필요하다. 독일축구연맹과 지역 협회는 법적 규정을 넘어 사회적 변화에 발맞춰 나가고자 다양한 시도를 이어가고 있다. 이들은 단순히 규정을 적용하는 데 그치지 않고, 스포츠를 통해 평등가치를 사회에 전달하고자 한다.

1. 평등의 법제화: 기본법과 일반적 평등대우법의 함의

독일 사회는 역사적 경험으로 인해 차별에 대한 민감도가 높으며, 이를 반영해 법적, 사회적 차별금지 노력이 지속되고 있다. 특히 동·서독 통일 이후 평등조항이 구체화되었고, 이는 단순히 일반 평등대우법에서만 제한적으로 실현되는 것이 아니라, 입법·행정·사법 등 국가의 모든 기능이 이 원칙을 바탕으로 작동하도록 요구하고 있다. 아리아인조항을 악용해 유대인을 사회에서 배척시키고 유대인 외에도 장애인, 성소수자, 사회주의자를 조직적으로 학살했던 나치의 폭력적 역사를 반복하지 않겠다는 의미로 독일 사회 내에서 평등의 가치는 기본법(Grundgesetz)에서도 중요하게 다루어지고 있다. 기본법의 기본권 제3조에는 "모든 인간이 법 앞에서 평등"하며 "그 누구도 자신의 성별, 출신, 인종, 언어, 고향, 출신, 신앙, 종교 또는 정치적 견해로 인해 불이익을 받거나 우대받지 않는다. 또한 누구도 장애를 이유로 불이익을 받지 않는다"고 명시되어 있다. 독일의 기본법은 인간의 평등을 헌법적 가치로 명확히 보장하고 있으며, 이는 과거의 비극적 역사를 반성하고, 다원적이고 공정한 사회를 구축하려는 독일 사회의 지속적인 노력과 결의를 잘 보여준다.

물론 그 과정은 평탄하지 않았다. 유럽연합이 인종 평등 지침(2000.6.29)을 통해 인종 또는 민족적 출신과 관계없이 개인 간 평등대우 원칙을 이행하도록 함에 따라 독일도 더불어 이와 같은 원칙을 도입해야 했다. 그러나 차별금지법을 원하지 않는 보수정당의 반대로 입법화의 어려움에 부딪혀 지연되었다. 하지만 2006년, 기본법에 준하는 '일반적 평등대우법'이 제정되었고 이 법은 그 어떤 형태의 차별에도 무관용 원칙을 보인다. 제1조에는 "이 법의 목표는 인종 또는 민족적 출신, 성별, 종교 또는 세계관, 장애, 나이 또는 성적 정체성을 이유로 한 불이익을 방지하거나 제거하는 것"이라고 명시되어 있는데, 이처럼 일반적 평등대우법에는 기본권 제3조에 언급된 평등 원칙을 반영해 이를 목표로 설정하고, 독일 사회 내 실생활에서 발생할 수 있는 다양한 형태의 차별을 예방하고 피해자를 보호하고자 규정을 세분화하고 있다. 이러한 법적 조치는 독일 사회 전반에 걸쳐 차별에 대한 인식을 높이는 데 기여했고 이는 다양한 사회운동으로 확산되었다.

그러나 법체계는 외부 세계를 그대로 반영하려는 것이 아니라, 자체적인 이론과 개념을 형성하며 독립적으로 작동하는 구조로 이루어졌다. 그래서 법제화만으로 차별을 근절하는 데에는 한계가 있다. 다만 법적 규범은 사회적 기대를 공식화하고 이를 공론장에서 논의할 수 있는 틀을 제공하고 장기적으로 사회적 변화를 촉진하는 역할을 한다는 점에서 의미가 있다. 이러한 점에서 평등 원칙의 제도화는 실질적 평등으로 나아가기 위한 필수적 전제 조건이라고 할 수 있다. 이렇게 구축된 공론의 장에서 독일축구연맹은 평등 원칙을 기반으로 연맹 차원의 규정을 마련하고, 구체적인 실천 방안을 통해 현실에 적용하려는 노력을 기울이고 있다. 다음 장에서는 독일축구연맹이 법적 평등 원칙을 어떻게 구체화하고 있으며, 이를 연맹의 규정과 반차별 정책 속에서 어떻게 실천하고 있는지를 살펴보고자 한다.

2. 법제화에서 실질적 평등으로: 독일축구연맹과 지역 협회의 역할

법체계는 사회적 기대를 공식화하고 공론화하는 기능을 가지지만, 법 자체만으로 사회 변화를 즉각적으로 끌어내지는 못한다. 따라서 법이 효과적으로 작동하기 위해서는 이를 뒷받침하는 사회적 실천이 필요하며, 연맹 차원의 규정과 정책이 바로 이러한 역할을 이어간다. 독일축구연맹은 기본법과 일반적 평등대우법의 원칙을 반영하여 차별 금지 조항을 규정에 반영하고, 이를 실행하기 위한 제도적 장치를 마련하고 있다. 이는 단순히 '형식적 평등'을 선언하는 것이 아니라, 구체적인 규정을 통해 차별 행위에 대한 제재를 부과하고, 사회적 공론화를 촉진함으로써 '실질적 평등' 실현의 당위성을 강조하는, 실질적 평등을 위한 필수적인 과정이라 볼 수 있다.

일반적 평등대우법과 함께 차별 금지 움직임은 독일 축구 경기장에서도 시작되었다. 당시 독일의 분데스리가(Bundesliga)에서는 외국인 선수의 인원을 제한하고 있었지만 2006/2007 시즌부터 이러한 제한을 철폐함으로써 각 구단은 외국인 선수를 자유롭게 영입하게 되었다. 분데스리가의 외국인 선수 제한 철폐와 홈그로운 선수 육성 정책은 스포츠 체계가 법적 규범과 상호 작용하며 자율적으로 조정되는 과정으로 볼 수 있다. 이는 단순한 규정 변화가 아니라 형식적 평등(법적 제한 철폐)과 실질적 평등(외국인 선수 제한 철폐)이 결합된 사례로서 스포츠 체계가 사회적 가치와 기대 속에서 재구성되는 것이다.

더 나아가 독일축구연맹에서는 독일 사회 내의 평등, 그리고 차별을 반대하는 움직임에 발맞춰 '회칙'과 '법률 및 절차 규정'에 차별 문제를 근절하기 위한 조항을 두고 있다. 회칙의 제4조에는 협회의 목적과 임무를 명시하고 있는데, 여기에는 독일축구연맹이 축구를 단순한 스포츠를 넘어, 사회적 가치를 전달하는 중요한 매개체로 보고 있다는 것이 드러난다. 독일축구연맹은 축구를 통해 통합과 다양성을 증진하고, 누구도 사회적 · 민족적 출신, 인종, 신앙, 나이, 성별, 성적 정체성, 장애 등을 이유로 차별받지 않아야 한다는 원칙을 명시해 두고 있다. 축구가 경기장에서의 경쟁을 넘어, 포용과 평등의 가치를 자연스럽게 전하는 장으로서의 역할을 수행할 수 있음을 기대하고 있는 것이라 볼 수 있다.

눈여겨보아야 할 점은 이와 같은 차별 금지 조항이 회칙에 지나지 않는 것이 아니라 '법률 및 절차 규정'에도 언급되어 차별 금지가 단순한 선언에 그치지 않고, 실제로 집행되어 효력을 발휘하도록 보장하고 있다는 점이다. 독일축구연맹은 차별 행위의 예방과 근절을 목표로, 승점 감점, 하위 리그 강등, 무관중 경기 등 강력한 제재를 명시하고 집행함으로써 규정의 신뢰도를 높이고 억제력을 강화하고 있다. 또한 차별 행위에 대한 책임을 개인뿐만 아니라 구단과 법인에도 부여하며, 팬들의 행동에 대해 구단이 책임을 지도록 함으로써 구단이 차별 문제에 적극적으로 개입하고, 예방 조치를 마련하도록 유도하고 있다. 구단이 책임을 지지 않으면, 차별 행위가 사회 문제가 아닌 개인적 문제로 간주되어 결국 구조적인 문제를 해결하지 못하게 될 가능성이 있기 때문이다. 그래서 구단은 형식적 규정에서 벗어나 실효성 있는, 문제의 근본적인 원인을 다루는 방법으로 책임을 지게 된다. 독일축구연맹은 이와 같은 규정을 통해 모든 구성원이 존중받는 체계를 구축하는 데에 기여한다.

회칙과 규정 및 윤리강령에 명시된 차별금지 조항은 연맹이 스포츠 체계에 사회적 가치와 기대를 반영하며 형식적 평등을 실질적 평등으로 이어가고자 하는 시도 중 하나로 볼 수 있다. 즉, 연맹의 회칙은 법적 규범을 축구에 흡수한 체계변화의 산물이라 볼 수 있다. 축구를 중심으로 형성된 평등 체계는 고정된 구조가 아니라, 경기장 내외의 다양한 행위자(구단, 선수, 팬, 미디어 등)가 상호작용하며 의미를 형성하는 공간이다. 따라서 연맹의 차별금지 회칙과 윤리강령은 단순한 법적 조항이 아니라, 이와 같은 다층적인 상호작용 속에서 규범적 의미를 갖게 된다. 특히 회칙이 단순한 선언적 의미를 넘어서 법률 및 절차 규정과 연결됨으로써, 축구를 통해 실질적 평등이 실현될 수 있는 환경을 만든다.

지역 축구협회들도 평등 원칙에 따라 차별의 범주를 명시하지만 독일축구연맹의 지침을 그대로 따르지는 않으며 자체적인 차별 금지 규정을 마련하고 있다. 또한 각 구단을 관리하는 지역 축구협회 역시 차별 금지 원칙을 강화하고 있으며, 이를 통해 차별 금지 정책이 적용될 수 있도록 하고 있다. 구단을 관리하는 지역 축구협회도 독일축구연맹의 기준을 반영해 차별을 명시하고 있다. 다만 각 지역 구단의 규정이 연맹의 규정과 일치하지 않는 것이 특징적이다. 각 구단은 연맹이 제시한 차별 금지 규정을 준수하려 노력하고 있으나, 자율성과 지역적 특성에 따라 규정의 세부 내용과 적용 범위에서 차이를 보인다.

독일축구연맹뿐만 아니라 지역별 축구협회는 각기 다른 방식으로 적극적인 노력을 기울이고 있다. 연맹과 지역 협회는 차별에 따라 최소 5주의 출전정지 기간과 벌금, 경기장 출입 금지의 징계를 두고 있다. 지역 축구 구단의 차별 적용 범위와 징계 규정이 독일축구연맹의 공식 규정을 반영하고 있지만 일치하지 않는 경우가 많다. 이는 스포츠 체계가 단일한 규칙으로 완전히 통합된 구조가 아니라 지역 또는 구단별로 차별금지 원칙을 해석하고 적용하는 방식이 다르게 나타날 수 있음을 보여준다. 즉, 각 구단은 연맹의 차별금지 원칙을 준수하려 노력하면서도, 각자의 철학과 운영 방침에 따라 자체적인 반차별 정책을 수립하고 있다.

앞서 언급한 바와 같이 법은 후속 조치일 뿐 평등을 위한 실질적인 변화를 이끌어내기 어렵다. 하지만 사회적 가치를 공식화하는 기능을 수행한다는 점에서 큰 의미를 지니며 독일축구연맹과 지역별 축구협회는 평등 가치가 훼손되지 않도록 그 가치를 회칙에 반영한다. 이것은 독일 사회에 공유되는 평등 가치가 독일스포츠연맹과 협회의 동의에 따라 체계에 수용되었다는 것을 의미하며, 이는 단순한 선언적 규정이 아니라 평등 가치를 실천으로 연결해 방향성을 제시하는 것이라 할 수 있다. 즉, 법적 규범이 스포츠 체계 내에서 형식적으로 존재하는 것에 머물지 않고 연맹과 협회의 규정으로 수용됨으로써 구단과 선수, 팬들의 실천으로 이어질 수 있도록 기반을 마련하는 것이다. 결국, 이러한 과정은 평등 가치가 축구를 매개로 사회적으로 내면화되고, 이를 기반으로 변화가 이루어지도록 하는, 평등 가치가 순환할 수 있는 체계를 형성한다.

3. 실질적 평등을 향하여: 구단과 연맹의 평등가치 확산

독일축구연맹, 지역 축구협회 그리고 각 구단의 반차별 정책은 단순한 규정 제정을 넘어 교육 프로그램, 캠페인 그리고 선수와 팬의 인식 개선 활동 등 '실천적 차원'으로 이어진다. 이는 평등이 형식적 수준에 그치지 않고 실질적 평등을 이루기 위한 기반을 마련하는 과정이다. 이 과정에서 연맹의 규정은 구단과 팬 커뮤니티에 의해 수용 · 재해석 · 조정되며 다양한 실천적 노력으로 구체화된다. 이러한 단계적 과정을 통해 축구계 전반에 다양성과 포용성이 체계적으로 정착되고, 차별 없는 환경을 바라는 사회적 여론이 구체적 움직임으로 발전한다.

한편 지역 협회가 연맹의 규정을 그대로 반영하지 않았다고 해서 차별 대응이 미흡하다고 단정할 수는 없다. 일부 연맹의 규정에서 장애나 만성 질환에 대한 차별 금지 조항이 명시되지 않았더라도 이는 차별을 허용한다는 의미가 아니며, 평등에 관한 인식이 이미 구성원들 사이에서 정착된 현실을 반영하는 것이기도 하다. 예컨대 함부르크 축구협회(Hamburger Fußball-Verband)는 독일축구연맹의 회칙을 동일하게 반영하지 않는다. 그러나 함부르크 축구협회에 속한 FC 장크트 파울리(FC St. Pauli)는 자체적으로 평등과 반차별을 중요시하는 정책과 문화를 발전시켜 온 것으로 유명하다. FC 장크트 파울리는 공식 홈페이지의 지침에 차별과 장벽 없는 포괄적이고 다양성 있는 사회를 만들기 위해 연대와 사회 정의를 추구하고 이를 행동으로 실천으로 옮기고 있다는 점을 강조하고 있는데, 실제로 구단은 자체적으로 반인종주의, 반파시즘 등 자체적으로 차별을 금지하는 강력한 반차별 문화를 구축해 왔다. 예컨대 FC 장크트 파울리의 비공식 상징인 해골 문양과 무지개 깃발은 사회적 연대와 저항 정신을 상징한다.

무지개 깃발과 FC 장크트 파울리의 해골 문양, 프라이부르크 베어트만거리 3

해골은 권위와 기득권에 맞서는 반체제적 태도를, 무지개 깃발은 성소수자

(LGBTQ+) 포용과 다양성 존중의 가치를 나타내는데, 구단은 다음과 같이 반파시즘, 반 성차별, 반 인종차별이라는 사회적 메시지를 축구를 통해 전달하고자 한다.

더 나아가 2024년 11월, FC 장크트 파울리는 일론 머스크가 트위터를 인수한 이후 플랫폼에 인종차별과 성소수자에 관한 혐오 표현이 증가했다는 통계를 토대로 X(구 트위터)에서의 활동을 중단하기로 결정했다. 이는 X가 혐오의 확산에 기여하고, 이러한 환경이 독일의 정치적 담론, 특히 연방 선거에 부정적인 영향을 미칠 수 있다는 우려에 따른 결정이다. FC 장크트 파울리의 결정은 스포츠 체계가 단순히 내부 규칙과 경기 운영에 의해 작동하는 것이 아니라, 외부 사회적 환경과 지속적으로 상호작용하며 변화하는 사회적 기능 체계임을 보여준다. FC 장크트 파울리가 X에서의 활동을 중단한 것은, 단순한 경기장 내 반차별 조치가 아니라 디지털 공간에서의 혐오 표현 증가와 같은 사회적 문제에 대응하는 방식으로 볼 수 있다. 이러한 조치는 스포츠 체계가 외부 사회의 가치를 반영하고 수용하는 동시에, 이를 내부적으로 해석하고 실천하는 과정을 거쳐 독자적인 규범을 형성해 영향을 주고받을 수 있다는 점을 시사한다. 더 나아가 이러한 실천은 단순히 법적 규정을 준수하는 차원을 넘어, 스포츠 체계 내부에서 차별에 대한 인식을 강화하는 과정으로 볼 수 있다. 즉, FC 장크트 파울리는 참여를 통해 형식적 평등이 실질적 평등으로 나아갈 수 있도록 하는 기반을 마련하는 역할을 한다.

'보루시아 도르트문트(Borussia Dortmund)'도 공식적으로 인종차별에 맞서고 있으며 다양성을 존중하고 평등의 가치를 실현하는 팬 문화를 만들어가고 있다. 구단은 반유대주의, 인종차별, 동성애 혐오, 성차별과 같은 모든 형태의 차별에 저항한다는 홈페이지에 명시하고 있다.

보루시아 도르트문트는 특히 모든 형태의 차별에 반대할 뿐만 아니라 참여와 실천을 촉구하고 있다. 2020년, 구단은 나치 집권 당시 유대인 학살이 이루어진 아우슈비츠(Auschwitz)를 방문했으며 수년간 구단의 모든 구성원(팬, 직원, 파트너, 후원자)과 함께 교육, 여행 워크숍과 같은 다양한 프로그램을 통해 인종차별을 근절하고자 노력하고 있다. 이와 같은 역사적 교육 프로그램은 단순히 과거를 기억하는 행위가 아니라 스포츠 체계 내에서 반차별적 가치를 내면화하고 가치를 지속적으로 재구성하는 실천적 노력의 일환이라 할 수 있다.

FC 보루시아 도르트문트의 반 차별 캠페인 컵코스터

한편 구단은 '인종차별자들을 위한 맥주는 없다(Kein Bier für Rassisten)'라는 구호가 새겨진 맥주 코스터를 제작해 도르트문트 내의 맥주집, 바, 레스토랑에 배포했다.

도르트문트의 '인종차별자들을 위한 맥주는 없다' 캠페인은 일상적인 맥주 코스터를 통해 반 인종차별 메시지를 전달하며 사회적 공감대와 책임감을 형성하려는 시도로 볼 수 있다. 축구를 넘어 지역사회 전반에 다양성과 포용의 가치를 자연스럽게 확산하고 시민들이 일상 속에서 이 메시지에 공감하며 스스로 사회적 책임을 인식하도록 유도하는 것이다. 이를 통해 개인의 인식이 공동체적 연대로 이어지고 스포츠가 사회적 변화를 이끄는 플랫폼으로 기능할 수 있음을 보여준다. 이와 같은 움직임은 스포츠 체계가 외부 환경의 변화를 반영하는 동시에 내부적으로 이를 조정하고 실천하는 공간이라는 점을 확인시켜 준다. 도르트문트는 스포츠 체계가 단순히 경기 규칙과 운영을 따르는 고정된 구조가 아니라, 사회적 가치와 기대가 지속적으로 조정되고 반영되는 외부 사회와 긴밀하게 연결된 유동적인 체계임을 시사한다.

FC 장크트 파울리와 보루시아 도르트문트는 단순히 연맹과 협회의 규정을 따르는 것이 아니라 각자의 방식으로 반차별과 포용의 가치를 실천하고 있다. 이는 개별 구단의 자율적 해석과 실천을 통해 스포츠 체계에 사회적 의미가 자리 잡는 점을 보여준다. 그리고 법적 평등이 실질적 평등으로 전환될 수 있도록 이러한 규범은 단순한 선언에 그치지 않으며 구단의 운영 철학과 지역사회와의 협력을 통해 구체적으로 정착된다. 이를 통해 독일 축구의 체계는 단순히 법과 제도를 반영하는 수동적인 구조가 아닌, 구성원들이 직접 참여하고 실천하는 역동적인 공간으로 작동하게 된다.

구단의 움직임을 촉구하는데 독일축구연맹의 제도적 바탕이 기반을 마련했다면, 실천적 노력 또한 뒷받침되고 있다. 독일축구연맹은 축구를 통해 반차별, 인권 보호, 민주주의 가치, 평등 증진을 실천하는 개인 또는 단체에게 1943년 아우슈비츠 수용소에서 학살당한 독일의 전 국가대표선수 율리우스 히르쉬(Julius Hirsch)의 이름을 딴 율리우스 히르쉬 상(Julius Hirsch Preis)을 수여한다. 연맹은 이와 같은 방법으로 아우슈비츠 학살 피해자를 기리며 차별에 대한 경각심을 촉구하고 있다. 또한 매년 1월 27일 전후로 진행되는 연맹의 '!절대 다시는(!Nie Wieder)'행사를 통해 1945년 겨울 아우슈비츠 강제수용소 해방을 기념하고, 반유대주의와 모든 형태의 차별에 맞서기 위한 사회적 실천을 촉구한다. 이 캠페인은 축구 클럽, 팬 단체, 연구자, 홀로코스트 생존자, 유대인 구단 등 다양한 단체와 개인들이 협력하여 진행되며 매년 특정 사회적 그룹을 주제로 선정해 역사적 맥락과 현대 독일 사회에서의 현상을 조명하며 과거와 현재를 연결하는 방식으로 평등 가치를 이어가고 있다.

더 나아가 독일축구연맹은 다양성과 포용성을 증진하기 위한 다섯 가지 실천 영역을 설정하고, 단순한 규정 마련을 넘어 실질적인 변화로 이어지도록 노력하고 있다. 먼저, 조직 구조를 다양성에 맞춰 조정하고 발전시키고, 모두가 축구 활동과 자원봉사에 참여할 수 있도록 지원한다. 또한 정보 제공 및 교육을 통해 인식을 개선하고, 다양한 기관과의 네트워크를 구축하여 지속적인 협력을 강화한다. 마지막으로, 예방, 조기 발견, 개입이라는 반차별 전략을 통해 차별과 배제를 적극적으로 방지하고 개입한다. 이는 연맹이 단순히 규정집을 발행하는 데 그치는 것이 아니라, 정책 실행과 사회적 실천을 통해 평등과 포용을 확산하는 데 적극적으로 개입하고 있음을 보여준다.

이처럼 독일축구연맹의 다각적인 접근 방식은 단순한 법적 규정이 아니라 지속적인 사회적 개입과 협력을 통해 실질적 평등 체계를 구축하는 방향으로 나아가고 있다. 개별 구단과 팬 커뮤니티의 실천이 중요한 역할을 하듯이 연맹의 제도적 노력은 이러한 흐름을 구조적으로 뒷받침하며, 축구가 차별을 극복하고 평등 가치를 확산하는 중요한 역할을 수행하도록 한다.

특히 차별 방지를 위한 캠페인과 교육활동을 통해 구성원들과 평등 가치를 공유하는 것은 상당한 의미를 지닌다. 왜냐하면 '가치'는 사회적 커뮤니케이션을 통해 공유되고 실천되면서 체계의 변화를 일으키는 원동력으로 기능하기 때문이다. 그래서 교육과 캠페인은 구성원들이 평등 가치를 자연스럽게 받아들이게 하는 구조적 환경을 조성하며, 이는 다시금 평등을 실천하기 위한 원동력을 마련하는 '순환적 구조'를 형성하는 것이라 볼 수 있다. 이러한 반복적이고 상호적 실천을 통해 평등 가치는 독일축구연맹, 지역 협회, 구단 내에서 하나의 고정된 규범으로 그치지 않고 지속적으로 조정되고 재생산되며 작동하는 체계를 형성한다.

Ⅳ. 독일 축구의 지속 가능한 평등 체계

축구는 서로 다른 사회적 배경을 지닌 사람을 결집시키며, 이들은 서로 다른 이해관계 속에서 담론을 형성한다. 때로는 연대가 강화되기도 하지만 반대로 차별을 야기하기도 한다. 축구가 사회의 변화와 긴장을 확대해 드러내기 때문에 축구는 사회의 거울이 아닌 '돋보기'로 이해되기도 한다. 그러므로 축구는 단순히 스포츠를 넘어, 사회의 문제를 더욱 선명히 드러내고 연대 강화를 통해 차별 문제를 해결할 수 있는 플랫폼으로 작용할 잠재력을 가지고 있다.

오늘날 독일 사회는 나치 시대에 자행된 '차별의 역사'를 반성하고 극복의 일환으로 평등 가치를 확산함으로써 지켜 나가고자 한다. 독일 축구계에서도 이러한 사회적 움직임을 반영하는 것을 넘어 실천의 영역으로 확대해 나가고 있다. 일반적 평등대우법에 발맞춰 독일축구연맹의 규정은 평등을 위한 기반을 제공하지만 이를 실질적으로 작동하게 하는 것은 구단과 팬 커뮤니티의 적극적인 실천이다. 즉, 독일의 법과 제도가 차별을 규제하고 평등을 위한 공론의 장을 마련한다면 구단과 팬들은 이를 실천하며 평등 가치를 재확산하는 역할을 맡는다. 이렇게 전파된 평등 가치는 다시금 평등을 위한 변화의 원동력으로 작용하며 다시금 사회의 변화를 꾀한다. 이렇게 독일 축구는 평등의 가치를 순환시키고 소통하게 함으로써 사회의 변화를 이루어내고 있다. 정리하자면 독일 축구의 평등 체계는 법과 정책을 기계적으로 따르는 구조가 아니라, 지속적인 의미 조정과 실천을 통해 형성되는 '동적인 체계'이다. 이러한 점에서 독일 축구의 평등 체계는 '형성'되고 '순환'되며, 끊이지 않는 차별 문제를 점진적으로 해결해 나가게끔 하는 '성장하는' 체계로 볼 수 있다.

독일의 사례는 한국 축구 역시 법과 제도적 규범의 정착뿐만 아니라, 구단과 팬 커뮤니티의 적극적인 실천을 통해 평등 가치를 확산하는 방식이 필요하다는 시사점을 제공한다. 대한민국은 아직까지 독일과 같은 이민자 문제를 겪지 않았지만, 저출산으로 이민자를 적극적으로 수용해야 하는 상황이다. 그러므로 한국 사회에서도 스포츠가 단순한 경기의 장을 넘어, 다양성과 포용의 가치를 담아내는 사회적 플랫폼으로서 미래 세대가 공존의 힘을 체감하고, 평등의 가치를 일상에서 실현해 나갈 수 있도록 다차원적 노력을 기울이며 소통과 사회적 연대를 강화해야 한다.

축구는 단순한 스포츠를 넘어 사회적 가치를 전달하는 힘을 지니고 있다. 다문화 사회로 나아가는 길목에서 한국 축구가 이 힘을 어떻게 활용할지는 우리 사회의 과제가 될 것이다.

참고문헌

강채희, "20세기 독일어권 문학에 나타난 스포츠 비판," 박사학위논문, 한국외국어대학교 (2023).

김경원, "스포츠체계의 효율성 제고에 관한 연구: 체계이론의 관점에서 한국과 독일의 스포츠체계," 『체육과학연구』, Vol. 16, No. 1 (2005), pp. 114-129.

니클라스 루만/윤재왕 역, 『사회의 체계이론』 (서울: 새물결, 2022).

독일 연방 법무부 공식 웹사이트, "독일 기본법 Grundgesetz für die Bundesrepublik Deutschland,"

https://www.gesetze-im-internet.de/gg/ (검색일: 2024.12.16.).

독일 연방 법무부 공식 웹사이트, "일반적 평등대우법 Allgemeines Gleichbehandlungsgesetz,"

https://www.gesetze-im-internet.de/agg/ (검색일: 2024.12.16.).

독일 연방통계청 Destatis "Statistischer Bericht - Einbürgerungen - 2023,"

https://www.destatis.de/DE/Themen/Gesellschaft-Umwelt/Bevoelkerung/Migration-Integration/_inhalt.html#sprg228898 (검색일: 2024.12.24.).

송형석, "니클라스 루만의 소통이론으로 본 자기생산체계로서 스포츠의 고유성," 『움직임의 철학 : 한국체육철학회지』 Vol. 29. No. 1 (2021), pp. 7-19.

송형석, 오창우,. "니클라스 루만의 분화이론으로 본 사회의 기능체계로서 스포츠," 『움직임의 철학: 한국체육철학회지』 Vol. 26. No. 4 (2018), pp. 7-19. 10.31694/PM.2018.12.26.4.001

엘리아스 카네티/강두식, 박병덕 역, 『군중과 권력』 (서울: 바다출판사, 2012).

이주화, "사회의 진화과정으로 본 스포츠 의미론의 변화: 니클라스 루만의 사회적 체계이론을 중심으로," 『움직임의 철학: 한국체육철학회지』, Vol. 31, No. 1 (2023), pp. 17-26.

이창규, "유럽 축구리그에서의 인종차별을 향한 대응 - K리그1에서의 시사," 『인권법평론』, Vol. 23 (2019), pp. 179-214.

정희준, "트위터, 머스크 인수 후 인종차별·성소수자 혐오 표현 급증," 뉴시스, 2022.12.05.

https://www.newsis.com/view/NISX20221205_0002111521 (검색일: 2024.12.23.).
차진아, "독일의 차별금지법 체계와 일반적 평등대우법의 역할," 『공법연구』, Vol. 40, No. 1 (2011), pp. 327-356.
칼 하인리히 베테/송형석, 이철 역, 『사회의 스포츠: 니클라스 루만의 체계이론에 기초한 연구들』 (서울: 이론출판사).
프리미어리그, "Premier League No Room For Racism Action Plan Commitments,"Premier League, 2021.3.31.
https://www.premierleague.com/news/2021251.
하코아 비엔나 스포츠구단 공식 홈페이지, "The history of the Viennese HAKOAH,"
https://www.hakoah.at/en/geschichte (검색일: 2024.12.15.).
황수옥, "독일 일반평등대우법상 고용에서의 간접차별과 시사점," 『산업관계연구』, Vol. 26, No. 4 (2016), pp. 31-56.
Borussia Dortmund 공식 홈페이지, "BVB-Delegation bei Gedenkfeier in Auschwitz," 2020.01.27.
https://verantwortung.bvb.de/2023/bvb-delegation-bei-gedenkfeier-in-auschwitz/ (검색일: 2024.12.24.).
Borussia Dortmund 공식 홈페이지, "Konkret werden! Borussia verbindet. Gemeinsam gegen Rassismus,"
https://verantwortung.bvb.de/2023/borussia-verbindet-gemeinsam-gegen-rassismus/ (검색일: 2024.12.24.).
Brunssen, Pavel, Müller, Lasse, "Ziemlich unsportlich: Antisemitismus, Intersektionalität und Mehrfachdiskriminierungen im Sport," in Antisemitismus in der postnazistischen Migrationsgesellschaft, (Berlin: Verlag Barbara Budrich, 2023), pp. 147-162.
Brunssen, Pavel, Antisemitismus in Fußball-Fankulturen. Der Fall RB Leipzig (Weinheim: Beltz Juventa, 2021).
Caselli, Mauro, Falco, Paolo, Mattera, Gianpiero, "When the Stadium Goes Silent: How Crowds Affect the Performance of Discriminated Groups," Journal of Labor Economics, Vol. 41, No. 2 (2023), pp. 431-451.
Deutscher Fußball-Bund (DFB), "Fußball ist ein riesiger Integrationsmotor," DFB News, 2024.02.29.
https://www.dfb.de/news/detail/fussball-ist-ein-riesiger-integrationsmotor-259226 (검

색일: 2024.02.01.).
Deutscher Fußball-Bund (DFB), Fußball für alle: Gemeinsam für Teilhabe, Zugehörigkeit und Vielfalt in der Migrationsgesellschaft. Überarbeitetes Integrationskonzept, 2019.
https://assets.dfb.de/uploads/000/310/009/original_2019_Vielfaltskonzept_-Fu%C3%9Fball_f%C3%BCr_alle_(%C3%BCberarbeitetes_Integrationskonzept).pdf?1726232720 (검색일: 2025.02.01).
Deutscher Fußball-Bund (DFB), "Fußball ist für alle da.," ,
https://www.dfb.de/nachhaltigkeit/gemeinschaft (검색일: 2024.02.01.).
Eva Lodde, "Der Wahnsinn liegt auf dem Platz," Der Spiegel, 2006.03.31.
https://www.spiegel.de/politik/deutschland/rassismus-der-wahnsinn-liegt-auf-dem-platz-a-408914.html (검색일: 2024.12.16.).
FC St. Pauli 공식 홈페이지, "Der FC St. Pauli verlässt X," 2024.01.14.
https://www.fcstpauli.com/news/der-fc-st-pauli-verlasst-x/ (검색일: 2024.12.13.).
FC St. Pauli 공식 홈페이지, "Die Leitlinien des FC St. Pauli," 2024.11.
https://www.fcstpauli.com/verein/leitlinien/ (검색일: 2024.12.23.).
Luhmann, Niklas, Das Recht der Gesellschaft (Frankfurt am Main: Suhrkamp, 1995).
Nielsen, "월드 풋볼 리포트 2018," 06.2018.
https://www.nielsen.com/de/insights/2018/world-football-report/ (검색일: 2024.12.24.).
Premier League, "Premier League No Room For Racism Action Plan Commitments," 31.03.2021.
https://www.premierleague.com/news/2021251 (검색일: 2024.12.24.).
Sportschau, "Umfrage zu Rassismus - jeder Fünfte will mehr 'weiße' Nationalspieler," Sportschau, 2024.06.01.
https://www.sportschau.de/investigativ/umfrage-zu-rassismus-jeder-fuenfte-will-mehr-weisse-nationalspieler,umfrage-doku-em-100.html (검색일: 2024.12.24.).
Vester, T., & Reif, S., "Die Diskriminierungstatbestände der deutschen Fußball-Landesverbände," SpuRt - Zeitschrift für Sport und Recht, Vol. 5 (2022), pp. 306-314.
Wikipedia, "SC Hakoah Berlin,"
https://en.wikipedia.org/wiki/SC_Hakoah_Berlin (검색일: 2024.12.14.).

본문에 사용된 사진 및 자료 출처

p.127 다큐멘터리 영화 〈올림피아〉 포스터Olympia-film 1936-1938, Leni Riefenstahl / Tobis, Wikimedia Commons(퍼블릭 도메인)., https://commons.wikimedia.org/wiki/File:Olympia-film_1936-1938_leni_riefenstahl_tobis.jpg

p.127 1934년 Triumph des Willens(의지의 승리) 영화 포스터 제작: L. R. Studio-Film(베를린, 독일) LR은 Leni Riefenstahl의 이니셜을 의미함. 퍼블릭 도메인(Public Domain), Wikimedia Commons., https://commons.wikimedia.org/wiki/File:Triumph_des_willens_1934.jpg

p.128 Leni Riefenstahl, 1940, Wikimedia Commons(퍼블릭 도메인)., https://commons.wikimedia.org/wiki/File:Leni_Riefenstahl,_1940.jpg

p.129 중앙 시오니스트 아카이브 (The Central Zionist Archives), Wikimedia Commons., 퍼블릭 도메인. https://commons.wikimedia.org/wiki/File:%D7%90%D7%92%D7%95%D7%93%D7%AA_%D7%91%D7%A8-_%D7%9B%D7%95%D7%9B%D7%91%D7%90_%D7%91%D7%91%D7%A8%D7%9C%D7%99%D7%9F_%D7%91%D7%99%D7%9F_%D7%94%D7%A9%D7%90%D7%A8-_%D7%99%D7%95%D7%A1%D7%A3_%D7%A2%D7%9C%D7%A2%D7%95%D7%95_%D7%9E%D7%A9%D7%94_%D7%92%D7%9C%D7%99%D7%A7%D7%99%D7%9F_%D7%95%D7%9E%D7%A0%D7%97%D7%9D_%D7%95%D7%99%D7%99%D7%A0%D7%A8_(_1902)-PHG-1019434.png

p.130 Heinrich Kämpchen, CC BY-SA 4.0, via Wikimedia Commons., https://commons.wikimedia.org/wiki/File:2409-02-021_-_Freilichtmuseum_Hagen_Kein_Platz_f%C3%BCr_Rassismus.jpg

p.132 ©Granada 사진: 메수트 외질, 2018년 FIFA 친선 경기(오스트리아 vs. 독일) 중 Steindy, CC BY-SA 4.0, via Wikimedia Commons., https://commons.wikimedia.org/wiki/File:20180602_FIFA_Friendly_Match_Austria_vs._Germany_Mesut_%C3%96zil_850_1040.jpg

p.141 ©Andreas Schwarzkopf, Wikimedia Commons (CC BY-SA 4.0)., https://commons.wikimedia.org/wiki/File:Regenbogenflagge_mit_Totenkopf_des_FC_St._Pauli_in_der_Freiburger_Werthmannstra%C3%9Fe_3.jpg

1930년대 월드컵 우승에 나타난 비토리오 포초의 메토도 전술과 파시스트의 전략적 활용

구지훈(국립창원대학교)

세계 축구계는 무솔리니와 파시스트가 통치하는 이탈리아가 연이어 월드컵을 비롯해 최고의 국제대회를 모두 제패하면서 최강의 모습을 보여주고 있었다. 특히 자국에서 열린 1934년 월드컵에서 이탈리아는 치열한 승부 끝에 우승을 거두었는데 여기에는 대표팀을 이끌었던 비토리오 포초의 새로운 메토도 전술이 크게 기여했다. 포초는 일찍부터 현대 축구를 만들었다고 하는 영국 축구를 파훼하기 위한 전술로서 메토도를 개발했고 그의 전술은 당시 영국의 축구전술과 거의 모든 면에서 상대적인 면모를 띄었다. 이러한 포초의 메토도 전술은 월드컵 축구대회를 자국의 정치적 당위성과 정권의 선전으로 활용하고자 하는 이탈리아의 파시스트 정권과 대단히 긴밀하게 연결되어 있었다. 메토도 자체가 갖는 포메이션의 배치 및 전술적 움직임의 기저에는 파시스트가 추구하고자 하는 당시 이탈리아의 새로운 방향성이 모두 가미되어 있었고 심지어 선수단의 심리적인 요소에도 포초와 파시스트는 영향을 주었다.

I. 들어가며

축구는 전 세계 사람들을 매혹시키는 최고의 스포츠이다. 인간이 가장 익숙하게 사용할 수 있는 손이 아니라 발을 이용해 상대방 골문에다 볼을 차 넣으면 점수를 준다는, 어찌보면 대단히 간단한 승부 방법이지만 이 단순한 방법이야말로 축구가 거의 인류 역사와 비슷한 시간 동안 인류가 즐긴 최고의 유흥으로 자리 잡게 해 준 가장 큰 매력일지도 모른다. 월드컵 대회를 비롯한 UEFA 챔피언스리그, 유로 대회, 코파 아메리카 등 전 세계에서 동시다발적으로 벌어지고 있는 메이저 축구대회는 정기적으로 전 세계 축구 팬들을 환호하게 만든다. 사람들은 자신이 응원하는 축구팀, 혹은 국가대표팀을 자신, 혹은 자신의 도시와 동일시하고 우리 팀이 상대 팀보다 우월하기를, 언제나 승리하기를 바란다. 이러한 속성으로 인해 이미 축구는 단순히 유흥이 아니라 대단히 정치적인 스포츠로 일찍부터 자리 잡았고, 이러한 축구와 국제대회의 속성을 파악한 정치가들은 섹스(Sex), 영화(Screen)과 함께 스포츠(Sports)를 내세워 정치에 대한 관심을 떨어뜨리는 일종의 우매화 전략의 주요 전략으로 활용해 왔다.

이러한 양상은 축구라고 하는 스포츠가 국제대회에서 자웅을 가리는 초기부터 너무도 강력히 드러났다. 특히 지금까지 월드컵 대회를 총 4회 우승했던 이탈리아의 경우, 1934년과 38년, 제2, 3회 대회를 연달아 제패하며 당대 최강의 국가대표팀임을 만방에 과시한 바 있다. 1930년대에 개최된 2번의 월드컵뿐만 아니라 그사이에 열렸던 올림픽까지도 이탈리아는 최정상의 자리에 올라서면서 지금까지 축구 강국의 이미지를 확실하게 쌓게 되었는데, 흥미로운 것은 국제 축구대회 초창기인 1930년대 이탈리아의 3번의 우승을 모두 한 명의 감독이 이뤄냈다는 점이다. 이 인물은 당시에 유행하던 영국의 축구 전술을 유심히 관찰했지만 거기서 끝나지 않고 영국을 파훼하기 위한 자신만의 전술을 내세워 1930년대를 제패한 것이다. 이 인물이 바로 비토리오 포초(Vittorio Pozzo)이다. 포초는 '메토도(Metodo)'라고 불리는 자신만의 전술을 고안해 내면서 조국 이탈리아의 국민들에게 기쁨과 환호를 안겼다. 특히 이 당시의 이탈리아 국민들은 1929년부터 시작된 세계 대공황, 그리고 아무런 실익 없는 1차대전 승전의 상처뿐인 영광 등으로 인해 분노와 허무감에 사로잡혀 있을 시기였다. 바로 이러한 분위기에서 등장한 이탈리아의 '두체(Duce)', 베니토 무솔리니(Benito Mussolini)와 파시스트(Fascist)들은 스포츠의 정치적 의미를 충분히 인식하고 그것을 최대한으로 활용하고자 했다. 나아가 파시즘의 정당성, 그리고 이탈리아의 위대함을 전 세계에 증명하기 위해 국가의 위신을 걸고 월드컵에 몰두했다. 무솔리니에게는 전 국민을 환호하게 만드는 스포츠를, 위상 있는 국제대회에서 '반드시' 우승할 필요가 있었다. 그런데 그러한 야망을 현실로 옮겨준 인물이 바로 앞서 언급했던 포초인 것이다. 그럼 여기서 자연스레 의문이 들 수 있다. 과연 포초는 어떻게 국제대회 우승을, 그것도 연이어 30년대 내내 거둘 수 있었을까? 그러한 포초의 힘은 무엇일까? 축구감독에게 있어 가장 큰 힘은 바로 자신이 고안해 낸 전술일 것이다. 포초가 고안해 낸 메토도 전술은 과연 어떤 위력이 있었을까 하는 것이 본 논문에서 본격적으로 다루고자 하는 부분이다. 파시스트의 온갖 선전과 정책들은 포초라는 인물 개인, 그리고 자신의 팀과 전술에 분명히 그 영향을 미쳤을 것이라는 가정에서 출발한다. 필자는 우선 생소한 인물인 비토리오 포초가 누구인지, 그리고 그가 고안해 낸 메토도 전술은 대체 어떤 전술인지를 살펴본 후, 그가 대표팀을 운영하는 방식에 깔려있는 심리적 요소, 전술 자체가 갖는 파시스트적 요소가 당시 무솔리니의 스포츠 정책과 밀접하게 연관되어 있다는 것을 밝히는 것으로 서술하고자 한다.

II. 비토리오 포초와 메토도

1. 비토리오 포초

비토리오 포초는 1886년 3월 2일 토리노에서 태어났으며 일찍부터 토리노 곳곳의 공공 정원에서 다양한 스포츠를 즐기며 이를 가까이했다. 토리노에 있던 유벤투스(Juventus FC)의 미드필더였던 조반니 고초네(Giovanni Goccione)와 '어소시에이션 풋볼(association football)'을 접했고, 곧 축구에 빠져들었다. 토리노의 여러 풋볼 클럽에서 활동했으며, 1898년 5월 8일에는 토리노의 '움베르토 1세 벨로드로모(Velodromo Umberto I)'에서 열린 최초의 '이탈리아 풋볼 리그(Campionato Italiano di Football)'의 결승전[1]을 '직관'한 212명의 중 한 명이기도 하다. 이후 포초는 취리히에서 대학을 다니는 동안, 그라스호퍼스 풋볼 클럽(Grasshoppers Football Club)에 있었지만 후보 선수였고 이후 1908년에는 영국으로 건너가 영어를 배웠는데 이때 그는 당시 축구 전술에 대한 지식을 보

1 제노아 크리켓 앤드 풋볼 클럽(Genoa Cricket and Football Club, 현재도 이 팀명은 그대로 유지되어 CFC 제노아라고 불린다)과 FCI 토리노(Football Club Internazionale Torino)가 맞붙었다.

다 깊이 심화할 수 있었던 것 같다. 포초는 귀국 후 토리노 FC에 합류했으며 1911년에는 선수 겸 감독이 되었고, 그해 7월 29일에는 이탈리아 축구 연맹(Federcalcio)의 서기장직을 맡게 되었다. 1912년 여름, 알폰소 페레로 디 벤티밀리아 후작(Marchese Alfonso Ferrero di Ventimiglia)의 초청으로 그는 스톡홀름 올림픽에 참가하는 이탈리아 대표팀의 감독으로 첫 공식 대회 출전[2]을 경험하지만 결과는 두 번의 패배와 한 번의 승리로 끝났다.[3]

1920년대는 포초가 《일 칼초(Il Calcio)》와 《라 스탐파(La Stampa)》 같은 잡지와 신문에서 평론가로 활동하며 이탈리아 축구 연맹(FIGC)의 핵심 인물로 자리 잡는 시기였고 1921년에는 1929년 세리에 A 창설로 이어진 리그 개혁의 주역 중 한 명이었다. 1924년, 포초는 파리 올림픽에서 다시 국가대표팀 감독직을 맡았으나 이탈리아는 8강전에서 탈락했고 이 해에 대표팀을 사임한다. 1929년 가을, 파시즘 체제 하에서 이탈리아 축구연맹인 FIGC의 회장 레안드로 아르피나티(Leandro Arpinati)는 포초를 세 번째로 국가대표팀의 감독이자, 사상 유례없던 단독 감독(Commissario Unico, CU)으로 임명하는데 바로 이 시기가 이탈리아 축구에 있어서 헝가리, 체코, 오스트리아 출신 선수와 감독들의 영향을 받아 전술적으로 크게 발전한 시기라 할 수 있다. 사실 이탈리아의 클럽들은 선수 고용 정책 면에서는 1920년대 내내 세계주의적이어서 앞서 언

---

2 일반적으로 '아주리'라고 불리는 이탈리아 성인 남자축구대표팀의 공식적인 첫 경기는 1910년 5월 15일 일요일에 밀라노의 시립 경기장(Arena Civica di Milano)에서 프랑스를 상대로 치른 경기이다. 이 경기에서 AC밀란 소속의 피에트로 라나(Pietro Lana)는 전반 13분 이탈리아 대표팀의 공식적인 첫 골을 터트린 선수로 기록되었다. 이 경기는 라나가 해트트릭을 기록하였고 포사티(Virgilio Fossati), 리치(Giuseppe Rizzi), 데베르나르디(Enrico Debenardi)가 연달어 득점하면서 이탈리아가 프랑스를 6-2로 격파하였다.

3 포초의 데뷔 경기는 대 핀란드전으로 3-2로 패배하였다.

급한 국가들에서 폭넓게 실력 있는 코치와 선수들을 영입해 온 바 있었다. 그러다 1920년 후반 외국인 선수들의 출전이 금지되자 클럽들은 선수 영입을 위해 아르헨티나, 우루과이, 브라질 같은 남아메리카로 방향을 돌렸던 것이다. 이러한 남미 출신, 특히 아르헨티나 출신 이탈리아계 선수들을 '오리운디(oriundi)'라고 불렀는데 이들 역시도 높은 연봉에 이끌려 이탈리아 클럽에 합류하면서 더욱 강력한 세대가 형성되었다. 1930년부터 1938년까지의 기간 동안, 포초는 '몽수(monsù)'라는 별칭으로 불리며 이탈리아 축구 연맹의 명성을 크게 높였다. 이른바 '황금의 10년(Dieci d'Oro)'이라 불리우는 시기로 이 10년간 포초는 1934년 이탈리아 월드컵, 1938년 프랑스 월드컵을 연이어 제패했으며, 두 번의 우승 사이인 1936년 베를린 올림픽에서도 대학생 선수들로 구성된 팀을 이끌고 금메달을 차지한 것이다. 이와 더불어 1930년과 1935년, 두 차례에 걸쳐 유럽 중앙 국가들이 참가하는 국제컵(Coppa Internazionale)에서도 우승하며 이탈리아 대표팀의 전성기를 구가한다. 포초의 이러한 업적들은 이탈리아 축구를 세계적 수준으로 끌어올리는 데 기여하며, 오늘날에도 축구사에서 중요한 장으로 기록되고 있다. 포초는 1948년 런던 올림픽에서 마지막으로 감독직을 수행했으나 이탈리아는 8강전에서 탈락했고, 이어 10월 사임하면서 화려했던 국가대표팀 감독으로서의 커리어를 마무리하게 되었다.[4]

---

4 그 외에도 포초는 이탈리아 국가대표팀이 남긴 수많은 산 기록의 증인이었다. 이탈리아 국가대표팀 역사상 가장 큰 스코어 차로 승리했던 경기는 1948년 런던 올림픽 중 브렌포드(Brentford)에서 미국을 상대로 9-0의 승리를 거둔 것이며 1936년 베를린 올림픽에서 일본을 상대로도 8-0의 대승을 거둔 바 있다. 후술할 1934년 월드컵에서도 포초는 이미 미국을 상대로 7-1의 대승을 한 번 거둔 적이 있었다. 반면 최다 스코어차 패배 역시 포초가 감독을 맡았던 1924년 4월 6일, 부다페스트에서 헝가리를 상대로 1-7로 패배한 경기이다.

1912년 6월 29일 스톡홀름에서 열린 이탈리아-핀란드 경기부터 1948년 8월 5일 런던에서의 덴마크-이탈리아전[5]에 이르기까지, 포초는 A대표팀 경기 97경기를 감독하며 65승, 17무, 15패, 승률 67.01%의 기록을 남겼다.

2. 메토도(Metodo) 전술의 탄생과 해석

비토리오 포초는 영국식 스포츠맨십과 페어플레이를 존중했음에도, 자신의 팀의 플레이 스타일을 영국 시스템에 대항하는 '메토도(metodo)'라 불리는 모델에 맞추어 조정했다. 후술하겠지만 결과론적으로 포초의 '메토도'는 적어도 '축구적'으로는 철저히 영국 축구를 극복하려는 의지의 표상이었다 할 수 있다. 그는 이 메토도 전술을 통해 축구에서 전술의 운용이 중요하다는 점을 자각시킨 인물이며 메토도 전술 이후로 수많은 축구 명장들이 필드 위의 10명의 제한된 선수들을 어떻게 배분하고 운용할 것인가를 고민하게 되었다. 흔히 축구 전술을 '효율적인 자원 배분'의 경영학적 관점에서 접근하는 방식은 바로 이 메토도의 등장에서부터라 할 수 있다. 그렇다면 월드컵과 올림픽을 연이어 제패하면서 1930년대를 온통 자기의 것으로 만들어버렸던 비토리오 포초는 자신의 이러한 새로운 전술 모델에 어떠한 변화를 주었는가? 이것은 실제로 당시 영국축구의 기본적 전술을 이해한 후, 이에 맞서는 포초의 메토도 전술에 일어난 변화가 무엇인지를 알아야만 포초의 의도를 파악할 수 있다.

원래 '킥 앤드 러시'로 알려져 있던 영국 축구 전술의 기본은 바로 옥스포드

---

5 5-3으로 패배. 이 바로 앞 경기가 이탈리아 축구대표팀 역사상 가장 큰 스코어 차로 승리한 미국전이었다.

와 캠브리지의 대학 간 라이벌전에서 출발한다. 애초에 골을 넣어야 승리한다는 축구의 단순한 룰로 인해 보다 많은 득점을 노리는 공격에 훨씬 더 많은 숫자를 부여했고 그래서 골키퍼를 제외한 10명의 선수들 중 절반인 5명의 자원을 전적으로 공격진에 부여했다. 골키퍼 앞에 있는 수비수는 2명, 그리고 당시에는 '하프백'이라고 불렀던 3명의 선수 – 현대에서는 미드필더라고 부를 수 있는 선수들 – 이 있었지만 이들은 공격의 개념이라기보다는 최후방과 최전방 간의 너무 먼 거리를 커버해 주는 중간층의 개념이었고 실제로 명칭도 '하프백', 즉 수비의 역할을 어느 정도 부여받은 상태에서 공격 작업을 보조하는 선수들이다. 5명에 달하는 공격진에는 양쪽에 윙어, 그리고 센터포워드, 그리고 윙어와 센터포워드 사이에 '인사이드 포워드', 혹은 '인사이드 어태커'라는 개념의 선수들이 자리했다. 이렇게 공격진 5, 하프백 3, 풀백 2, 골키퍼 1의 구도는 뒤집어진 피라미드처럼 보였고 이를 '캠브리지 피라미드'라고 부른다.[6] 캠브리지 피라미드는 영국의 크리켓과 축구를 적극 받아들이던 이탈리아로

---

6 피라미드 전술의 기본형은 이후로도 현대 축구에 이르기까지 축구 전술에서 대단히 중요한 기본 틀이 되었다. 다만 현대 축구에서는 과거만큼 공격진의 비율을 크게 가져가지 않고 기본적으로 가능한 무조건 상대 공격진의 숫자보다 한 명 이상 수비선수를 더 많이 배치하는 성향으로 바뀌고 있다. 메토도와는 별개로 이탈리아 수비축구의 대명사처럼 여겨지는 '카테나치오(Catenaccio)'의 가장 핵심적인 요소인 '리베로' 포지션 역시 '수비진에서 자유로운 포지션'의 선수를 1명 더 배치하여 상대측이 어느 쪽에서 공격을 들어오던지 수비수 숫자에서 수적 우위를 가져가기 위한 해결책이라 할 수 있다. 나아가 지금은 센터백이라고 부르는 중앙 수비수 2명을 보호하기 위한 선수들까지 둘 정도로 수비에 대한 비중이 높아졌다. 이러한 성향으로 인해 캠브리지 포메이션에 비해 현대 축구의 피라미드 전술은 기본적으로 안정적인 수비에 치중하면서 빠른 역습 위주의 성향으로 변하게 되었다. 이러한 2000년대 피라미드 전술의 완성자는 유벤투스, AC밀란, 첼시 등을 거쳐 현재 레알 마드리드의 감독으로 있는 이탈리아 출신의 명장, 카를로 안첼로티로써 그는 AC밀란 감독 시절에 즐겨 사용했던 일명 '크리스마스 트리' 전술을 활용해 이탈리아 세리에 A와 챔피언스 리그를 우승하였다. 실제로 안첼로티는 자신의 전술노트에서 '공격작업은 3-4명이면 충분하다'고 말한 바 있다.

전파되었고 제1회 세리에 리그에서 팀명에 축구와 크리켓 클럽을 표방했던 CFC 제노아(Criket, Football Club Genoa)가 우승하는 데 크게 기여한 전술이 되었다. 제노아가 첫 번째 이탈리아 축구 리그의 우승을 결정짓던 그 경기를 경기장에서 직관했던 포초는 이러한 전술에 흥미를 가졌고 실제로 영국에서 체류하는 동안 영국 축구의 강력함을 체감한 이후, 영국의 '캠브리지 피라미드'를 파훼하는 전술에 크게 흥미를 가진 듯 하다. 그렇게 해서 탄생한 포초의 전술이 바로 이탈리아어로 '방식'을 뜻하는 '메토도'전술이다.

이 전술은 기존에 공격진으로 무게 중심이 대거 쏠려있던 피라미드 전술에서 무게중심을 중앙 미드필더로 옮겨놓은 전술 체계이다. 단 2명의 수비수만 두었던 피라미드 포메이션에서 양쪽 하프백 2명을 보다 아래로 내린다. 이렇게 함으로써 궁극적으로는 2명이서 커버하던 수비진 전체를 4명이서 나눠가짐으로써 책임을 져야 하는 수비의 범위를 분담한다. 단, 그렇게 되면 원래 3명이었던 하프백은 단 1명밖에 되지 않는다. 지금의 현대 축구처럼 미드필드진이 중요했던 시절은 아니지만 그렇다 하더라도 중앙에 1명은 너무 숫자가 적다. 포초는 앞서 언급했던 인사이드 포워드 2명을 보다 아래로 내려 공격과 수비의 양 진영을 연결하는 중요한 역할을 맡김으로써 이러한 문제를 해결하였다. 기존의 피라미드에서 골키퍼부터 차례로 1-10번까지 등번호를 매겼을 때 8번과 10번에 해당했던 인사이드 포워드는 공격진과 중앙 미드필더의 중간에 위치하면서 기존의 영국식 피라미드에서 볼 수 없었던 2/3 지점에 자리하게 되었다. 지금도 이탈리아식 축구용어에서 가장 큰 관심의 대상이자 역대 이탈리아 축구 선수들 중 최고의 스타들에게만 부여했던 '트레콰르티스타', 즉 2/3 지점 플레이어의 개념 또한 바로 이 '메토도'에서 시작된 개념이다. 또한 축구팀에서 가장 공격의 에이스 역할을 수행하는 '10번'의 개념이 미드필더진까지 내려가게 된 것도 바로 이 메토도의 특징이라 할 수 있을 것이다. 이렇게 되면서 전형적으로 수비적 역할을 했던 5번, 즉 하프백은 포초의 메토도 하에서는 전적으로 공격과 수비의 연결고리 역할을 하게 되었고 포초가 전 세계를 제패했던 1934, 1936, 1938년의 세 대회에서도 에이스가 아니라 가장 중요한 역할은 바로 이 5번 역할이었다. 포초의 메토도의 중심은 10번 주세페 메아차가 아니라 5번 루이스 몬티였다. 이 부분은 후술할 것이다.

이러한 이탈리아의 '메토도'는 라틴 특유의 창의성을 활용한 롱패스와 드리블 중심의 전술로, 영국식의 빠른 패스와 낮은 공의 삼각형 연계 플레이와 대비되었다. 두 전술 간의 대립은 양차 세계대전 사이의 축구 전술을 특징짓는 주요 논점이 되었으며, 이는 각 나라의 정치적 모델을 반영한 것으로도 해석되기도 한다. 영국식 '시스템'은 팀의 균형과 협동을 중시했으며, 체력('스태미나')과 동료를 위해 뛰는 자세가 강조되었다. 이러한 특징을 지녔던 잉글랜드 축구와 '메토도'의 차이점은 선수들이 무기를 소지하지 않은 국가의 전사이기 때문에 개인기가 미학적으로 실제적으로 중요하다는 파시스트적인 개념에 집중된다는 것이다. 앞서 언급했듯이 메토도에서는 포워드와 센터 하프가 중심적 역할을 맡아 전술의 핵심을 이루었으며, 마치 한 명의 지도자가 팀을 이끄는 듯한 형태를 띠었다. 포초가 자신이 고안한 '메토도'로 세계를 제패하던 1930년대 이탈리아 대표팀에서 특히 주목할 만한 선수들로는 유벤투스의 전설적인 골키퍼였던 콤비(Combi), 로제타(Rosetta), 칼리가리스(Caligaris), 미드필더 루이스 몬티(Luis Monti)와 조반니 페라리(Giovanni Ferrari), 그리고 압도적인 실력을 가진 윙어 라이문도 오르시(Raimundo Bibiani Orsi)가 있었다. 또한 인테르의 중심 공격수 주세페 메아차(Giuseppe Meazza), 볼로냐의 윙어 안졸리노 스키아비오(Angiolino Schiavio)와 아메데오 비아바티(Amedeo Biavati), 그리고 로마의 스타인 아틸리오 페라리스(Attilio Ferraris)와 라치오의 실비오 피올라(Silvio Piola)도 포함되었다.

포초는 당대 오스트리아의 전술 대가인 휴고 마이슬(Hugo Meisl)과 함께 두 명의 후방 수비수와 한 명의 중앙 수비수를 배치하는 전략을 발전시켰다. 중앙 수비수는 수비와 공격을 연결하는 중요한 역할을 맡았다. 이러한 전술적 접근으로 포초는 오스트리아의 무적 신화를 무너뜨리는 데 성공했지만, 그토록 갈망했던 영국과의 경기에 대해서는 같은 성과를 거두지 못했다. 1933년 로마, 1934년 런던, 그리고 1939년 밀라노에서 이탈리아는 영국과 맞붙어 축구 강국으로서의 우위를 확인하려 했지만, 1-1 무승부, 3-2 패배, 그리고 2-2 무승부라는 결과로 인해 영국에 대한 '금기의 벽'을 넘지 못했다. 이는 이탈리아 축구의 리더십에 유일한 오점으로 남게 되었다. 특히 월드컵 직후에 벌어진 1934년 11월 14일 런던 하이버리(Highbury)에서 열린 경기는 적어도 이탈리아 축구 역사상에서는 꽤 기억될 만큼 중요한 경기였다. 이 경기에서 이탈리아는 주세페 메아차(Giuseppe Meazza)의 뛰어난 활약에 힘입어 2-3으로 패배했음에도, '하이버리의 사자들(leoni di Highbury)'이라는 찬사를 받을 만큼 용맹한 경기를 펼쳤다.

제2차 세계대전 이후, 1938년 스포츠 공로 훈장을 받은 비토리오 포초는 이탈리아 국가대표팀 감독직을 이어갔다. 당시 대표팀은 리그를 지배하던 토리노의 최고 선수들, 특히 발렌티노 마촐라(Valentino Mazzola)와 굴리엘모 가베토(Guglielmo Gabetto)와 같은 스타를 중심으로 구성되었다. 하지만 포초는 토리노 팀의 공격 중심 플레이 스타일을 완전히 받아들이기를 꺼렸고[7], 여전히 자신이 고수하던 '메토도(metodo)'를 방어하면서 급증하는 '시스템(system)' 전술 지지자들과 대립했다. 이로 인해 전술적으로 혼합된 팀 구성이 이루어졌고, 경기 결과는 들쭉날쭉했다. 결정적으로 1948년 5월 16일, 비엔나에서 1-5로 패배하고, 이어 토리노에서 영국에 0-4로 대패하면서 영광스러웠던 포초의 시대는 완전히 역사의 뒤안길로 사라져 갔다.

Ⅲ. 메토도와 파시스트

"여러분, 운동선수들은 로마, 나아가 전 세계에서 가장 아름다운 거리 중 하나를 개선하는 영예를 누릴 자격이 있습니다. 여러분이 행진하는 모습을 본 사람들은, 파시즘이 모든 경쟁을 위해 강인하게 단련하고 있는 새로운 인종의 깊고도 거의 형상화된 인상을 받았습니다. 이탈리아 전역의 운동선수

7 세리에 리그를 지배했던 FC 토리노를 가리키는 명칭으로 단순히 한 팀의 왕조시대가 아니라 이탈리아 축구 역사상 가장 강력하고 전설적이었던 팀이었다. 수페르가(Superga)의 비극으로 인해 팀 전체가 순식간에 사라져 버리면서 그야말로 전설로 남게 된 팀인데 이 팀의 에이스는 이탈리아 축구 역사상 최고의 선수로 여겨지는 발렌티노 마촐라(Valentino Mazzola)였다. 토리노 팀은 1930년대를 지배했던 포초의 메토도가 결국은 영국을 극복하지 못하는 점에 착안, 당시 영국 축구 전술의 혁명가였던 아스널(Arsenal)의 허버트 채프먼(Hubert Chapman)이 고안해 낸 '시스템(System)'전술, 흔히 W-M이라 부르는 3-2-2-3의 공격 지향적 전술을 채택한다. 그란 토리노의 전설은 헝가리 출신 감독이었던 안드라시 쿠틱(Andras Kuttik)이 팀의 지휘봉을 잡으면서부터이다. 시스템 포메이션은 전술 특성상 포초의 메토도와 극상의 상성을 이루는 전술이었고 1940년대의 이탈리아 대표팀에서 토리노 선수들을 제외한다는 것은 그야말로 불가능한 일이었기에 감독인 포초가 지향하는 전술의 방향성과, 대표팀의 주축인 토리노 선수들에게 익숙한 시스템 전술의 혼합은 기본적으로 가능할 수가 없었다.

여러분, 여러분에게는 특별한 의무가 있습니다. 여러분은 끈기 있고, 기사도 정신을 지니며, 대담해야 합니다. 국경을 넘어 싸울 때, 여러분의 근육과 특히 여러분의 정신에 국가의 명예와 위신이 맡겨져 있음을 명심하십시오. 그러므로 여러분은 지상, 해상, 그리고 공중의 모든 경기에서 1등을 차지하기 위해 모든 에너지와 의지를 쏟아부어야 합니다"[8]

파시스트 정권은 이탈리아에서 현대 스포츠의 시작이 파시즘과 함께 이루어졌다고 주장한다. 파시스트가 등장하기 이전까지 스포츠는 그저 방치된 상태였으며, 스포츠와 정치 사이에는 연관성이 없었다고까지 말한다. 파시스트의 간부들 다수는 스포츠를 못마땅해하는 급진적 사회주의 운동을 통해 이데올로기적 훈련을 받은 자들이었지만 다른 한편으로는 국민들의 문화적·정신적 삶에 적극적으로 개입하려는 명백한 의도를 가지고 권력을 잡았던 것으로 볼 수도 있다. 그러나 거의 모든 스포츠 종목들도 마찬가지였겠지만 축구는 파시스트 정권 시기에 이전과는 완전히 다른 의미를 가진 스포츠였다. 특히나 갓 출범한 월드컵이라는 대회로 인해 축구는 출발부터 순수한 스포츠가 될 수 없었다. 앞의 인용문을 통해서 우리는 무솔리니가 스포츠를 통해 이탈리아 국민들에게 바라는, 투영하고자 했던 국민상이 어떤 것이었는지 정확히 알 수 있다. 특히나 축구라는 스포츠는 이러한 점에서 파시스트들에게 대단히 매력

8 무솔리니의 이 연설은 1934년 당시 로마의 '치르코 마시모 거리(Via Circo Massimo)'가 개장하는 날, 노동자 여가 클럽(dopolavoristi)에서부터 축구 국가대표팀에 이르기까지 국가의 주요 체육단체들의 행진이 끝난 후, 이탈리아의 체육인들을 대상으로 한 연설로 해당 일자의 1면에 "La Parola del DUCE(두체의 말씀)"이라는 제목으로 수록되었다.

적인 스포츠임이 확실해졌다. 왜냐하면 축구는 개인 선수의 활약을 강조하면서도 지도자가 이끄는 조직의 일원으로서의 협력을 요구했기 때문이다. 이러한 점은 잡지 〈일 칼초 일루스트라토(Il Calcio Illustrato)〉에서도 강조되었다. 놀라운 것은 당시에 이미 축구 전문 잡지가 있었다는 점이기도 하지만 이 〈일 칼초 일루스트라토〉는 바로 당시 이탈리아 국가대표팀 감독직을 무급으로 봉사하고 있던 포초가 무급으로 봉사하면서 자신의 생계를 위해 칼럼이나 글을 기고하던 잡지였다는 점이다. 즉, 포초가 쓴 글들을 통해 우리는 파시스트 시대의 이탈리아가 자랑하던 축구대표팀 감독이 만들어 낸 전술 속에 당시 정부가, 혹은 무솔리니가 추구하고자 했던 이탈리아의 이상형을 떠올려 볼 수 있을 것이다. 또한 북부 이탈리아에서 여러 스포츠 칼럼을 즐겨 썼으며 이탈리아의 대표적 스포츠 전문 일간지인 〈라 가제타 델로 스포르트(La Gazetta dello Sport)〉의 편집장을 지냈던 브루노 로기(Bruno Roghi) 또한 이렇게 쓴 바 있다.

> "축구는 집단적인 경기다. 많은 의지와 여러 사람의 지성이 하나로 모여 팀의 통합성 속으로 녹아들어야 한다. 다양한 힘들이 하나의 조화로운 집단으로 나타나야 한다."

이탈리아의 스포츠 활동은 1928년부터 1936년까지 전성기를 누렸으며, 베를린 올림픽 결과로 정점에 이르렀다. 하지만 이후 1940년과 1944년 올림픽 개최권을 박탈당하면서 파시스트 정권은 외교 및 제국주의적 정책으로 관심을 돌렸다. 반면 축구는 성공의 흐름을 이어갔고, 1938년 프랑스 월드컵에서 두 번째 우승을 차지하며 정점을 찍었다. 1934년에 이어 두 대회를 연이어

제패한 이탈리아는 스포츠, 특히 축구를 통해 유럽 내에서의 자신들의 자신감을 확인할 수 있었다. 1938년 대회의 경우 1934년 월드컵과 1936년 올림픽의 영웅들, 이른바 '캄피오네'들이 신인선수들과 잘 어울려서 이뤄낸 결과였다. 포초의 입장에서도 이른바 신구조화를 잘 이뤄낸 좋은 팀을 육성한 것이었겠지만 다른 한 편으로는 실제로 문화예술 영역에서 가장 적극적으로 파시스트를 지지하고 나섰던 이탈리아의 '미래파'가 주장하던 재생 이론, 즉, "갈등, 지속적 변화, 새로운 인재"라는 정반합의 변증법을 정치적으로 교묘하게 변용시킨 이론이 더할 나위 없이 잘 구현된 결과이기도 했다. 피렌체를 중심으로 여전히 발행되고 있는 〈라 나치오네 La Nazione〉는 이러한 이탈리아 국가대표팀을 가리켜 "이탈리아의 색채를 방어할 뿐만 아니라 파시즘의 정신도 지켜낼 수 있는 품격 있는 팀"이라고 격찬하기까지 할 정도였으며 앞서 언급한 '미래파'의 대표적인 예술가였던 카를로 카라(Carlo Carra)의 경우 이탈리아 국가대표팀의 치열한 경기 장면을 미술작품으로 담아내기도 했다. 그뿐만 아니라 카라의 동료이자 미래파 선언을 썼던 필리포 마리네티(Filippo Marinetti)가 도안한 포스터 디자인이 대회의 공식 디자인으로 당선되었고 포스터가 무려 1만 부나 인쇄될 정도였다.

이후로 파시스트 연맹은 지방의 모든 스포츠 조직을 정치적으로 통제하고, 필요할 경우 작은 마을에 난립하는 소규모 스포츠 클럽들을 통합할 것을 제안했다. 이탈리아 올림픽 위원회(CONI)는 당의 비호를 받으면서 이미 국내의 모든 스포츠 행정을 장악하면서 스포츠 활동의 중심 기구로 자리 잡았으며, 노동자, 청소년, 대학생을 위한 스포츠 활동도 포함하게 되면서 이러한 스포츠 전반을 집중적으로 관리하게 된 것이다. 여기까지라면 어느 정도 스포츠를 국가와 국민의 통합 도구로써 적절히 활용한 예시로 여겨질지도 모른다. 그러나 본고에서 다루고자 하는 내용은 그 부분이 아니다. 즉 스포츠, 특히나 축구라는 스포츠를 통해 무솔리니와 파시스트가 이를 군사적 준비, 나아가 제국주의적 야망을 이루기 위한 도구로 바라보고 있다는 점이며 여기에 포초의 존재와 그의 축구 전술이 갖는 영향과 의미를 분석하자는 것에 본고의 의미가 있다.

특히나, 국제적 스포츠 대회에서의 승리나 우승은 단순한 경기의 승리가 아니라 국가 전체의 외교적, 군사적 승리에 버금가는 중요성을 지니는 것으로 바라보았으며 유럽의 다른 어떤 나라보다도 이탈리아의 우월성과 로마 제국의 영광을 재현하고 증명하는 가장 효율적인 수단으로 간주되었던 것이다. 1934년 이탈리아 월드컵 유치와 관련하여 실제 당시 유럽에서는 대회 개최 의사와 능력을 갖고 있었던 나라는 사실상 파시스트당의 전면적인 지원을 받으며 적자를 각오하고 대회에 임한 이탈리아뿐이라는 견해도 있다. 또한, 스포츠가 국제 정치에서 차지하는 역할에 대해서도 파시스트는 이를 매우 잘 인식하고 있음을 보여준다. 물론 국제 스포츠의 정치화가 어떤 특정 단일 국가만의 책임이라 보기 어려운 것도 사실이지만, 1930년대 초 유럽의 파시스트 정권들이 드러냈던 수많은 정책과 통치방식의 문제점들 뒤에는 항상 무솔리니의 이탈리아가 서 있었다. 스포츠가 단순한 신체 활동을 넘어, 정권의 이념과 국가의 이미지를 대외적으로 과시하고, 국가가 바라는 국민상을 전파하는 중요한 수단으로도 활용되었다. 이탈리아 정부는 월드컵을 유치하면서 이와 관련된 모든 비용, 당시 통화로 약 350만 리라를 쏟아부었는데 특히 해외 팀의 경비는 이탈리아의 화폐인 '리라'로 지불하였다. 이에 대해서 당시 〈라 나치오네〉는 "이탈리아의 통화(通貨)가 다른 어떤 국가의 통화보다도 믿을 수 있고 안전하다는 공식적인 인정"이라 쓰고 있다.

파시스트들의 이러한 스포츠에 대한 프로파간다적 접근은 대표팀 감독이었던 포초의 팀 관리와 운영에 있어서도 비근한 예시를 들어볼 수 있을 것이다. 포초는 '좋게 말하면' 세심하고 부성적인 감독 스타일로 팀을 이끌었다. 그는 세부적인 부분까지 집착하는 관리 방식을 보였는데, 예를 들어, 선수들이 훈련소에서 받은 편지는 먼저 감독이 열람해야 했으며, 재능 있는 미드필더 풀비오 베르나르디니(Fulvio Bernardini)는 팀 플레이를 우선하는 동료들과는 다른 플레이 스타일 때문에 국가대표팀에서 제외되기도 했다. 이렇게 포초는 선수들과 상대 팀에 대한 심리적 통찰력을 바탕으로 팀을 운영했으며, 이러한 요소들이 오늘날까지 이탈리아 축구의 황금기로 평가되는 시기를 여는 데 중요한 역할을 했다는 점은 부정할 수 없을 것이다. 그러나 동시에 포초는 분명, 누가 보더라도 민족주의적이고 우파적인, 나아가 파시스트 정부가 선호하는 심리전을 통해 선수단을 장악하려 하기도 했다는 점을 눈여겨보아야 한다. 당시 스포츠 기자였던 토르나부오니의 표현을 보자.

> "심리적 요소는 라틴계 민족, 특히 이탈리아인들에게 결정적이고 필수적이다. 우리 국민이 동기를 받아야 하며 그 원천은 자연스럽게 조국에 대한 사랑이라는 가장 아름답고 고귀한 표현을 가져야 한다. 이탈리아 병사는 고귀한 대의를 위해 강한 감정을 품어야 한다. 그렇게 되면 모든 장애를 극복하고 누구도 막을 수 없는 존재가 된다."

요컨대 '누구도 막을 수 없는' 강한 팀을 만들기 위해서는 '조국에 대한 사랑이라는 대의를 위해 감정을 품'어야 한다는 것이다. 지극히 파쇼적으로 보이는 이러한 심리상태를 선수단에 심어주기 위해서 포초는 어떤 방법을 썼는가?

포초가 이탈리아 국가대표팀 감독으로 있던 1930년대에 포초는 헝가리와의 국가대표 원정경기를 위해 부다페스트로 이동하던 중, 고리치아(Gorizia)를 비롯해 전쟁 기념지들을 일부러 방문하게 하면서 다음과 같이 말한다.

> "나는 그들에게 이 슬프고도 끔찍한 광경이 그들에게 강한 인상을 주는 것이 좋다고 말했다. 우리가 그 날 요청받을 어떤 것도 주변 언덕에서 목숨을 잃은 이들의 희생과 비교할 수 없다고 말이다."

이렇게 일종의 '정신훈련'에 가까운 심리전을 선수단에 전파한 포초의 이탈리아가 1930년대에 헝가리를 상대로 거둔 전적을 보면 그 답을 알 수 있다. 1930년대 포초의 이탈리아는 국가대표전에서 헝가리를 총 8번 만난다. 1930년 5월 11일 5-0의 대승부터 시작해서 1939년 6월 8일 2-1로 승리할 때까지 이탈리아는 헝가리를 상대로 총 8전 7승 1무를 거두는 성과를 올린다. 성과의 내용도 치열해서 22골을 넣고 8골만을 내어주었다. 이 중에는 1938년 이탈리아의 두 번째 월드컵 결승전 상대로 맞붙어 4-2로 승리한 경기도 있으며 앞서 언급한 부다페스트 원정의 경우 1930년대에 총 4회 이루어졌는데 10골을 넣고 고작 2골만 내주며 4전 전승을 기록했다. 누가 보아도 포초의 이러한 심리적 전술을 큰 효과를 보았다고 할 수밖에 없다. 물론 포초는 여기서도 자신의 입장을 항변한다.

> "...최근 몇 년간 내가 팀을 경기장으로 내보내기 전에 선수들에게 강한 애국적이고 국가주의적인 생각을 주입했다고들 말하는 것을 읽었다... 이는 축구에 관심도 없고 현장에도 없었던 사람들이 만들어낸 이야기다..."

그러나 우리는 앞서 언급했던 1930년대의 이탈리아가 헝가리를 상대로 압도적인 모습을 보여줬던 그 강인한 전력의 기저에 파시스트적인 정신적 요소가 깔려있었음은 부정할 수 없고 그것은 실제 증거도 존재한다. 1938년 6월 19일 파리 근교 콜롱브(Colombes)의 이브 뒤 마누아(Yves du Manoir) 경기장에서 11명의 이탈리아 대표팀 선수단은 검은 유니폼을 입고 일렬로 서서 로마식 경례를 하고 있는 사진이 있다. 이 경기는 포초의 영광을 정점으로 끌어올려 준 1938년 파리 월드컵의 결승전이다. 승리의 결의를 다진다고 보기에는 그 어느 누가 보아도 분명 이들은 축구 선수가 아니라 버젓한 파시스트의 전사들로밖에 보이지 않는다. 이 사진은 파시스트 이탈리아가 우승한 1934년, 38년 두 번의 월드컵을 다룬 조반니 마리(Giovanni Mari)의 『영광없는 월드컵』(Mondiali senza gloria)의 표지를 장식한다. 마리는 이탈리아가 지금까지 거둔 네 번의 월드컵 우승 중에서, "사실을 자세히 살펴보면, 이탈리아가 자랑하는 우승 타이틀의 절반은 심각한 의혹으로 얼룩져 있음을 알게 된다. 이는 스포츠적, 정치적 범죄뿐 아니라, 진정으로 수치스러운 세계적이고 역사적인 부끄러움"이라고 지적하고 있다. 더욱더 놀라운 사실은, 이 경기가 끝난 지 몇 달 후, 파시스트 정권은 '인종법'을 제정하게 된다.

결국 포초는 당시의 파쇼 시대가 요구하는 정서를 접목시킨 그 자체가 자신의 혁신적인 메토도 전술의 가장 핵심이었다는 것이다. 그 외에도 포초의

'메토도' 포메이션이 무솔리니의 '파시스트'와 만나 극강의 파괴력을 보여준 대표적인 경기가 바로 1934년 이탈리아 월드컵 8강 대 스페인전이다. 이 경기는 절대 패배할 수 없는, 패배해서도 안 되는 경기를 치러야 하는 이탈리아의 대표팀 감독과 선수, 그리고 그들에게 '무조건 승리'를 요구하는 정치 지도자들이 목적을 이뤄내는 모든 것이 담겨 있다. 앞서도 밝혔듯이 애초에 1934년 이탈리아 월드컵 자체가 정치적 목적의 프로파간다 그 자체임은 분명하지만 그중에서도 피렌체에서 열렸던 스페인과의 8강전은 경기가 개최된 경기장부터 이탈리아 대표팀의 전술, 그리고 실제 플레이와 결과에 이르기까지 그 모든 것이 그야말로 무솔리니의 정치적 스포츠 활용이 극단적으로 드러난 경기라 할 수 있다. 물론 전술적으로도 이 경기는 메토도 전술의 모든 것을 보여주면서 그라운드 활용의 새로운 사고를 선보인 경기로 꼽히기도 한다.

이 경기가 열렸던 피렌체의 아르테미오 프란키(Artemio Franchi) 스타디움은 그 당시에 파시스트 건축가라는 '의혹'을 받기도 하는 피에르루이지 네르비(Pierluigi Nervi)가 설계한 대표작으로 그 당시에는 조반니 베르타(Giovanni Berta) 스타디움이라고 불렸으며 47,000명을 수용할 수 있는, 당시로서는 이탈리아에서 가장 큰 경기장 중 하나였다. 경기장 건설 아이디어는 1929년 11월, 지역 파시스트 단체인 조반니 베르타(Giovanni Berta) 그룹이 레 쿠레(Le Cure) 지역에 스포츠 경기장 건설을 위한 토지 양허를 요청하면서 시작되었다. 조반니 베르타는 1915년부터 1918년까지 아드리아 해 전투에 참전했던 전직 해군 장교로, 강경한 반(反)사회주의자였는데 사회주의자들의 파업 시위 도중 시위대에게 살해된 것으로 추정된다. 공격을 받은 베르타는 폰테 소스페소(Ponte Sospeso) 다리에서 떨어졌으나 철제 난간을 붙잡았다. 그러나 그의 손이 잘리며 아르노(Arno) 강으로 추락해 사망한 인물이다. 피렌체의 극단적 파시스트였으며 공산주의자들과 마주친 길에서 암살당해 아르노 강에 던져졌고 그로 인해 파시스트들에게 '순교자'로 불리는 인물이었는데 이 경기장은 그의 이름을 따서 붙여진 경기장이었다.[9] 1934년 5월 31일, 연장까지 가는 치열한 접전에서 1:1로 승부를 가리지 못한 두 팀은 이튿날 6월 1일에도 다시 한 번 맞붙은 끝에 '메토도'의 에이스, 주세페 메아차의 결승골로 1:0, 승리를 거둔다. 그러나 이 승부의 시작은 이미 이보다 3년 전이었다. 1931년 4월 19일, 스페인 빌바오에서 있었던 친선전에서 0:0의 무승부를 거두긴 했지만 포초는 이 경기에서 대활약한 스페인의 스트라이커, 이냐시오 아기레사발라(Ignacio Aguirrezabala)를 키플레이어로 확인했고 이를 철저히 대비해야겠다는 생각을 한 듯하다.

> "나는 열한 명의 상대를 움직이게 하는 머리를 차단하면 전체 시스템이 붕괴될 것이라고 판단했다. 그래서 체사리니(Cesarini)[10]에게 그를 끊임없이 마크하고 방해하라고 지시했다."

포초는 이렇게 상대방의 키플레이어를 주시했고 실제로 1934년 월드컵에서도 포초는 이러한 방식을 그대로 적용했다. 1931년 평가전에서 체사리니가

---

9 이후, 이탈리아의 축구행정가였던 아르테미오 프란키의 이름으로 바뀌게 되었다.

10 레나토 체사리니(Renato Cesarini). 아르헨티나와 이탈리아 국가대표팀을 겸직했던 오리운도(Oriundo) 출신의 미드필더. 이탈리아에서는 경기 막판에 터지는 결승골을 가리켜 '체사리니 존(Zona Cesarini)'라 부를 만큼 강렬한 기억을 남겼던 미드필더.

맡았던 롤은 포초의 '메토도'에서 가장 키플레이어였던 루이스 몬티가 맡았다. 아이러니한 것은 이전의 체사리니, 그리고 1934년의 루이스 몬티 모두 아르헨티나 오리운도(Oriundo), 혹은 이탈리아어로 '귀환'이라는 뜻의 '림파트리아토(Rimpatriato)'라고 불렸던 선수였다는 점이다. 게다가 1934년 이탈리아의 키플레이어 루이스 몬티는 이전 대회인 1930년 우루과이 월드컵에서는 아르헨티나 대표선수로 활약했었던 선수였다.

이 경기에서 아주리 대표팀은 누가 봐도 과도한 경기 플레이로 스페인을 밀어붙였다. 1차전에서 스페인은 베스트 일레븐에서 무려 7명을 교체해야 했을 정도로 과격했으며 무승부로 끝난 결과로 이튿날 연장 경기에서는 선수단 22명 중 정확히 11명만 뛸 수 있을 정도였다. 이 경기는 이탈리아의 축구 역사에 길이 빛나는 에이스, 주세페 메아차(Giuseppe Meazza)의 결승골로 이탈리아가 승리했지만 이 경기를 지켜봤던 영국의 축구기자 필 볼(Phil Ball)은 "이탈리아는 남아있는 스페인 선수들을 완전히 박살냈다."라고 기록했다. 두 번째 경기라고 해서 이탈리아의 '총공세(?)'는 달라지지 않았던 것이다. 국가에 대한 건전하고도 맹목적인 충성이 우선시되었으며 화려하고 눈이 즐거운 플레이 같은 미사여구는 적어도 1934년의 포초와 이탈리아 대표팀에게는 해당되지 않았다. 지금도 이탈리아 축구에 대해서 '카테나치오(Catenaccio)', 즉 빗장수비라 부르면서 재미없다는 인식과 비평이 주를 이루지만, 대신 이탈리아는 확실하게 승리하는 방식을 선택했다. 그리고 승부를 대하는 그러한 관점의 기저에는 1934년부터 포초가 확실하게 이탈리아 대표팀을 활용했던 메토도 전술의 전략적, 심리적 강점이 주를 이루고 있다고 보아도 좋을 것이다.

IV. 나가며

> "...나는 미련없이 쓸데없는 생활의 위안을 전부 버렸다. 하지만 예외적으로 스포츠만은 계속하고 있다. 그것은 나의 몸을 활발하고 기민하게 해주었으며, 복잡한 업무에 시달리는 생활에 건강함과 유쾌함을 가져다주었다...[...]...나는 거의 모든 스포츠를 사랑한다..."

무솔리니는 자신의 자서전에서 이렇게 밝히고 있을 만큼 스포츠광이었던 것으로 보인다. 그러나 본고에서 주목하고자 하는 바는 무솔리니 개인이 스포츠를 얼마나 사랑하는지에 대한 문제가 아니다. 무솔리니의 스포츠에 대한 애정은 분명 그의 정치적 선택이나 정책의 방향성에 크게 영향을 주었음은 확실하다. 무솔리니 정부는 제1차 세계대전 동안 국민이 병역에 소집되었을 때 보여준 신체적 약점을 극복할 방법으로 스포츠를 채택했다. 목표는 스포츠 교육을 통해 새로운 이탈리아 국민 문화를 형성하는 것이었으며, 이는 파시즘의 관점에서 동료애, 활력, 규율을 확립하는 것을 의미했다.

당시의 이탈리아는 이러한 새로운 이탈리아의 국민문화에 대해 '이탈리아 노보(Italia Novo)', 즉 새로운 이탈리아라고 불렀는데 이는 '죽을 때까지 싸울 수 있는 존재로 신뢰받는' 새로운 국가와 국민들을 의미하는 것이었다. 이탈리아 노보가 장착된 이탈리아 국민들은 '이탈리아노 노보', 즉 새로운 국민들이라고 불리기도 했다. 이는 미래주의(Futurism)에서 영감을 받은 이론, 즉 갈등, 지속적 변화, 새로운 인재 도입을 통한 재생의 이론을 반영한 것이다. 새로운 선수들은 집단 내 경쟁을 제공함으로써 팀에 활력을 불어넣었다. 여기에 파시스트 정권의 신체적, 도덕적, 정신적 교육이 결합되어, "새로운 이탈리아인(Italiano nuovo)"은 죽기까지 싸울 수 있는 존재로 신뢰받았다. 바로 여기서, 앞서 언급했던 무솔리니의 연설 중 흥미 있는 부분을 다시 눈여겨봐야 할 듯하다.

> "여러분, 운동선수들은 로마, 나아가 전 세계에서 가장 아름다운 거리 중 하나를 개선하는 영예를 누릴 자격이 있습니다. 여러분이 행진하는 모습을 본 사람들은, 파시즘이 모든 경쟁을 위해 강인하게 단련하고 있는 새로운 인종(Nuova razza)의 깊고도 거의 형상화된 인상을 받았습니다."

무솔리니가 이탈리아인들에게 스포츠의 유효성과 성과, 그리고 필요성을 역설하는 저 유명한 연설을 통해 우리는 무솔리니가 꿈꾸고 있던 이탈리아의 방향성이 어디로 향하고 있었는지 확인할 수 있게 된다. 단순히 정신적으로 '이탈리아노 노보'를 통해 파시스트 이탈리아에 대해 각성시키는 것뿐만 아니라, 건강한 육체와 스포츠 활동을 통해 이탈리아의 신체적 특성까지 '새로운 인종'으로 전환시키고자 했던 무솔리니의 의지를 엿볼 수 있다. 1932년, 〈로 스타디오 Lo Stadio〉의 기사 역시도 이러한 내용을 보여주고 있다.

> "파시스트 시대 10년 동안 청년들은 전투를 위해, 그리고 경기 자체를 위해 단련되었다. 용기, 결단력, 검투사의 자부심, 우리의 민족 특유의 고귀한 감정은 배제될 수 없다."

비토리오 포초는 이런 면에서 볼 때, 무솔리니의 파쇼 정권이 찾던 스포츠 리더상에 정확히 부합하는 인물이었다. 제1차 세계대전 동안 그는 알피니라 불리우는 산악부대에서 중위로 복무하며 참호 생활을 경험했고 이 시기를 통해 전체를 위한 희생, 도덕적 엄격함, 그리고 간소한 생활의 중요성을 익혔으며 이후로도 자신의 스포츠 철학과 직업적 비전에 이를 엄격히 적용했던 비토리오 포초는 그야말로 파시스트에 최적화된 인물이었다. 넘치는 애국심, 뛰어난 역량, 파쇼 정권이 추구하던 국가관과 이상적 공동체를 스포츠를 통해 구현할 수 있는 능력, 그리고 결과물에 이르기까지 그는 파쇼 정권이 좋아하지 않을 수 없는 인물이었다고 보아야 한다. 당연히 포초가 실제 파쇼 정권의 전폭적인 지지와 지원을 받았던 탓에 그의 정치적 성향과 파쇼를 나란히 연계 선상에 놓지 않을 수 없을 것이다. 포초는 "정당의 구성원조차 아니었으며 정치와 아무 상관 없는, 자신의 개별 직업을 가진 자유시민"이라고 열변을 토한 바 있다. 기실, 1934-1938년까지 눈부신 프로파간다 성과를 거둔 아주리 대표팀과 포초의 정당 가입 여부는 그다지 의미가 없을지도 모른다. 이미 파쇼에 의해, 파쇼를 위해, 파쇼의 국가기관으로 세워진 이탈리아 국립올림픽위원회의 회원 명부 속에 그들이 있었다는 사실이 명백히 밝혀졌다. 전적으로 파시스트를 위한 체육 정책을 구현하기 위한 인물들로 채워진 국립올림픽위원회의 회원이었으면서 실제 파시스트당에 가입하지 않았다고 해서 자신은 파쇼로부터 자유롭고 실제적 영향을 받지 않았다고 말하는 포초를 보면 다소 비현실적이다. 알고 그랬다면 비양심적인 것이고, 몰랐다면 멍청한 것일 테니까.

참고문헌

데이비드 골드블라트, 『축구의 세계사: 공은 둥글다』서강목, 이정진, 천지현(역) (서울: 실천문학, 2014).

리처드 줄리아노티, 『축구의 사회학: 지구를 정복한 축구공, 지구를 말하다』복진선(역) (서울: 현실문화연구, 2004).

마쓰오카 히로시, 『월드컵의 역사』이성환(역) (서울: 푸른미디어, 2001).

베니토 무솔리니, 『무솔리니 나의 자서전(독재는 어떻게 태어나는가)』 김진언, 박현석(역), (서울: 현인, 2024).

Ball, Phil, Morbo. The Story of Spanish Football, (London: WSC Books Limited, 2001).

De Biasi, Rocco and Lanfranchi, Pierre, "The Importance of Difference: football identities in Italy," Gary Amstrong, and Richard Giulianotti (eds.), Entering the Field: new perspectives on world football (Berg: Oxford, 1997).

Il Littoriale, "La Parola del DUCE", Ottobre 29, 1934. http://dlib.coninet.it/bookreader.php?&f=2157&p=1&c=1#page/1/mode/2up (검색일: 2024. 12. 30)

Il Manifesto, "La memoria dolente dell'Italia campione in camicia nera", Dicembre 16, 2022, https://ilmanifesto.it/la-memoria-dolente-dellitalia-campione-in-camicia-nera (검색일: 2024. 12. 30)

Impiglia, Marco, "POZZO, Vittorio," Dizionario Biografico degli Italiani, 85, 2016, https://www.treccani.it/enciclopedia/vittorio-pozzo_(Dizionario-Biografico)/ (검색일: 2024. 12. 30).

La Nazione, "La Situazione degli italiani", Giugno 4, 1938.

Lo Stadio, "Virilità e vigliaccheria", Ottobre 9, 1932.

Martin, Simon, Football and Fascism: The national game under Mussolini, (New York:

Berg, 2004).

Pozzo, Vittorio, "Il fallimento del calcio italiano", Successo, 2, (1959).

Pozzo, Vittorio, Campioni del Mondo. Quarant'anni di Storia del Calcio italiano, (Roma: Centro Editoriale Nazionale, 1960).

Tornabuoni, Guglielmo. L'Ascesa del Foot-ball in Italia(Saggio Critico) (Milano: La Gazzetta dello Sport, 1932).

축구로 보는 사회주의
불가리아 공산당의 스포츠 정책

이하얀(한국외국어대학교)

이번장에서는 1944년부터 1989년까지 불가리아 사회주의 체제하에서 축구가 정치 및 사회적 도구로 활용된 양상을 다각도로 분석한다. 불가리아 정부는 축구를 통해 국민 단합과 사회주의 이념의 내면화를 꾀했으며, 선수들은 사회주의 영웅으로 선전되었다. 국제 경기 성과는 체제 우월성을 홍보하는 주요 수단으로 간주되었고, 이에 따라 공산당은 축구에 막대한 자원과 집중적인 이념 교육을 투입하였다. 본 논문에서는 구조기능주의, 갈등이론, 상징적 상호작용론, 비판이론을 포괄하는 분석틀을 통해, 축구가 지배 이념을 강화하면서도 저항의 장이 될 수 있는 이중적 성격을 갖춘다는 사실을 밝히고자 한다. 불가리아 축구 정책이 정치 체제와 결합되는 과정을 조명하고, 이를 통해 불가리아 스포츠 정책이 사회 전반에 미친 영향을 재평가한다.

I. 들어가며

불가리아는 발칸반도의 관문이라는 지리적 특성 때문에 세계대전 당시 양 진영에서 적극적인 참전을 요구받았으며, 전쟁 이후 패전국이라는 오명과 불안정한 정치 및 경제 상황을 겪었다. 결국 1944년 9월 10일, 친소련 공산주의 세력인 조국전선(Fatherland Front)이 불가리아 왕국을 무너뜨리고 키몬 게오르기에프(Kimon Georgiev)를 총리로 하는 내각을 구성하였다. 뒤이어 군주제 폐지를 포함한 일련의 선거가 단행되었고, 이는 불가리아 사회주의 체제로의 전환에 결정적인 분기점이 되었다.

이번 장에서는 1944년 사회주의 혁명을 기점으로 1989년 체제 붕괴까지 이어진 불가리아 사회주의 시기에 축구가 국가 정책과 이념 강화, 그리고 대중 동원의 수단으로서 어떤 역할을 수행했는지 살펴보고자 한다. 첫째, 불가리아 공산당 정부가 축구라는 대중 스포츠를 어떻게 체제 유지와 이념 확산의 매개체로 활용했는지 구체적인 사례와 정책을 통해 밝히는 것이다. 둘째, 축구 선수들이 사회주의 체제하에서 단순한 운동선수가 아니라 사회주의 영웅 혹은 사회적 모델로 포장되는 과정에서 어떠한 경험과 갈등을 겪었는지를 재조명함으로써, 스포츠가 정치와 밀접히 결합될 때 발생하는 긍정적 또는 부정적 효과를 다각도로 살펴보는 데 있다. 이 목적을 달성하기 위해 1944년부터 1989년까지 불가리아 사회주의 체제를 대상으로 삼되, 특히 축구 분야에 집중하여 정부의 정책적 지원, 언론 선전, 선수 양성 시스템 등 다양한 맥락을 포괄적으로 검토한다. 이를 통해 단순히 불가리아 한 국가의 사례를 넘어, 중동부 유럽 공산주의 국가들 전반에 걸쳐 스포츠가 정치적, 사회적 과정에 어떻게 관여했는지를 유추할 수 있는 단서를 마련하고자 한다. 연구 범위와 분석 대상을 설정함에 있어서, 본 연구는 국가 주도의 스포츠 정책이 실제 축구 현장에서 어떠한 결과물을 산출해 냈는지 추적하기 위해 주요 축구 클럽과 국가대표팀, 그리고 당시 언론 매체와 정부 공식 문헌 등을 중심으로 자료를 수집하고 분석하였다. 또한 축구 선수들의 전기나 인터뷰, 그리고 1985년 국가컵 결승전 폭력 사태와 같은 구체적 사건을 사례로 삼아, 그들이 어떻게 국가로부터 집중적인 지지를 받았고, 대중적인 영웅으로 만들어졌으며, 동시에 당국의 엄격한 통제와 모범적 행동을 강요당했는지를 입체적으로 살펴보고자 한다.

정리하자면, 본 장에서는 불가리아라는 특정 국가의 경험을 집중 조명함으로써, 한편으로는 사회주의 정권이 대중 스포츠에 개입하는 기제를 구체적으로 파악하고, 다른 한편으로는 축구 선수들이 스스로 영웅으로 구축되는 과정을 통해 이념-정치-언론의 상호작용이 실질적으로 어떤 결과를 야기했는지 해부한다. 또한 궁극적으로는, 중동부 유럽 전역에서 전개된 공산주의 스포츠 정책이 현대 스포츠 문화와 의식에 미친 영향을 이해하는 토대를 마련하고자 하며, 나아가 스포츠가 정치적, 사회적 요소와 결합할 때 나타날 수 있는 가능성과 위험성을 재고함으로써, 앞으로의 스포츠 정책이 지향해야 할 바를 모색해 볼 것을 제안한다.

Ⅱ. 스포츠 사회학과 불가리아 축구

불가리아는 1944년 9월 9일을 기점으로 사회주의 체제에 돌입하였다. 이 새로운 정치적 환경에서 축구는 단순한 스포츠 활동을 넘어 국민적 단합을 끌어내고 이념을 전파하는 중요한 도구로 주목받았다. 이 같은 맥락을 이해하기 위해서는 스포츠가 어떤 과정을 통해 사회 구조나 이데올로기와 연계되는지 살펴볼 필요가 있다. 특히 정치권력과 결합한 스포츠 현상이 어떻게 작동하며, 구체적으로 어떤 기제를 통해 사람들의 정체성과 문화적 가치에 영향을 미치는지 살피는 것은 본 연구의 핵심 과제 중 하나다. 이에 따라 본 장에서는 스포츠와 정치, 사회의 상호작용을 다각도로 분석하는 스포츠 사회학의 주요 이론을 검토하고, 이를 불가리아 사회주의 체제에서의 축구 사례에 적용할 수 있는 틀로 제시하고자 한다.

스포츠 사회학은 다양한 학자들이 제시한 이론적 관점을 바탕으로, 스포츠가 사회적 및 정치적 맥락 속에서 어떠한 의미와 기능을 수행하는지 탐색하는 학문이다. 〈표 1〉은 스포츠 사회학의 대표적인 이론인 구조기능주의, 갈등이론, 상징적 상호작용론, 그리고 비판이론을 요약한 것으로, 각 이론은 스포츠와 사회의 관계를 서로 다른 시각에서 접근한다. 이를 통해 스포츠가 단순한 신체 활동이나 오락 수준에 머무르지 않고, 국가적 이념과 권력관계, 그리고 집단적 정체성 등 사회 구조를 폭넓게 반영하고 형성하는 데 적극 기여한다는 사실을 확인할 수 있다.

〈표 1〉 스포츠 사회학의 주요 이론

이론	핵심개념	주요학자	스포츠의 역할	선수의 위치	사회적 기능
구조 기능 주의	스포츠는 사회 안정과 통합에 기여함	에밀 뒤르켐	사회적 규범과 가치 전달	사회화 모델	·사회화 기능 ·통합 기능 ·정치적 기능 ·사회적 이동 기능
갈등 이론	스포츠는 지배계급의 통제기구	해리 애드 워즈	체제 내 불평등 은폐	지배계급 이념의 대변인	·대중의 주의 분산 ·사회적 불평등 재생산 ·이데올로기적 통제 ·노동력 통제
상징적 상호작용론	스포츠는 사회적 의미 형성의 장	어빙 고프먼	개인의 정체성과 역할 학습 공간	체제의 상징적 모델	·정체성 형성 ·역할 학습 ·상징적 의미 교환 ·상징적 상호작용
비판 이론	스포츠는 지배 이념 재생산 장치	안토 니오 그람시	체제 순응 유도	지배 이데올로기 전파자	·이데올로기 전파 ·문화적 헤게모니 유지 ·사회적 통제 ·저항의 가능성 제공

우선 구조기능주의는 사회가 일정한 균형과 조화를 유지하기 위해 여러 제도와 기제가 유기적으로 작동한다는 시각을 강조한다. 에밀 뒤르켐(Émile Durkheim)은 스포츠가 사회 통합과 안정에 긍정적인 영향을 미치며, 대중에게 사회적 규범과 가치를 학습시키는 중요한 채널이라고 본다. 축구와 같은 대중 스포츠는 경기 관람이나 참여를 통해 사람들이 집단 정체성을 강화하고 서로 연대감을 형성하도록 유도한다. 특히 사회주의 체제에서는 축구가 국가 이념을 직접적으로 전달하는 매개체로 활용되기도 하며, 개인들에게 사회적 이동의 기회를 제공하는 통로가 되기도 한다. 이는 공산당 정부가 축구 선수들을 사회주의 영웅으로 홍보하고 대중 단결을 도모했던 맥락과 밀접하게 관련될 수 있다.

갈등이론은 스포츠가 사회 구조 내에서 발생하는 불평등과 권력 투쟁을 은폐하거나 강화하는 수단으로 작동한다고 본다. 해리 애드워즈(Harry Edwards)가 주장하듯, 지배 계급은 스포츠를 통해 대중의 주의를 정치, 경제적 문제에서 돌리고, 자신들의 이념을 체계적으로 강요하기도 한다. 이는 불가리아 사회주의 체제에서 축구가 국민 통제와 선전에 적극 동원됐던 사례와 맞닿아 있다. 불가리아 공산당의 정책과 미디어 전략 역시, 대중이 스포츠에 열광하는 동안 사회 전반의 불평등이나 경제적 압박을 직시하지 못하도록 만드는 장치로 기능했을 수 있음을 시사한다.

한편 상징적 상호작용론에서는 스포츠를 일종의 사회적 무대로 파악한다. 어빙 고프먼(Erving Goffman)은 사람들이 스포츠 활동을 통해 정체성을 형성하고, 서로 간의 의미를 교환하며 사회적 역할을 학습한다고 보았다. 이는 국가를 향한 충성심, 혹은 특정 정치 이념에 대한 공감대가 경기장이나 언론 보도를 통해 확대되는 과정을 설명하는 데 유용하다. 축구 선수들은 상징적 모델로서, 대중에게 사회주의적 인간형 또는 애국적 롤모델을 제시했으며, 이를 통해 국가와 체제가 기대하는 정체성을 재현했다. 나아가, 관중들은 이와 같은 과정을 함께 경험하면서 스스로 체제의 일부라고 느끼게 된다.

비판이론은 스포츠가 지배 이념을 단순히 강화하는 수단일 뿐 아니라, 동시에 저항과 변화를 이끌 수 있는 가능성도 내포하고 있음을 주장한다. 안토니오 그람시(Antonio Gramsci)에 따르면, 스포츠는 문화적 헤게모니를 구축하고 유지하는 매체가 되지만, 그 헤게모니에 균열이 생기는 지점에서 대중의 불만이나 저항이 표출될 수도 있다. 불가리아 축구 사례에서도 대중은 국가가 원하는 대로 열광하고 응집하는 동시에, 때로는 경기장 밖에서 체제에 대한 불만을 쏟아내거나 예상치 못한 갈등 상황을 만들어내기도 했다.

구조기능주의, 갈등이론, 상징적 상호작용론, 그리고 비판이론은 각각 상이한 시각에서 스포츠와 사회의 관계를 해석하지만, 이들 네 가지 관점을 종합하면 스포츠가 수행하는 사회적 기능과 권력 작동 양상을 보다 포괄적으로 이해할 수 있게 된다. 특히 불가리아처럼 공산당 주도의 사회주의 체제에서 스포츠 정책이 국가 주도의 계획과 통제 속에서 전개될 때, 어떤 형태로 이데올로기와 결합하는지 혹은 저항의 장이 형성될 수 있는지 살펴보는 것은 본 연구의 중요한 과제가 된다. 따라서 앞서 개괄적으로 제시한 불가리아의 정치사적 맥락 위에, 본 장에서 제시한 이론적 틀을 접목함으로써 불가리아 축구가 가지는 정치 및 사회적 의미를 다각도로 분석할 수 있는 방법론을 제시하고자 한다.

III. 불가리아 사회주의 체제와 축구 정책

2차 대전 직후 중동부 유럽 국가들은 공산주의 세력이 급속도로 권력을 장악하여 소련식 사회주의 체제를 받아들였다. 불가리아 역시 1944년 9월 9일, 조국전선이 정권을 잡으면서 왕국이 몰락하고 본격적인 공산주의 체제로 전환되었다. 국가가 이념을 효과적으로 전달하고 사회 전체를 통합하기 위한 수단으로 스포츠가 적극 활용된 것은 구조기능주의적 관점에서 자연스러운 결과였다. 실제로 공산당 정권 수립 후 불가리아 공산당(BKP)은 정치, 경제, 문화 등 모든 분야를 중앙집권적으로 통제하는 계획 경제 체제를 도입하였으며 스포츠 역시 이 통제 체계 내에서 중요한 위상을 차지하게 되었다. 이 시기 불가리아 정부는 사회주의적 가치를 대중에게 내면화시키고, 국민적 단결을 도모하기 위해 대중 스포츠 정책을 강화하였다. 축구는 가장 인기 있는 종목으로 부상하여, 앞서 언급한 구조기능주의적 시각에서 보자면 국민을 하나로 묶고 사회적 안정과 통합을 촉진하는 중심적 역할을 수행했다. 이 같은 맥락에서 CSKA(Central Sports Club of the Army)와 Levski Sofia 같은 주요 클럽들은 단순한 스포츠 구단을 넘어 국가 이념의 전파자로 거듭났으며, 갈등이론의 관점대로 본다면 정부가 주도권을 쥐고 선수와 구단을 체제 홍보 수단으로 활용한 셈이다.

[그림 1] CSKA와 Levski Sofia의 클럽 로고

사회주의 체제에서 축구가 수행한 기능은 매우 다양했다. 한편으로는 애국심과 사회주의적 가치관을 고취시키는 통합 장치였으나, 동시에 갈등이론에서 지적한 바와 같이 국가가 이념을 합리화하고 체제 내 불평등을 은폐하는

도구로도 작동했다. 정부는 축구 클럽에 대한 재정적, 행정적 지원을 아끼지 않았고, 국제 대회에서의 성과는 불가리아 공산당의 정치적 정당성을 높이는 상징으로 활용되었다.

특히 선수들을 사회주의 영웅으로 홍보한 전략은 상징적 상호작용론적 시각에서 보자면, 대중이 선수들을 통해 국가 이념과 동일시하도록 만드는 상징화 과정이었다. 뛰어난 신체 능력과 근면, 헌신 그리고 단결로 대표되는 사회주의적 인간형은 수많은 공식 간행물과 매체를 통해 미화되고 재생산되었으며, 이는 비판이론에서 지적하듯, 지배 이념을 지속시키는 문화적 헤게모니 유지에 기여하는 양면성을 지녔다.

이 현상은 구체적인 축구 정책과 선수 선발 및 훈련 과정에서 더욱 두드러졌다. 불가리아 정부는 클럽 운영뿐 아니라, 특정 선수들을 군대나 경찰 등 공공 부문에 고용함으로써 안정적인 생계를 보장해 주었다. 이는 선수들이 경기와 훈련에 전념하여 높은 성과를 내도록 장려하면서도, 동시에 국가의 이념을 충실히 따르도록 만드는 강력한 통제 기제로 작동했다. 어찌 보면, 갈등이론에서 제기한 노동력 통제의 측면이 드러나는 셈이다. 나아가 상징적 상호작용론을 고려하면, 축구 선수들은 단순한 운동선수가 아니라 체제의 이상을 구현하는 상징적 모델로 재탄생했고, 일반 대중은 그들을 통해 국가와 이념을 체감하는 상호작용 과정을 경험했다.

사회주의 체제 아래서 정부는 축구를 통해 국가의 이미지와 위신을 높이고, 국제 대회에서의 성과를 통해 자국의 사회주의 체제를 정당화하려 했다. 이에 따라 축구 클럽들은 국가의 지원을 받으며 운영되었고, 선수들은 국가의 이상을 반영하는 사회주의 영웅으로 홍보되었다. 정부는 축구 클럽에 대한 재정 지원을 아끼지 않았고, 각종 국제 대회에서의 성공을 위해 국가적인 노력을 기울였다. 선수들은 고용의 형태로 군대나 경찰 등의 공공 부문에서 활동하며, 이 같은 소속은 그들의 사회적 위치와 인기를 더욱 높였다.

불가리아 사회주의 체제하에서 축구는 단순한 스포츠를 넘어 사회주의 이념의 전파와 국가 정체성 확립에 기여하는 중요한 요소로 여겨졌다. 정부는 이와 같은 이미지를 강조하기 위해 공식적인 자료를 생산하고, 이를 바탕으로 축구 선수들의 이력을 홍보하였다. 축구 선수들은 대중에게 긍정적인 영향을 미치는 사회적 역할 모델로서 기능했으며, 이는 그들의 훈련과 경기에서 드러났다. 그들은 탁월한 신체 능력과 기술뿐만 아니라, 사회주의 이념에 부합하는 품성, 즉 공동체에 대한 헌신, 팀워크, 그리고 노동에 대한 존중을 가지고 있어야 했다. 이와 같은 특성들은 선수들의 훈련 과정에서도 강조되었고, 이는 그들이 단순한 운동선수가 아니라 사회주의의 진정한 영웅으로서 여겨지게 만들었다.

불가리아에서 축구는 정치적 맥락과 결합되어 사회적 담론의 한 부분이 되었다. 사회주의 정부는 축구를 통해 국가의 이념을 확산시키고, 대중의 지지를 얻기 위한 수단으로 삼았다. 선수들은 경기에서의 성공을 통해 국가의 위신을 높이고, 이는 곧 사회주의 체제의 성공으로 연결되었다. 이와 같은 이유로 정부는 선수들의 성과를 극대화하기 위해 상당한 자원을 투자하였다.

불가리아 사회주의 정부는 다양한 방식으로 선수들을 지원했으며, 이들은 공공부문에서 고용되어 생계를 보장받았다. 이는 선수들이 경기와 훈련에 전념할 수 있는 환경을 조성해 주었으며, 국가의 목표를 위해 최선을 다할 수 있는 여건을 마련해 주었다. 이와 같은 방식은 선수들이 자신의 스포츠 경력에 집중할 수 있도록 도왔고, 동시에 그들의 성공이 곧 국가의 성공으로 이어지도록 하였다.

불가리아 사회주의 체제하에서 미디어는 선수들의 이미지를 조작하는 데 중요한 역할을 했다. 정부는 선수들의 성공적인 이야기를 언론에 배포하여 대중의 인식을 조작하고, 그들을 사회주의 이념을 대표하는 인물로 포장하였다. 선수들은 매체를 통해 그들의 경력과 개인적 이야기를 대중에게 알리며, 이는 공산당의 이념과 결합하여 사회적 영웅으로서의 위상을 강화하는 데 기여하였다. 축구 경기에서의 성과는 신문과 방송을 통해 대대적으로 보도되었고, 이는 국민에게 자랑스러운 스포츠 영웅을 제공하는 중요한 수단이 되었다. 선수들은 대중에게 영감을 주는 존재로 비춰지며, 그들의 경기는 국가의 위상을 높이는 기회로 활용되었다. 이 같은 과정은 불가리아 사회주의 체제의 미디어 전략이 어떻게 사회적 아이콘을 구축하는 데 기여했는지를 보여준다. 불가리아 사회주의 체제하에서 축구 선수들은 다양한 사회적 역할을 수행했다. 이들은 단순히 운동하는 것을 넘어, 사회주의 이념을 홍보하고 국가의 이미지를 강화하는 데 기여하는 중요한 인물로 자리 잡았다. 그러나 이와 같은 역할은 때로는 복잡한 상황을 초래하기도 하였다.

예를 들어, 1985년의 국가컵 결승에서 발생한 폭력 사건은 선수들이 사회적 모델로서의 역할을 어떻게 수행해야 하는지를 보여주는 좋은 사례이다. 1985년 6월 19일, 불가리아 국립 경기장인 바실 레프스키에서 불가리아 컵 결승전이 열렸다. 이 경기는 불가리아의 두 주요 축구팀인 CSKA 셉템브리스코 즈나메와 레프스키-스파르타크가 맞붙는 경기로, 단순한 스포츠 이벤트 이상의 정치적, 사회적 의미를 지니고 있었다.

경기 도중 양 팀 선수들은 거친 플레이와 신체적 충돌을 일으켰고, 심판 판정에 대한 불만이 쌓이면서 긴장감이 고조되었다. CSKA에 유리한 파울이 선언된 직후, 레프스키 팀의 보리슬라프 미하일로프가 심판 아스파루흐 야세노프를 밀쳐 분위기는 더욱 과열되었다. 전반전 말미에는 CSKA의 코스타딘 얀체프가 레프스키의 에밀 스파소프에게 거친 태클을 가하자, 스파소프가 얀체프의 목을 조르며 격렬한 충돌이 발생했다. 이에 젊은 유망주 흐리스토 스토이치코프까지 가담하면서 선수들 간에 난투극이 벌어졌다. 심판은 얀체프와 스파소프에게 퇴장을 명령했지만, 경기는 이미 무질서 속에 빠진 상태였다. 경기 결과 CSKA가 2:1로 승리하며 우승했지만, 경기 이후 스포츠 기자들은 난투에 가담한 선수들을 처벌해야 한다는 기사를 내보내며 캠페인을 벌이기 시작했다. 이 사건은 정부와 불가리아 공산당 중앙위원회에 심각하게 다뤄졌다. 당시 불가리아에서 스포츠는 사회적 본보기로서 중요한 역할을 수행해야 했고, 선수들은 대중에게 모범적인 행동을 보여야 한다는 의무가 있는데 이를 저버렸다는 것이다.

[그림2] 1985년 국가컵 결승, 폭력사건

이에 공산당 중앙위원회는 즉각적인 대응으로 양 팀을 해체하고, 관련 선수들과 코치들에게 중징계를 내렸다. CSKA 소속의 흐리스토 스토이치코프는 영구 제명을 당했고, 코스타딘 얀체프는 3개월의 징계를 받았다. 레프스키 팀에서는 보리슬라프 미하일로프, 플라멘 니콜로프, 에밀 스파소프, 에밀 벨레프가 영구 퇴출되었으며, 양 팀의 지도부와 감독들도 징계를 피할 수 없었다. 이러한 결정은 다른 팀의 팬들과 많은 스포츠인들 사이에서 지지를 받았다. 열광적으로 응원하고 사랑하는 선수들을 보지 못한다는 아쉬움보다는 영웅 또는 본보기로서의 역할을 지켜주길 바라는 대중의 심리가 작용했다. 이후 기존 팀을 대체할 새로운 팀이 창설되었는데, CSKA 셉템브리스코 즈나메는 스레데츠로, 레프스키-스파르타크는 비토샤로 이름이 변경되었다. 1년 후, 중앙위원회는 징계를 철회하여 처벌받은 선수들이 다시 활동할 수 있도록 허용했다. 이 사건은 스포츠가 사회주의 체제하에서 정치적 통제와 사회적 역할을 강요받으며, 선수들이 개인의 행동이 국가의 명예와 사회적 안정에 미치는 영향을 깊이 고려해야 했음을 여실히 보여주는 사례로 남았다. 이는 스포츠가 구조기능주의적 통합 수단으로 기능하는 동시에, 갈등이론적 권력 통제의 장치로도 작동함을 재확인시킨 셈이다.

이 사건 이후, 정부는 선수들이 사회적 모범으로서 역할을 더 이상 소홀히 할 수 없음을 깨닫고 강력한 통제를 하게 되었다. 선수들은 경기장 내에서의 행동뿐만 아니라 경기장 밖에서도 모범적인 모습을 보여야 한다는 압박을 받았다. 이는 선수들이 단순한 운동선수가 아니라, 사회주의 체제를 수호하는 전사로서의 정체성을 갖게 만들었다.

냉전 시기 중동부 유럽 국가들의 선수들이 획득한 메달과 기록은 공산주의 선전에 유용한 도구로 활용되었다. 세계 선수권 대회와 올림픽에서의 성공적인 성과는 자본주의라는 이념적 상대와의 직접적인 비교에서 사회주의의 우월성을 보여주기 위한 수단으로 여겨졌다. 이 스포츠 영웅들은 새로운 사회주의 인간을 대표했으며, 그들의 신체적 성과는 집단적 성취로 해석되었다.

사회주의 체제하에서 선수들은 새로운 사회주의 인간상을 구현하는 본보기로서 행동해야 했으며, 공산주의 건설자들의 도덕적 코드를 상징하는 존재였다. 성공한 선수들은 해외 스포츠 행사에서 단순히 운동복을 입은 외교관 그 이상으로 여겨졌다. 국내 언론은 수백만 명의 사회주의 시민들에게 이들의 성공과 인터뷰를 소개했으며, 선전 기계는 그들의 발언이나 글이 모범적인 사회주의 인간상에 부합하도록 조율했다. 사회주의 체육과 스포츠는 사회적 영향이나 개인적 주도로 발전할 수 없는 분야로, 정치 지도자들의 기대와 목표에 따라 체계적으로 관리되었다. 자율적인 스포츠 구조나 전통적인 스포츠와 체조 운동의 성장은 엄격히 제한되었고, 중앙집권적 조직 체제를 통해 관리되었다.

국제 스포츠 무대는 공산주의 체제에 대한 대외 이미지를 높일 수 있는 중요한 홍보 수단으로 여겨졌다. 공산주의 이념가들과 정치인들은 불가리아 선수들이 세계적인 대회와 챔피언십에서 성공적으로 참가하는 것이 공산주의 체제의 이미지를 긍정적으로 조성하는 데 기여할 것이라고 기대했다. 1944년 9월 9일 이후 불가리아의 스포츠 시스템은 대중 스포츠와 엘리트 스포츠의 두 가지 주요 방향으로 발전했다. 대중 스포츠는 국민 전체의 방위와 건강 증진을 목표로 활성화되었으며, 반대로 엘리트 스포츠는 국제 대회에서의 성과를 통해 국가적 위상을 높이는 데 중점을 두었다. 이 목표를 달성하기 위해 국가 체육위원회의 선전 부서는 각 스포츠 팀의 정치 교육을 담당하는 선전 담당자들과 교사들을 지원하기 위해 정기적으로 방법론적 권장사항(Methodological Recommendations)을 발행했다. 이는 단순한 기술적 지침이 아니라, 스포츠 활동을 통해 사회주의 이념을 효과적으로 주입하는 방안을 구체화한 문서였다. 예를 들어, 훈련 방식뿐만 아니라 선수들이 훈련과 경기 중 어떤 태도를 견지해야 하는지, 공산주의적 가치(단결, 집단주의, 애국심 등)를 어떻게 체현해야 하는지에 대한 지침이 포함되었다. 또한, 선수들은 체력, 기술적 훈련뿐만 아니라 사상적 준비(Ideological Preparation) 과정도 필수적으로 거쳐야 했다. 여기서 사상적 준비란 단순한 스포츠 훈련을 넘어, 공산주의 이론과 사회주의적 가치관을 학습하고, 이를 실제 생활과 스포츠 활동에서 실천할 수 있도록 하는 교육을 의미했다. 선수들은 마르크스-레닌주의 강의를 듣거나, 당의 공식 노선을 이해하고 지지하는 활동에 참여해야 했으며, 이러한 과정은 단순한 체육 교육이 아니라 공산주의 체제 내에서 선수들을 체제 선전에 활용하기 위한 중요한 기제로 작동했다. 따라서 불가리아 사회주의 체제에서 선수들의 육성 과정은 신체와 전술적 역량을 개발하는 것뿐만 아니라, 체제 이념을 내면화하는 사상적 교육까지 포함하는 종합적인 방식으로 이루어졌다.

영웅은 공산주의 사회에서 마르크스의 역사 발전 개념을 지지하는 중요한 역할을 했다. 프롤레타리아는 자유를 위한 투쟁에서 집단적 힘으로 인식되었으며, 단일 영웅이 아니라 한 계급의 영웅들이 모여 전체적으로 영웅적 행위를 수행했다. 이 영웅들은 존경심을 불러일으키도록 만들어졌고, 공산주의 사회에서 당과 국가에 대한 존경을 촉발하는 역할을 했다. 이념가들은 그들을 교육적 본보기로 올려놓았고, 누구나 사회주의의 영웅이 될 수 있도록 동일시의 대상이 되게 했다. 이들은 잘 교육받고 신체적으로 건강한 시민의 전형으로, 단순한 노동 계층 가정 출신의 사람들로서 평범한 삶을 살며 공산주의 사회의 독특한 조건을 경험하며 조국에 봉사하고 공산주의 사회 건설에 기여하는 진실한 목표를 실현하고자 했다. 엘리트 스포츠는 선전 목적에 본질적으로 가치가 있는 분야였고, 사회주의 불가리아에서 스포츠 영웅의 창조는 이를 잘 보여준다. 그 예로, 불가리아를 대표해 1924년 파리 하계 올림픽과 1928년 암스테르담 하계 올림픽 승마 종목에 출전한 블라디미르 스토이체프를 들 수 있다. 그는 선수 생활을 마친 후 최고 체육위원회 의장으로 임명되었고, 1952년에는 불가리아 올림픽 위원회 회장으로 취임했다. 두 번째 예로는, 1956년 멜버른 올림픽에서 축구 동메달을 획득하고 CSKA 축구팀과 함께 불가리아 축구 챔피언십을 10회 우승한 축구 선수 스테판 보이코프를 들 수 있다. 스토이체프와 보이코프는 그들의 뛰어난 스포츠 업적을 인정받아 '명예 체육 대가'라는 칭호를 받았다.

스테판 보이코프는 불가리아의 공산주의 선전에 완벽한 롤모델로 평가될 수 있다. 그는 1923년 소피아의 하지 디미타르 지역에서 태어났으며, 1943년에 불가리아 군에 입대해 제2차 세계 대전 중 유고슬라비아에서 전투에 참전했다. 그의 영웅적인 공로로 인해 소련 군사 훈장을 수여받았다. 보이코프는 여러 차례 소련 팀과의 만남을 언급하며 소련 축구에 대한 평가를 남겼다:

> "소련 사람들은 우리를 진심으로, 열정적으로 사랑하고 있다. 나는 이를 깊이 이해하게 되었다. 그러나 한 가지를 더 알게 되었다. 그것은 새로운 소련인이었다."

보이코프의 팀플레이 능력은 스탈린주의 스포츠 시스템의 요구에 완벽하게 부합하며, 그의 선전 이미지에서 중요한 역할을 한다. 또한 그의 애국심 또한 선전의 중요한 요소로 활용되었다. 보이코프가 체코팀 클라드노에서 활약할 당시 체코슬로바키아 시민권을 거부한 이유는 "그가 훌륭한 애국자이며 자신의 조국을 사랑하기 때문"이라는 점이 강조되었다. 보이코프는 여름 방학 동안 불가리아에서 사회주의 국가를 위해 의무를 다하기 위해 일했으며, 페르니크-볼류크 철도 건설 작업에 참여했다. 그가 CSKA에서 경기를 시작했을 때, 그는 유연성과 팀 플레이 지향성으로 알려졌으며, 이는 사회주의 운동선수가 갖추어야 할 가장 중요한 자질 중 하나였다. 다음은 보이코프의 이미지를 가장 잘 묘사한 문장이다:

> "허름한 운동장에서 디나모 스타디움까지의 여정은 길었다. 스탈린 동지가 불과 30미터 앞에 있다. 소련과 불가리아의 국가가 울려 퍼지며 그의 가슴을 뜨겁게 만든다. 그가 공을 향해 바람같이 질주한다. 보이코프가 필사적으로 싸우고 있다!"

이처럼 보이코프는 공산주의 이상을 실현하는 완벽한 사회주의 롤모델로 자리매김하며, 팀플레이와 애국심을 상징하는 선수로 선전되었다. 정부의 주요 목표 중 하나는 축구를 통해 사회의 대중을 결집시키고, 사회주의 이념을 내재화하는 것이었다. 이를 위해 정부는 스포츠에 대한 지원을 아끼지 않았으며, 선수들의 훈련과 경기에서의 성과를 통해 사회의 단결과 자긍심을 고취하고자 했다. 축구 선수들은 이 같은 정책의 중심에 서 있었으며, 이들은 국가의 아이콘으로서 대중에게 영감을 주는 역할을 수행했다. 불가리아의 축구 정책은 제도적인 기반을 바탕으로 운영되었다. 불가리아 축구 연맹(BFS)은 1945년 설립되어 정부의 직접적인 통제를 받으며 운영되었다. BFS는 불가리아 내 모든 축구 관련 활동을 총괄하며, 정부의 이념을 충실히 반영한 정책을 수립하였다. 특히, BFS는 사회주의 이념에 맞게 선수들을 훈련시키고, 이를 통해 성과를 달성하도록 유도했다. BFS는 선수들에게 이념적 교육을 강조하였으며, 이를 통해 선수들이 단순한 운동선수를 넘어서 국가의 이념을 대변하는 인물로 성장하도록 했다. 이와 같은 교육은 체계적인 훈련 프로그램과 함께 이루어졌으며, 선수들은 이 과정에서 스포츠와 정치의 관계를 인식하게 되었다. 선수들은 정부의 정책과 이념을 내면화하고, 이를 자신의 행동과 경기에서 실천하도록 독려받았다.

이상에서 살펴본 바와 같이, 불가리아 공산당 정부는 축구를 활용하여 국민의 일상에 깊숙이 개입하고, 체제의 정당성과 우월성을 선전하는 데 성공적으로 기여하였다. 그러나 1985년 국가컵 결승전 폭력 사태와 같은 사건은 국가가 부여한 영웅이라는 지위와 선수 개인의 욕망, 그리고 대중의 기대 사이에 언제든 갈등이 발생할 수 있음을 보여주는 동시에, 이 같은 갈등이 정치적 통제와 사회적 압력으로 수습되는 과정을 재차 입증했다.

Ⅳ. 나가며

본 연구는 1944년 사회주의 혁명부터 1989년 체제 붕괴까지의 불가리아 사회주의 시기를 배경으로, 축구가 국가 이념을 형성하고 유지하는 데에 어떻게 활용되었는지를 살펴보고, 그 과정에서 선수들이 사회주의 영웅으로 규정되는 방식과 그들의 경험을 다각도로 분석하고자 했다. 먼저 사회주의 시기를 시기별로 구분하였다. 첫 번째 시기인 1944년부터 1956년까지는 불가리아가 사회주의 체제로 전환되는 과정에서 축구가 체제 홍보의 도구로 적극 활용된 시기였다. 이 시기 정부는 스포츠를 대중 선전의 수단으로 간주하며, 축구를 통해 사회주의 이념을 확산시키려 하였다. 축구 클럽과 리그 운영은 국가의 직접적인 개입을 받았으며, 선수들은 단순한 운동선수가 아니라 새로운 체제의 모범적 시민으로 자리매김했다. 두 번째 시기인 1957년부터 1970년까지는 축구 선수들의 사회주의 영웅화가 본격적으로 이루어진 단계였다. 정부는 선수들에게 사회주의적 가치관을 내면화하도록 강요하는 한편, 그들의 성과를 국가적 업적으로 간주하며 국제 스포츠 무대에서 체제의 우월성을 선전하는 데에 집중하였다. 특히 국제 대회에서의 성과가 사회주의 체제의 정당성을 강화하는 중요한 요소로 작용하면서, 선수들에게는 경기력 향상뿐만 아니라 정치적 상징으로서의 역할 수행이 요구되었다. 세 번째 시기인 1971년부터 1985년까지는 스포츠를 통한 사회주의 이념 통제가 더욱 강화되고, 축구가 국가 브랜드 구축의 핵심 요소로 작용한 시기였다. 이 시기 불가리아 정부는 축구를 단순한 국민 오락의 차원을 넘어 국가 이미지 형성과 외교적 도구로 활용하는 데 주력하였다. 정부와 축구 연맹은 선수들을 체제의 충실한 홍보대사로 만들기 위해 체계적인 훈련 시스템을 마련하고, 언론을 통해 그들의 사회주의적 헌신을 강조하는 선전 전략을 강화하였다. 마지막 시기인 1985년부터 1989년까지는 사회주의 체제가 점차 붕괴의 조짐을 보이면서 축구 정책에도 변화가 나타난 시기였다. 1985년 국가컵 결승전에서 발생한 폭력 사태는 축구 선수들이 체제의 엄격한 통제와 대중적 기대 사이에서 갈등을 겪고 있음을 단적으로 보여주는 사건이었다. 정부는 이를 엄격히 단속하며 기존의 축구 정책을 유지하려 했지만, 체제의 전반적인 균열이 심화되면서 축구 역시 더 이상 기존의 정치적 도구로 기능하기 어려워졌다. 1989년 사회주의 정권의 붕괴와 함께, 불가리아 축구는 더 이상 공산당의 직접적인 통제를 받지 않는 새로운 국면으로 접어들었다. 시기별 분석을 통해, 불가리아 사회주의 체제에서 축구는 단순한 스포츠가 아니라 정치, 사회적 목적을 달성하기 위한 핵심 기제로 활용되었음을 확인할 수 있다. 특히 축구가 체제 유지와 국가 홍보, 이념 통제의 수단으로 활용되면서 선수들은 단순한 스포츠인의 역할을 넘어 체제의 상징으로 기능해야 했으며, 이 구조는 사회주의 체제의 변화와 함께 점진적으로 해체되었다. 결론적으로, 불가리아 사회주의 체제에서 축구는 단순한 대중오락이나 신체 활동을 넘어, 국가 이념의 매개체이자 국민 통합의 장치로서 매우 중요한 위치를 차지했음을 알 수 있었다.

이와 같은 분석을 통해, 불가리아라는 특정 국가의 사례이지만, 동시대 중동부 유럽 공산주의 국가들이 스포츠를 정치와 사회적 목표에 활용한 전형적 양상을 보여주고 있음을 시사한다. 즉, 중동부 유럽 사회주의 권력 구조에서 스포츠가 갖는 의미는 (1) 체제 이념을 대중에게 일상적으로 주입함으로써 국민 단합을 꾀하고, (2) 국제 무대에서 성과를 창출함으로써 자국 시스템의 우월성을 홍보하며, (3) 선수와 구단을 통해 내부적으로는 권력 통제력을 강화하는 수단으로 활용된다는 점이다. 이 과정에서 선수들은 체제의 상징적 대리인으로 적극 소비되었으며, 그들이 보여주는 경기력이나 행위는 국가와 이념을 대표하는 공적(公的)인 것으로서 여겨졌다.

특히 본 장에서 확인된 불가리아의 사례는, 스포츠가 가진 통합이라는 기능과 권력 통제라는 역기능이 동시에 작동할 수 있음을 잘 보여준다. 한편으로는 대중에게 자긍심과 사회적 연대감을 제공하여 체제 유지에 도움을 주지만, 다른 한편으로는 수직적 권력 구조를 은폐하고, 선수 개인의 자율성과 창의성을 제약하며, 국가 이데올로기에 복무하도록 강요하는 장치로 기능했다. 이는 스포츠 사회학의 네 가지 이론적 관점—구조기능주의, 갈등이론, 상징적 상호작용론, 비판이론—모두에 걸쳐 폭넓게 해석될 수 있는 복합적 현상이다. 각 이론은 스포츠가 수행하는 사회적 기능을 달리 해석하며, 불가리아 사회주의 체제에서 축구가 국민 통합, 이념 주입, 권력 유지, 상징적 의미 형성, 저항의 공간 등의 역할을 동시에 수행했음을 드러낸다. 이를 통해 축구가 단순한 신체 활동이나 오락을 넘어, 국가와 대중을 연결하는 복합적 매개체로 작동했음을 확인할 수 있다.

끝으로, 사회주의 체제의 붕괴 이후에도 이어지는 정치와 스포츠의 결합 양상을 이해하는 데 중요한 시사점을 제공한다. 냉전 시기의 국가 간 경쟁이 해소된 뒤에도, 국가 이미지 제고나 권력 확보를 위한 스포츠의 활용은 형태만 달리할 뿐 끊이지 않고 있다. 이는 올림픽, 월드컵 등 메가 스포츠 이벤트의 정치적 이용, 자본 집중에 따른 스포츠 산업화, 선수와 감독 등 특정 인물에 대한 과도한 영웅화 등 다양한 방식으로 이어지고 있다. 결국 불가리아 사회주의 시절 축구 정책이 보여준 긍정적 효과(대중 통합, 스포츠 발전 등)와 부정적 효과(권력 남용, 개인 자유 억압, 구조적 불평등 심화 등)를 균형 있게 평가함으로써, 현대 사회에서도 국가 주도의 스포츠 정책과 자본 지배가 초래할 수 있는 문제들을 경계할 필요가 있음을 시사한다.

참고문헌

이하얀, “불가리아의 유럽화 과정과 전망: 불가리아의 유럽연합 가입 이전의 상황을 중심으로,” 『유럽연구』, Vol. 41, No. 3 (2023).

_____, “중동부 유럽국가와 소련 간 관계에 관한 연구: 체제전환 전후 불가리아를 중심으로,” 『EU연구』, No. 57 (2021).

Birrell, Susan. “Sport as Ritual: Interpretations from Durkheim to Goffman.” Social Forces 60, no. 2 (1981)

Bohman, Viking. “The Coming Decoupling from China Consequences for the EU’s Economic Security Strategy,” Swedish National China Centre Brief, No. 2 Vol. 1, (2023).

Capri, Alex. “China Decoupling versus De-risking: What’s the difference?” Hinrich Foundation, December 12, 2023, https ://www .hinrichfoundation .com /research / article /trade -and -geopolitics /china -decoupling -vs -de -risking/ (검색일: 2024. 11. 28).

Christiansen, Flemming. “The Danish People’s Party Combining cooperation and radical positions,” in Tjitske Akkerman, Sarah De Lange, and Matthijs Rooduijn (eds.), Radical Right-Wing Populist Parties in Western Europe. Into the mainstream? (London: Routledge, 2016).

Coakley, J. Sports in Society: Issues and Controversies (13th ed.). McGraw-Hill Education (2021).

Easy Sociology. “The Symbolic Interactionist Concept of ‘Performance’ in Sociology,” https ://easysociology .com /sociological -perspectives /symbolic -interactionism /the -symbolic -interactionist -concept -of -performance -in -sociology/ (검색일: 2024. 11. 28).

Kosiara-Pedersen, Karina. “New (types of) parties and government: the Danish general election 2022," West European Politics, Vol. 46, No. 6 (2023).

Mudde, Cas. "The populist radical right: a pathological normalcy," in The Populist Radical Right (London: Routledge, 2017).

Powercube. "Gramsci and hegemony," https ://www .powercube .net /other -forms -of -power /gramsci -and -hegemony/ (검색일: 2024. 11. 28).).

Rowe, David. "Antonio Gramsci: Sport, Hegemony and the National-Popular." (2004).

Wiggins, David. "The Struggle That Must Be: Harry Edwards, Sport and the Fight for Racial Equality." International Journal of the History of Sport 31 (2014).

Александров, Н. Китзевски, О. Загоров и С. Воденичаров.България през двадесет и първи век - Българска национална доктрина, първа част. София: Знание, 1997.

Банков, П. „Анализ на спортно-състезателната дейност в областта на масовия спорт". Sport &Science 10 (1984).

Биймиш, Р. и И. Ричи. „Спектърът на стероидите: Нацистка пропаганда, студената война и патриархалният патернализъм". The International Journal of the History of Sport 22, бр. 5 (2005).

Бонде, Х. „Спорт и анти-комунизъм: Срещата на датската гимнастика със сталинизма в неговите формиращи години". The International Journal of the History of Sport 16, бр. 1 (1999).

БСФС (Български съюз за физическа култура и спорт).Материали от учредителния конгрес на БСФС. София: Медицина и физкултура, 1958.

БСФС (Български съюз за физическа култура и спорт).Национално съвещание по услугите в областта на физическата култура и спорта, Сливен. София: БСФС, 1981.

Васев, А.Задачи и организация на физкултурното движение в НР България. София: Физкултура, 1950.

Гиргинов, В. „Тоталитарен спорт: Към разбиране на неговата логика, практика и наследство". Totalitarian Movements and Political Religions 5, бр. 1 (2004).

Грийн, М. и Б. Оукли. „Системи за развитие на елитен спорт и игра за победа: Еднообразие и разнообразие в международните подходи". Leisure Studies 20 (2001).

Джесоп, Б.Теория на държавата - Поставяне на капиталистическите държави на мястото им. University Park, PA: Pennsylvania State University Press, 1990.

Eastern European Society: Past and Present, под редакцията на В. Гиргинов и М. Колинс. Лондон: Taylor &Francis, 2004.

Манолова, М.История на държавата и правото: Трета българска държава 1878-1944. Благоевград: Югозападен университет „Н. Рилски“, 1994.

Риордан, Дж. и А. Крюгер, ред.Европейските култури на спорта: Изследване на нациите и регионите. Бристол: Intellect, 2003.

Тошкова, В. „Примирието с България - 28 октомври 1944“. Известия на държавните архиви, 68 (1994).

Уолъс, С. и Р. Алт. „Младежки култури под авторитарни режими: Случаят с люлките срещу нацистите“. Youth and Society 32, бр. 3 (март 2001).

Хенри, И. и П. Насис. „Политически клиентелизъм и спортна политика в Гърция“. International Review for the Sociology of Sport 34, бр. 1 (1999).

Хулихан, Б. и А. Уайт.Политиката на спортното развитие: Развитие на спорта или развитие чрез спорт? Лондон: Routledge, 2002. (검색일: 2024. 10. 25)

본문에 사용된 사진 및 자료 출처

p.188 CSKA 홈페이지, https://cska.bg/Levski Sofia 홈페이지, https://levski.bg
p.192 FC CSKA.com

인도로 간 영국 축구
벵골과 펀자브의 상반된 궤적

박종호(한국외국어대학교)

인도가 식민 지배 당시 영국으로부터 축구를 받아들인 방법은 지역마다 차이가 있다. 이번 논문에서는 벵골과 펀자브 지역의 비교를 통해 그 차이가 오늘날 인도 내에서 상반된 축구 인기를 반영한다는 점을 주장했다. 펀자브에서는 축구가 집단 구성원을 영국 지배층에 통합시키는 도구로 이용되었으며, 벵골에서는 영국 식민주의에 대항하는 민족주의적 기획의 일부로 발전했다. 실제로 독립 이후 인도 축구의 중요한 순간들은 콜카타와 벵골에서 이루어졌으며, 이 같은 주장을 '신체의 정치'라는 이론과 언어로 뒷받침했다.

I. 제국주의와 '신체의 정치'

마이클 앤서니 버드(Michael Anthony Budd)가 지적했듯이 모든 시대는 제각기 고유한 신체의 정치(body politics)로 표현할 수 있다. 19세기 후반의 제국주의자들에게 신체는 억압, 불안, 도전의 원천이었다. 당시 유럽 남성의 신체는 단체 스포츠와 같이 인간 사회가 고안해 낸 도구에 의해 단련되었고, 이국적인 기후와 질병에 의해 위협받았음에도 세계 '인종'의 위계질서에서 최상위에 자리하고 있었다.

제국주의에서의 스포츠는 그러한 의미에서 민족, 인종, 젠더 등의 코드가 신체를 지배하던 시기의 유산으로 남아있다. 그런 의미에서 스포츠, 특히 축구는 개개인을, 제국을 지탱하는 제도와 전쟁에 적합하도록 교정했고, 이는 그리스도와 여왕의 모든 올바름을 상징적으로 드러내는 역할을 했다. "건강한 정신은 건강한 신체에 깃든다"와 같은 문구는 단순히 스포츠나 군사적인 구호에 그치지 않았다. 정확히는 19세기 영국 제국주의의 요구를 충족시키기 위한 신체를 갖추는 일과도 관련된 것이었다.

조셉 얼터(Joseph Alter)는 "스포츠 신체는 단순히 의미를 전달하는 기호(signifier)일 뿐만 아니라, 문화와 권력을 구성하는 행위자로도 여겨질 수 있다"라고 주장했다. 식민지 거주민의 신체 역시 이와 무관치 않았다. 그들은 스포츠에서 요구되는 여러 규율을 따라야만 했다. 토착민들은 종종 집단생활과 운동을 통해 백인들에게 요구되는 신체적, 문화적 요건을 충족시켜야 했다. 이는 물론 식민주의자들이 요구한 사항이었고, 많은 사람은 이러한 요구 사항들이 곧 다른 인종의 열등함을 드러냄과 동시에, 식민 통치를 도덕적 차원에서의 선의로 정당화하기 위한 기획이라고 보았다.

강한 신체는 종종 안정성의 은유로 여겨졌으며, 대개는 유럽 남성들에게만 허용된 가치였다. 반면 비유럽인과 여성은 보호와 지도가 필요한 어린이로 여겨졌다. 신체 단련은 남성 식민 통치자들에게 강요되고, 통제되었으며, 규율과 규칙을 통해서 가능했다. 이 시스템은 토착민들에게도 동일하게 요구되었으며, 그들은 유럽 남성과 같은 신체를 얻기 위해 그들이 요구한 시스템을 내재화시켰다.

하지만 영국 제국주의가 은유한 '신체의 정치'는 종종 저항으로 표출되었다. 식민주의의 기획은 특히 인도의 벵골에서 의도와 다른 결과를 맞았다. 벵골에서는 열등함에 대한 저항이 경기장에서 표출되었으며, 민족주의가 스포츠를 통해 가시적인 형태로 드러나기도 했다. 반면, 인도의 북서부에서는 복잡한 사회경제적인 이유와 인종적 유형화의 결과로, 구르카와 펀자브 인이 (유럽인의 '완벽한' 신체에는 미치지 못함에도 불구하고) 인종적 위계질서에서 더 높은 위치에 자리했다.

영국 제국주의의 유산은 대체로 부정적인 것으로 여겨진다. 여기에는 정치적, 군사적 억압으로 인해 발생한 폭력의 악순환, 토착 문화의 말살, 그리고 '인종', 종교, 사회 조직 등 '제국주의적 모델'의 일방적인 강요 등을 포함한다. 그러나 영국 제국주의의 또 다른 유산으로 영국 스포츠의 전 세계적 확산을 무시할 수 없다. 이는 식민지 관계가 단순히 '식민지-피식민지'라는 이분법으로 설명될 수 없음을 시사한다.

인도인들은 영국 통치자들과 함께 스포츠를 즐기기도 했다. 하지만 다른 맥락에서 그리고 다른 문화적 의미를 담았다. 그러한 의미에서 축구의 발전은 단순히 문화적 제국주의의 한 예로 취급될 수 없다. 인도인들은 이 스포츠를 열정적으로 받아들였고, 자신들만의 사회적 의미와 열망을 스포츠에 담았다. 단순한 지배-저항 모델은 인도 축구의 역사가 드러내는 복잡성과 시간에 따른 변화를 충분히 설명할 수 없다. 결과적으로 19세기 영국 식민지 인도에서의 사회사는 20세기와 21세기를 관통하는 특정한 스포츠 관행의 기초를 마련했다고 볼 수 있다.

II. 식민주의의 유산과 인도 축구의 기원

2000년 7월, 인도 국가대표팀이 A매치 경기를 소화하기 위해 영국에 도착했을 때, 현지의 언론과 대중 사이에서는 놀라움과 호기심이 뒤섞인 반응이 나왔다. 흔히 인도인은 축구를 즐기지 않는다는 편견에서 비롯된 것이었다. 이에 일부 언론에서는 사실 인도에서도 축구가 인기가 있으며, 일부 지역에서는 100년이 넘는 세월 동안 가장 대중적인 스포츠였다는 사실을 독자들에게 알리는 데 집중했다.

축구가 인기 있는 주요 주(state)는 서벵골(West Bengal), 펀자브(Punjab), 고아(Goa), 케랄라(Kerala) 등을 꼽을 수 있다. 반면 시킴(Sikkim), 델리(Delhi), 타밀나두(Tamil Nadu), 마니푸르(Manipur)에서는 인기가 덜한 듯하다. 1996년 처음으로 전국 리그(National League)가 설립되기 전까지는 국가 단위의 프로리그 시스템이 존재하지 않았고, 지역 리그를 중심으로 인기를 유지했다. 반면 콜카타 리그는 1898년 영국 식민지 관리들에 의해 설립된 이후 가장 중요한 지역 리그로 손꼽힌다. 당시 콜카타는 벵골 제국 관할구의 수도였다. 1898년까지 콜카타는 인도 축구의 행정 중심지이자, 주요 영국팀과 신생 인도팀들이 자리 잡은 곳이었다. 애초에 콜카타는 영국령 인도의 수도이자 아시아에서 가장 중요한 제국 도시였다.

인도 축구 협회(Indian Football Association, IFA) 역시 1893년 콜카타에서 설립되었으며, 이 협회의 실드 대회(Shield competition)는 가장 중요하고 명망 있는 토너먼트였다. 벵골 외부에서도 저명한 다른 대회들이 설립되었다. 예를 들어, 더랜드 컵(Durand Cup)은 1888년 영국 식민지 관리들이 몬순 기간 머물렸던 시믈라(Simla)에서 처음 개최되었고, 1940년에 델리로 이동했다. 로버스 컵(Rovers Cup)은 1891년 뭄바이에서 시작되었으며, 1941년 산토시 트로피(Santosh Trophy)의 창설을 통해 오늘날 전국 대회로 발전했다. 이들 대회는 오늘날까지도 매년 개최되며, 전국 리그 이전에 존재했던 지역 리그들도 계속해서 운영되고 있다.

하지만 전국 단위로 프로축구를 개최하는 것은 거의 불가능했다. 당시에는 지역 간의 거리가 너무 멀어 원정 경기를 펼치기 어려웠고, 예산도 충분치 못했다. 인도 프로축구 리그가 자리 잡은 오늘날에도 원정 응원 문화는 거의 존재하지 않는다. 그래도 1937 무렵에는 전국 행정 기구인 전인도 축구 연맹(All India Football Federation, AIFF)이 설립되었다. 이전까지는 콜카타의 인도 축구 협회(IFA)가 축구를 관장했으며, 실제로 현재도 이 지역 사람들은 여전히 콜카타 지역 리그를 IFA라고 부른다.

1947년 독립 이후 축구는 국가적 자부심의 원천이 되었으나, 당시의 열정이 왜 국제적 성공으로 이어지지 않았는지에 대한 이유는 다소 불명확하다. 맨발로 경기를 계속하는 관행은 진흙투성이의 경기장에서 문제를 일으켰고, 1952년 헬싱키 올림픽에서는 선수들이 발에 동상을 입는 사고로 이어지기도 했다. 리그 경기가 규정된 90분 경기가 된 것도 1960년대에 이르러서야 가능했다. 또한, 1950년 브라질 월드컵 초청을 거절한 것도 축구 발전에 장애물로 작용했다. 국가 통합을 위한 역량의 부족, 외국인 감독과 선수 영입 문제, 그리고 인도의 정치적·경제적 고립이 축구 발전에 부정적인 영향을 미쳤음은 분명해 보인다. 그러나 1948년부터 1960년 사이 올림픽에서의 선전, 1951년과 1962년 아시안 게임 우승, 그리고 1970년 세계대회의 3위는 인도 축구의 국

지적 성공을 언뜻 보여주기도 했다.

실제로 1956년 멜버른 올림픽은 인도 축구의 가능성과 희망을 본 해였다. 유고슬라비아와의 준결승전에서 4-1로 패하고, 불가리아와의 3 · 4위전에서는 3-0으로 패했으나, 인도는 4위를 기록하며 미래를 향한 가능성을 지폈다. 당시의 유명 축구 전략가 윌리 마이슬(Willy Meisl)은 1956년에 다음과 같이 말했다:

> "이번 대회의 놀라운 팀은 단연코 인도다. 처음에는 팀을 보낼지 말지 주저했지만, 멜버른에 도착한 후 인도는 공놀이에 대한 고대 전통과 신체적 역량으로 곧 아시아와 나아가 세계 축구에서 이름을 떨칠 가능성을 보여주었다. 준결승전에서 유고슬라비아를 상대로 짧은 리드를 가져다준 센터포워드 D'Souza의 골은 대회 전체에서 가장 깔끔한 솔로 플레이로 평가되었다. D'Souza는 수비수 파펙(Papec)을 네 번 속이며 틈을 찾아 강력한 슛으로 골망을 흔들었다."

스포츠 작가이자 행정가인 앤서니 드 멜로(Anthony de Mello)는 1959년 인도 국가대표팀의 하키 성적이 훌륭한 데 비해, 축구에서의 성적이 부진한 것을 두고 일종의 '모순'으로 평했다. 그에 따르면 인도 스포츠 팬 대부분이 사실은 축구를 즐기는 애호가라고 설명했다. 그는 본인 저서에서 "스포츠를 좋아하는 인도인 대부분은 사실 축구를 가장 좋아한다"라고 덧붙였다. 1960년대에 이르러 영국 축구 협회 회장이었던 스탠리 루스(Sir Stanley Rous)는 펀자비(Panjabi) 선수 자르나일 싱(Jarnail Singh)을 두고 "세계 어느 팀에서든 뛸 수 있을 만큼 뛰어난 선수"로 평가했다.

이러한 가능성에도 불구하고, 1960년대 이후 인도 축구는 정체에 빠졌다. 1960년대부터 인도축구협회의 관리 부실과 부패에 대한 비판이 이어졌다. 협회는 이를 두고 인종주의를 언급하며 자신들의 실패를 변명하기에 바빴다.

> "우리는 스스로에게 묻는다. 그렇게 영광스러운 전통과 유산이 있고, 재능 있는 축구 선수들을 보유하고 있음에도 불구하고, 왜 우리는 뒤처져 있는가? 이는 관리 부실, 사회경제적 조건, 혹은 인도 축구 선수들의 신체적 적합성과 관련된 '유전적 결함' 때문인가? 아니면 정부의 무관심 때문인가?"

이는 서벵골에 대한 차별적 시선이 여전히 남아있음을 암시한다. 유전적 결함은 곧 인종주의와 식민주의의 유산이다. 그러나 '인종적 열등함'은 오늘날의 시선에서 터무니없는 데다가, 특정 스포츠에서의 성적이 부진한 이유로 적합하지도 않다.

최근의 자르나일 싱(왼쪽). 그는 1960년대를 대표하는 수비수로서 인도 축구의 한 획을 그었다는 평가를 받고 있다.

Ⅲ. 벵골과 펀자브: 축구와 남성성에 대해

벵골과 펀자브의 명확한 차이점은, 벵골에서 축구가 훨씬 빠르게 정착되었고, 19세기 말까지 잘 사회적으로 잘 조직되었으며, 지역 주민들에게 훨씬 큰 영향을 미쳤다는 점이다. 20세기 초반에 이르기까지 벵골에서 축구는 이미 엄청난 인기를 얻었을 뿐만 아니라, 정치화로도 이어졌다. 이는 펀자브에서는 찾아볼 수 없는 현상이었다.

20세기 초부터 콜카타에서 열린 경기에는 대규모 관중이 몰려들었고, 정치인들은 성공한 인도 팀들과 연관되기를 열망했으며, 승리의 순간은 웅장한 공공 축하 행사로 기념되었다. 오늘날에도 어떤 경기는 사회적으로 큰 영향을 미쳤다며 사람들의 입에 오르내리곤 한다. 예를 들어, 1911년 무훈 바간(Mohun Bagan)의 IFA 실드 대회 우승과 1930년대 모하메단 스포츠(Mohammedan Sporting)의 지속적인 우승이 그러한 사례이다. 당시 활약한 선수들은 영웅으로 추앙받았고, 이후 동상이 세워지고 그들의 이름이 붙은 거리가 생겼다. 콜카타 도심에는 3만 명 이상의 관중을 수용할 수 있는 경기장이 건설되었지만, 모든 팬을 수용하기에는 부족했다. 1911년 IFA 실드 결승전에는 10만 명에 가까운 관중이 몰렸고, 다른 경기에서도 6만 명 이상의 관중이 흔했다. 경기를 보지 못하는 사람들에게 점수를 전달하기 위해 연을 날리고 비둘기를 사용하는 복잡한 시스템도 있었다. 이처럼 축구는 '문화'가 되었다.

1911년 IFA 쉴드에서 우승한 무훈 바간 대표팀과 관계자

이는 펀자브의 사례와 극명하게 대조된다. 펀자브에서는 조직적인 지역 리그가 생기지 않았고, 일련의 토너먼트만 존재했다. 관중 규모는 훨씬 작았고, 대중의 열기도 부족했다는 평이다. 전국에서 경쟁할 만큼 뛰어난 팀도 거의 없었고, 펀자브 축구와 관련된 영광의 순간도 드물었다. 오히려 펀자브 출신의 위대한 선수들은 모두 콜카타에서 이름을 알렸다. 펀자브에서 가장 유명한 선수인 자르나일 싱(Jarnail Singh)은 1960년대에 인도 대표팀 주장으로 활약하며 1964년 올해의 인도 선수상을 받았지만, 그가 쌓은 업적 대부분은 벵골 지역의 팀에서 이루어졌다. 선수 생활 초반 그는 콜카타의 라자스탄 클럽에서 뛰었고, 그는 2년 후 무훈 바간에 합류했다. 그는 1959년부터 1968년까지 "팀 수비의 기둥"으로 활약하며 이름을 알렸다.

자르나일 싱의 콜카타 이적은 벵골과 펀자브의 상황을 대조적으로 보여준다. 그러나 여기에는 한 가지 아이러니가 있다. 영국인들의 '인종과' 신체에 대한 시각에 따르면 벵골인은 펀자브인과 비교해 축구에 훨씬 덜 적합한 신체였기 때문이다. 당시 펀자브인은 용감하고 강인하며, 충성스럽고 독립적이며, 전투적인 소양을 타고난 남성으로 비유되었다. 반면 벵골인은 늘 연약하고 여성스러우며, 무능하고 겁이 많다는 조롱을 감내해야 했다. 반면 펀자브인은 크게 시크교, 무슬림, 라지푸트, 여러 자트 등 그 구성이 다양했음에도, 대개는 네팔의 구르카(Gurkha)와 마찬가지로 사회적으로 존중받았다. 이에 대해 버드(Budd)는 다음과 같이 말했다.

> "하위 계층 민족들은 전투적이거나 여성스럽다고 여겨질 수 있다. 이는 신체의 가변성을 보여주는 사례다. 전투적인 라지푸트, 자트, 구르카들은 상대적으로 더 여성스럽다고 여겨졌던 벵골 힌두교도들보다 우월한 것으로 여겨질 수 있었지만, 동시에 정치적, 기술적 성취 측면에서는 유럽인들보다 열등하게 평가되었다. 이러한 맥락에서 젠더 위계는 전략적으로 활용되었으며, 인종 및 국적보다 더 자연적이고 깊게 뿌리박힌 것으로 여겨졌다."

영국 제국주의자의 관념에 따르면 축구는 남성적인 스포츠로 여겨졌다. 이른바 신체 단련을 통해 신체 단련은 남자를 '남자'로 만들어준다는 것이다. 예를 들어 민족주의자였던 시실 얼 틴데일-비스코(Cecil Earle Tyndale-Biscoe)는 축구를 포함한 다양한 신체 활동을 통해 "카슈미르에 용기를 불어넣고자" 했다.

인도인들 역시 축구를 남성적인 스포츠로 간주했다. 축구는 소년에게 남자로의 자질을 끌어내는 데 적합한 스포츠로 여겨졌다. 축구는 흔히 말해 아주 거친 스포츠는 아니지만, 강한 신체적 접촉을 주고받는 경우가 많다. 제국주의자들의 눈에 축구는 투쟁심이 있는 선수와, 없는 선수를 빠르게 구별할 수 있는 스포츠였다.

그러나 축구는 펀자브가 아니라 벵골에서 열정적으로 받아들여졌다. 벵골 사람들이 스포츠에 강렬한 정치적 의미를 부여했기 때문일 것이다. 그 이유는 벵골인들이 영국이 던진 두 가지 도전에 정면으로 응했기 때문이다. 첫째는 벵골인들은 육체적으로 연약하다는 고정관념이다. 둘째로는 벵골인들의 눈에도 축구는 용감하고 독립적이며 도덕적 확신과 국가적 자립심을 갖춘 남성들이 즐기는 스포츠로 여겨졌다.

그런 의미에서 벵골인의 경험과 펀자브인의 경험이 다른 이유는, 펀자브인이 영국의 인종주의적 정체성 구성을 통해 더 많은 이익을 얻었기 때문일 것이다. 즉, 펀자브인에게는 증명할 것이 없었다. 축구가 남성을 만든다면, 펀자브인은 이미 남성이었으며, 스포츠 경기장에서 자신의 가치를 증명할 필요가 적었다.

정치적인 견해차도 존재했다. 펀자브인은 영국과 거의 협력적인 관계를 유지했으나, 벵골인들은 대개 민족주의 운동으로 식민 정부에 대항했다. 애초에 신체, 인종, 젠더에 대한 사상은 대개 정치권력과 관계가 있기 마련이다. 이러한 이념적 고려 사항들은 정치 활동을 통해 실질적인 형태로 나타나기도 하지만, 축구의 존재에 영향일 미친 요소는 이 외에도 또 있었다. 펀자브 군대는 소수의 영국 장교와 토착 병사들로 구성된 데 비해, 콜카타를 중심으로 한 벵골군은 주로 영국의 노동 계급 청년들로 이루어져 있었다. 거기다 벵골에는 제국의 산업(제조, 상업, 교육, 공공 서비스)에서 종사하는 영국 민간인들의 수도 상당했다.

이들은 고국에서 즐겼던 스포츠를 원했고, 그것은 번잡한 도시에서도 편리하게 즐길 수 있는 성격의 것이어야 했다. 따라서 펀자브와는 달리, 벵골에서는 영국 병사들과 민간인들이 다 함께 어울려 축구 대회를 설립할 수 있었다.

더군다나 벵골 학생들은 서구화된 교육을 제공하는 대학에서 축구를 배울 기회도 있었다. 이는 도시 중산층의 벵골 남성들에게 식민지적/민족주의적 딜레마 속 정체성 위기를 초래했다.

VI. 펀자브와 벵골의 상반된 궤적

1. '인종'과 정치: 구별의 역사

19세기 영국령 인도에서도 인종적 구별에 관해 여러 담론이 오갔다. 18세기에는 환경의 영향을 강조하는 믿음이 널리 퍼져 있었고, 북쪽에 거주하는 '인종'은 불편한 지형과 추운 날씨 덕분에 더 강인하고, 근면하며, 용감하고, 도덕적이라는 생각이 일반적이었다. 이를 잘 보여주는 사례로, 영국 육군의 고위 장교인 J.J.H. 고든(Sir J.J.H. Gordon)은 펀자브 시크교도를 "훌륭한 전투 민족"이라고 칭하며, 이들의 "충성심, 인내, 그리고 두려움을 모르는 용기"가 기후와 직업, 그리고 북부의 지역적 특성 덕분이라고 주장했다. 반대로 남부의 '인종'은 열대 기후 아래서 나태하고, 약하고, 병약하다고 알려졌다. 1830년대에 총독 최고위원회의 일원이었던 토머스 배빙턴 매콜레이(Thomas Babington Macaulay)는 "벵골인의 신체적 구조는 여성과 같이 연약하다"며 "그들은 끊임없이 증기 목욕을 하는 듯한 환경에서 산다. 그들의 직업은 주로 앉아서 하는 것이고, 팔다리는 섬세하며, 움직임은 느렸다"라고 말했다.

19세기 중반에는 이러한 환경적 차이가 본질적이고, 생물학적이며, 유전적 특성으로 분류되었다. 이른바 '인종'이라는 과학이 서구 상상 속에서 자리 잡은 것이었다. 반면 그 이전인 17~18세기에는 성격과 신체적 차이가 고정되거나 타고난 것으로 여겨지지 않았다. 마크 해리슨(Mark Harrison)에 따르면, 인도인들의 게으름과 소심함은 단지 "기후에 장기간 노출된 결과"로 이해되었다. 그러나 시간이 지나며 '인종'은 "특정 민족의 본질적이고, 변경 불가능한 신체적 특질"로 여겨졌다.

이러한 견해는 영국의 우월성을 재확인했지만, 동시에 영국인들이 인도 환경에 적응할 가능성을 스스로 제한하게 했다. 인종적 고정관념이 도입되면서 각 민족 간 거리와 경계가 확대되었지만, 영국인들은 빅토리아와 에드워드 시대의 생활 방식을 인도에 도입했다. 18세기 모험과 문화 교류를 추구하던 영국의 인도에 대한 이미지는, 19세기에 이르러 특권, 속물주의, 배제의 정신으로 바뀌었다.

벵골인들에 대한 영국의 반감은 정치적 문제로 더욱 강화되었다. 1857년 세포이 항쟁(Mutiny) 시기 펀자브인들과 구르카(Gurkha) 같은 집단은 영국에 충성했지만, 벵골인들은 항쟁의 중심에 있었다. 그 결과로 벵골인들은 영국 정부로부터 시스템적인 차별을 받기 시작했다. 벵골인들에 대한 차별을 두고, 스탠리 울퍼트(Stanley Wolpert)는 인종주의 이론과 정치적 편의주의가 결합한 결과라 지적했다.

울버트는 "영국은 '전투 민족'과 '비전투 민족'이라는 허구적인 이론을 제시했다"며 "이는 대부분 세포이 항쟁 시기 '충성스러운' 군대와 '충성스럽지 않은' 집단의 경험을 바탕으로 만들어졌다"고 주장했다. 그는 아울러 이러한 생각의 이면에는 러시아나 중국이 잠재적으로 인도를 침략할 수 있다는 위협이 작용했다고 보았다. 이러한 위협에 맞서 북부 국경을 따라 대규모 군대를 배치할 충분한 이유는 충분했다. 따라서 이 지역을 중심으로 군인을 모집하는 것은 실용적이고 타당했다.

결과적으로 1857년 반란 이후 군대를 재편성하는 과정에서 펀자브인은 우대받았고, 기존의 벵골 연대는 해체되었다. 이는 인종주의에 대한 유형화와도 부합했다. 19세기 인도 역사의 주요 주제들(환경, 인종 이론의 적용, 식민주의에 대한 저항, 군 편성, 침략 위협)은 모두 축구를 둘러싼 거대한 사회적, 정치적 맥락을 형성했다.

세포이 항쟁 당시 벵골 군인을 묘사한 삽화

2. 펀자브: 경기장 안팎에서의 협력

펀자브인은 식민지 인도 사회에서 높은 지위를 얻었으며, 영국군의 일부인 토착 군대에서 중요한 역할을 맡았다. 대개 이들은 영국 병사 및 장교들과 함께 인도를 방어하는 동맹자였다. 펀자브인 역시 다른 인도인들과 자신을 구분 지었으며, 남부 지역 사람들의 부패하고 약한 본성을 경멸했다. 그러나 '인종'이라는 위계 구조는 여전히 존재했으며, 펀자브인이 장교까지 승진하는 일은 대단히 드물었다.

영국인들의 눈에는 아무리 펀자브인이 충성스럽고 용감하더라도, 지능과 리더십 면에서는 부족하다고 간주했다. 그런 의미에서 축구는 군사 규율의 방법으로 도입되었다. 이는 곧 축구는 체력, 규율, 단결력 및 조직력을 길러준다는 믿음에 기인했다. 1892년 인도에 거주하던 영국 관료 로버츠 경(Lord Roberts)는 "축구 선수들에게 필요한 규율과 협동심은 군인에게도 똑같이 적용된다"라고 주장한 바 있다.

축구는 신병 훈련 캠프와 군 막사에서 이루어졌으며, 연대 리그와 사교 행사에서 열리는 시범 경기가 포함되었다. 사회적 구분은 거의 없었고, 한 중대가 다른 중대와 경기를 치르는 방식으로 진행되었다. 이는 특정 '인종'이나 정치 집단 간의 경쟁이 아닌, 단순한 군 내부 활동이었다. 따라서 축구는 서로 다른 사회적 집단이 경기장에서 맞붙을 때 발생하는 감정적 울림을 가지지 않았다.

예를 들어 1909년, 펀자브 연대가 미얀마에 주둔했을 때는 매일 병영 내에서 축구 대회가 열렸다. 당시의 한 영국 장교는 "이 나라의 토착 주둔군은 축구에 큰 관심이 있었다"라고 말했다. 실제로 당시에는 미얀마 연대 토너먼트와 토착 주둔군 및 경찰 토너먼트라는 두 개의 연례 대회가 창설되었다. 이 장교는 매일 이루어지는 경기에 대해 "축구 그 자체에 진지하지는 않았고, 단지 신체, 활동성 및 기민성을 개선하기 위함이었다"라고 설명했다. 대회를 위한 훈련은 규율에 기반을 두었다.

그는 "3월부터 훈련이 본격적으로 시작되었고, 예비 1군 및 2군 팀은 매일 패스, 슛, 헤딩, 태클 등의 개인 훈련을 받았으며, 주당 한두 번의 실제 경기를 치렀다"라고 회고했다. 그 결과 축구 경기는 점점 더 활성화되었고, 점차로 많은 사람이 참여했다. 하지만 이러한 맥락에서 강조된 점은 협력과 규율의 준수였으며, 축구는 강렬한 감정적, 정치적 구별을 표현하는 수단과는 거리가 멀었다.

같은 시기, 펀자브의 한 영국 모집 장교는 신병들에게 축구를 소개했던 경험을 다음과 같이 기록했다:

> "신병들은 세면과 식사를 마친 뒤 제복을 지급받았다. 이후, 매우 간단한 기본 훈련 과정이 시작되었다. 이들은 제복 착용법, 장교들에게 경례하는 법, 기본적인 군사 동작, 그리고 그 외 간단한 규율을 배웠다. 또한, 저녁에는 스포츠 활동이 조직되었다. 가장 인기 있는 활동은 레슬링이었다. 멀리뛰기, 높이뛰기, 달리기 등도 진행되었으며, 나는 축구를 도입하려 시도했다."

그는 축구 경기가 어떻게 진행되었는지 묘사하며 다음과 같이 말했다.

> "경기는 선수들에게 큰 재미를 주었지만, 경기 기술은 거의 발전하지 않았다. 선수들은 자신의 위치를 지키지 않았고, 한 덩어리가 되어 서로 밀치고 발길질하는 데 집중했다. 이러한 혼잡한 '스크럼'은 골대에 가까이 가는 경우가 거의 없었고, 대개 경기장 경계를 넘어 가시덩굴이 무성한 곳으로 흘러가곤 했다. 나는 때때로 이런 경기에 직접 참여하기도 했지만, 종종 휘어진 손잡이가 달린 지팡이로 내 발목을 거는 수바다르 메이저(Subadar-Major)의 전술에 막혀 넘어지곤 했다. 경기는 대개 공이 가시에 찔려 터지면서 끝났다."

이렇듯 펀자브와 영국인 사이에서의 은밀한 연대는 인종주의적 이데올로기와 충성심의 인식에서 비롯된 것이며, 축구라는 사회적 관계에서도 반영되었다. 그들에게 이 게임은 그저 친구끼리 함께 즐기는 스포츠였다.

펀자브에서는 스포츠 문화가 식민주의에 대한 저항으로 이어졌다는 증거를 거의 찾아볼 수 없다. 1930년대와 1940년대에 이르기까지, 펀자브에서는 영국 및 인도 군인들 간에 여전히 축구 경기가 이루어졌고, 지역 선수들은 팀플레이에 필요한 기술을 점차 발전시켰다. 또한, 펀자브인은 제1차 세계대전과 제2차 세계대전 동안 연합군에 합류하여 연대 스포츠로 축구를 접하기도 했다. 1947년 지역이 분할된 이후에도 인도 펀자브는 JCT 밀스(JCT Mills)와 같은 전국구 인기 팀과 자르나일 싱(Jarnail Singh)과 같은 뛰어난 선수를 배출했다. 그러나 펀자브에서의 축구는 지역 내 커뮤니티 활동에 그쳤으며, 국가 간 경쟁이나 더 넓은 세계로의 경쟁으로 이어지지 못했다.

인도 축구의 상반된 발전 양상은 인도 스포츠 전체에 대한 담론으로도 종종 확대되곤 한다. 뭄바이(봄베이)와 델리에서는 왜 크리켓이 스포츠 문화를 지배하는지, 반면 콜카타에서는 축구가 전통적인 대중의 사랑을 받는지는 명확히 설명되지 않는다. 이에 대해 역사학자들은 특정 인물들이 특정 시기와 장소에 있었다는 역사적 우연성을 완전히 피할 수 없다고 설명한다. 이들은 자신만의 기회를 만들어내기도 하고, 주어진 기회를 활용하기도 했으며, 이를 통해 지역 주민들로부터 원하는 반응을 끌어냈다.

펀자브 지역에 전파된 '문화로서의 축구' 역시 몇 가지 특징으로 요약할 수 있다. 펀자브인은 전투 민족으로 분류되었으며, 용병으로 모집되었고, 영국인들에게 착취당하면서도 정치적으로는 식민 통치자들과 연대하는 경향이 있었다. 펀자브에서는 축구가 주로 군대를 통해 전파되었고, 이를 통해 지역 주민들에게도 알려질 수 있었다. 반면 지역 사회 내에서 클럽을 설립하거나 리그를 조직하려는 사람들은 거의 없었고, 축구를 통해 지역 사회 간 차이를 표현하려는 열망도 부족했다. 경기장 내에서 영국인들을 이기고자 하는 욕구 또한 부재했으며, 따라서 펀자브인 자신을 영국인으로부터 구별하고자 하는 욕구는 축구 문화의 일부로 이어지지 않았다.

영국군 내 펀자브와 벵골인의 상반된 위상을 드러내는 삽화. 왼쪽 네 명이 벵골인 군인, 그 옆 붉은 제복을 입고 있는 이가 영국군 장교, 가장 오른쪽인 펀자브인이다. 왼쪽 벵골인들의 시선이 영국군 장교와 펀자브 병사를 향하고 있다.

3. 벵골: 편견과 반식민지적 대응

콜카타는 아시아 제국 무역과 상업의 중심지였으며, 영국 병사들의 대규모 주둔지이자 상당수의 유럽 민간인이 거주하는 지역이었다. 이 도시는 인도 민족주의 운동의 부흥 중심지이기도 했다. 1880년대까지 콜카타에서는 영국 육군 팀과 민간 사회 클럽을 위한 축구 리그와 컵 대회가 설립되었다. 스포츠는 '인종' 분류와 다른 사회적 이벤트와 다르지 않았다. 영국인들은 자신들을 벵골인과 구분 짓고, 벵골인들을 혐오와 경멸로 바라보며 그들의 차이를 강조하는 데 집중했다.

인도를 다스리는 데 있어 가장 큰 딜레마는 소수의 인력으로 거대하고 다양한 나라를 통치하는 방법이었다. 펀자브인이 군인으로 양성되었다면, 교육받은 벵골인들은 지방 정부와 상업 조직에서 관료 역할을 맡았다. 그러나 이러한 교육과 지위는 민족주의적 역량을 강화하는 촉매제가 되었고, 이는 영국이 의도한 바는 아니었다. 사실 여성스럽고 나약하다는 벵골인들을 향한 고정관념은, 교육받은 중산층을 중심으로 한 정치적 동원에 대항하려는 영국인들의 전략에 가까웠다. 그러나 벵골인에게 편견을 극복하려는 시도는 곧 영국의 지배로부터의 저항을 의미했다.

영국 식민주의의 영향과 벵골인의 대응은 사회경제학적으로 무척 복잡하기 이를 데 없다. 1920년대 당시 콜카타의 축구 리그와 컵대회 조직위원회는 벵골인이 중심이 된 팀을 환영하지 않았다 한다. 당시까지 벵골팀은 단 한 팀만 출전이 허용되었다. 반면 일부 영국인들은 서구의 교육 시스템을 통해 벵골인의 신체 단련을 도모하기도 했다. 이는 벵골인들이 자신의 신체를 부정한 후, 개선 방법을 영국으로부터 찾은 후, 그 방안을 전적으로 영국에 의존하도록 의도한 기획이었다.

이러한 기획은 고위 식민지 관리들의 발언에서 종종 드러나곤 했다. 벵골인의 신체에 대한 부정적 묘사는 1899년 저명한 기자인 G.W. 스티븐스(G.W. Steevens)는 "벵골인은 다리로 알아볼 수 있다. 자유인의 다리는 곧거나 약간 활 모양으로 구부러져 있어 튼튼히 설 수 있다"라며, "벵골인의 다리는 뼈와 피부만 남아 있고 무릎은 튀어나왔으며, 전체적으로 가늘고 약하다. 혹은 매우 살찌고 둥글며, 무릎이 안쪽으로 굽고 허벅지는 여성처럼 둥글다. 벵골인의 다리는 노예의 다리다"고 적었다.

그러나 다른 식민지 관리자들은 벵골인들에게 신체적 · 인종적 발전의 길을 제시하려 했다. 예를 들어, 벵골의 총독이었던 조지 캠벨 경(Sir George Campbell)는 "교육받은 벵골인들은 지적 허영심에 빠지는 대신, 신체적 · 도덕적 기질을 발전시켜 유럽인들과 경쟁하려 하고 있다"라며 "그들은 (인종적 발전 가능성에 대해) 아주 위대한 가능성이 있다"고 말한 바 있다. 이러한 모방 과정은 영국인이 요구한 바이기도 했지만, 민족주의에 더 극단적이었던 벵골인들 중 일부는 영국 스포츠를 거부하고 토착 문화를 선호했다. 하지만 대다수의 벵골인은 영국이 제시한 틀 안에서, 그들이 이야기하는 발전을 도모하는 길을 택했다.

또 다른 영국 거주자는 "벵골을 포함한 많은 교육받은 토착민들은 용기와 신체 능력이 부족하다는 오명을 오래전부터 받아왔으며, 이를 극복하기 위해 노력해 왔다. 이에 따라 축구와 크리켓이 점점 더 인기를 끌고 있으며, 체육관도 도입되고 있다"고 말했다. 앵글로-인도 대학 시스템을 졸업한 이들은 영국 스포츠의 힘을 믿었고, 자신들을 증명하고자 하는 민족주의적 열망을 가진 사람들이었다. 이들은 오늘날까지도 인도 축구에서 중요한 역할을 하는 팀들을 설립했다. 이러한 팀들은 영국 통치에 대한 제국주의적 저항의 중심이 되었으며, 이는 벵골 사회에서 영국 통치에 대한 불만이 고조되는 사실을 방증했다. 1905년 커즌(Curzon) 총독의 벵골 분할령은 민족주의적 에너지를 집중시키고, 식민 당국을 겨냥한 폭력 사태를 촉발했다.

서구화된 벵골인들은 영국 문화에 대한 애정(Anglophilia), 열등감, 의존성을

복합적으로 느끼며 불안해했다. 이는 다음과 같은 진술에서 잘 드러난다:

> "우리는 영어로 교육받은 바부(Babu)들로, 영어 교육 덕분에 먹고살고 있다. 우리의 교육, 서비스, 직업은 모두 영국인들에 의해 제공되었다. 우리의 정치적 노력과 야망은 모두 영국인들로부터 받은 것이다. 영국식 교육과 피상적인 영국 습관 모방은 우리를 완전히 쓸모없고, 불행하게도 영국식과 토착식의 혼합물로 만들었다."

1911년, 무훈 바간(Mohun Bagan)이 IFA 실드에서 우승하며 영국 병사들로 구성된 이스트 요크셔 연대(East Yorkshire Regiment)를 2-1로 꺾었을 때 벌어진 축하 행사는 축구의 인종적, 정치적 의미를 잘 보여준다. 이 경기는 사회적 변화에 대한 요구와 긴장감 속에서 치러졌다. 약 10만 명의 관중이 경기장에 모였으며, 열정적인 언론 보도도 이어졌다. 이날 클럽의 승리는 벵골인들의 정체성 위기를 극복하는 데 기여했다는 평을 받는다. 한 작가는 당시의 상황을 다음과 같이 묘사했다.

> "인도인들은 예술, 과학, 학문, 그리고 공직의 상위 계층에서 영국인과 대등하게 경쟁할 수 있다. 이제 남은 것은 축구라는 영국적인 스포츠에서 영국인을 이기는 것뿐이었다. 벵골인들이 영국 병사들을 상대로 승리했다는 소식은 모든 인도인에게 기쁨을 안겨준다. 쌀을 먹고 말라리아에 시달리며 맨발로 뛴 벵골인들이 소고기를 먹고 튼튼한 신발을 신은 영국 병사들을 이긴 것은 모든 인도인에게 자랑스러운 일이다. 이 승리는 남녀를 불문하고 모두를

기쁘게 하며, 꽃을 뿌리고 서로 껴안으며 소리치고 춤을 추며 축하하는 모습이 곳곳에서 목격되었다."

이 승리는 민족주의자들에게는 절호의 기회였으며, 벵골 분할이 철회되기 불과 몇 달 전이었다. 이는 식민 모방과 저항 간의 갈등 속에서 빚어낸 중요한 승리였다. 서구화된 벵골인들에게 이 승리는 영국인과 동등하다는 것을 증명하는 방법이었다. 이는 모방과 저항이 결합된 사례였다. 영국 스포츠는 남성을 만드는 과정과 관련이 있었고, 남성의 신체를 권력의 상징으로 사용했다.

영국은 이러한 상황을 수수방관하지 않았다. 곧 인도의 수도를 벵골의 '숙련된 축구 선수와 폭탄을 휘두르는 민족주의자들'로부터 멀리 떨어진 델리로 옮겼다. 커즌의 벵골 분할령 철회와 함께 이 결정은 대체로 벵골의 승리로 인식되거나, 탈식민화로 이어지는 일련의 패배 중 첫 번째 사례로 여겨지기도 했다. 그러나 이는 인도 전체에서 축구의 인기가 줄어드는 계기가 되었다. 인도 정치와 경제의 중심에 놓인 델리의 엘리트와 중산층은 축구보다는 크리켓에 더 열중했다. 축구는 콜카타에서 지역적 차이와 정체성을 표현하는 방식으로 인기를 유지했다.

무훈 바간은 힌두 엘리트의 클럽으로 자리 잡았고, 모하메단 스포츠(Mohammedan Sporting)는 무슬림 공동체를 대표했으며, 이스트 벵골(East Bengal)은 동벵골(현 방글라데시)에서 이주한 사람들을 위한 클럽으로 자리 잡았다. 영국을 물리치기 위한 도구로 설립된 축구는 벵골 문화에 뿌리를 내려 차이를 표현하는 수단으로 번창했다.

VII. 인종적 차이와 디아스포라: 제국주의의 유산

인도 축구의 유산이 식민주의가 만든 인종적, 지역적, 사회적 분열과 연관이 있음에 이견은 없다. 제국주의는 인도의 스포츠 문화를 형성하는 데 결정적인 역할을 했지만, 동시에 지역 간 차이를 두드러지게 했다. 축구가 영국 병사들과 식민지 엘리트 사이에서 처음 전파되었을 때는 권력, 우월성, 사회적 질서를 유지하는 도구로 여겨진 경향이 있다. 그러나 축구는 다양한 맥락에서 다른 의미를 가지며 발전해 나갔다.

펀자브와 벵골의 사례는 축구가 지역적 경험과 정치적 맥락에 따라 얼마나 다르게 수용되고 전파되었는지를 보여준다. 전술했듯이, 펀자브에서 축구는 군사적 목적과 연관되어 있었다. 이곳에서 축구는 규율, 단결 몇 규율, 체력 강화라는 목적을 위해 사용되었다. 펀자브인은 군대로 모집되었고, 영국 식민 통치의 충성스러운 협력자로 여겨졌다. 이 가운데 축구는 그들의 신체적 강인함과 용맹함을 드러냈다.

반면, 벵골에서는 축구가 민족적 정체성과 제국주의적 질서에의 저항을 표현하는 수단으로 사용되었다. 벵골의 축구 선수들과 클럽은 영국 통치자들에게 저항하는 수단으로 여겨졌고, 특히 1911년 무훈 바간의 IFA 실드 우승은 영국 식민주의에 대한 승리로 여겨졌다. 축구는 단순한 스포츠가 아니라 민족적 자부심을 회복하고, 영국의 인종주의적 우월성에 도전하는 수단이 되었다.

여기에 멈추지 않고 축구는 이러한 인도 전역과 디아스포라로 이어지며 또 다른 형태의 변화를 겪었다. 19세기 말과 20세기 초, 인도 노동자들은 영국 식민지 제국의 여러 지역, 동아프리카, 말레이시아, 그리고 서인도제도 등으로 이주했다. 그들은 새로운 환경에서 축구를 재구성하고, 각 지역의 사회적, 문화적 맥락에 적응시켰다.

디아스포라에서의 축구는 두 가지 목적을 수행했다. 첫째, 이 스포츠는 인도 디아스포라 공동체 간의 단결을 촉진했다. 축구는 인도 출신 노동자들이 새로운 환경에서 자신의 정체성을 유지하고, 집단적 소속감을 형성하는 방법이었다. 둘째, 축구는 영국 식민지 체제 내에서 위계적 구조를 강화하는 데도 사용되었다. 예를 들어, 동아프리카에서는 영국인, 인도인, 아프리카인 간에 별도의 리그가 존재했으며, 이는 식민지 사회 안에서의 인종주의적 분리를 반영했다.

이를 통해서 봤을 때, 축구가 지역적 정체성과 사회적 차이를 표현하는 도구로 발전했다는 점을 특기할 수 있다. 콜카타에서의 축구 클럽은 특정 종교, 지역, 계층을 대변하며, 사회적 정체성을 표현하는 장으로 기능했다. 예를 들어, 무훈 바간은 지역 힌두 엘리트의 클럽으로 자리 잡았고, 모하메단 스포츠(Mohammedan Sporting)는 무슬림 공동체를 대표했다. 이러한 클럽들은 단순히 축구 경기의 주체 역할이 아니라 사회적 분열을 반영하고, 때로는 이를 심화시키는 역할을 했다.

모훈 바간과 모하메단 스포츠는 오늘날 인도 프로축구 리그에서도 벵골 지역을 대표하는 두 팀으로 활약하고 있다.

디아스포라에서도 축구는 인종적, 사회적, 지역적 차이를 표현하는 수단이 되었다. 그러나 축구는 동시에 이러한 차이를 초월하는 도구로 작용할 수도 있었다. 예를 들어, 동아프리카에서는 인도인, 아프리카인, 그리고 유럽인들이 같은 경기를 관람하거나, 때로는 같은 팀에서 경기를 펼치기도 했다. 축구는 갈등과 협력, 분열과 통합이라는 복잡하고도 상반된 역할을 일임하며 제국주의의 유산을 이어가고 있다.

오늘날 인도 축구의 유산은 단지 과거의 반영이 아니라, 현재에도 여전히 영향을 미치고 있다. 축구는 여전히 인도의 지역적, 사회적, 정치적 정체성과 긴밀히 연결되어 있으며, 디아스포라에서도 유사한 역할을 하고 있다. 인도 축구는 이제 전 세계적으로 확대된 디아스포라 공동체의 문화적 상징으로 남아있으며, 이러한 유산은 축구가 단순한 스포츠 이상이라는 것을 보여준다.

결론적으로 인도 축구의 발전은 단순히 스포츠의 역사를 넘어선 복잡한 사회적, 정치적, 그리고 문화적 변화를 반영한다. 19세기 후반과 20세기 초반의 인도에서 축구는 제국주의의 도구로 도입되었지만, 점차 인도인들에 의해 재구성되었고, 그들의 민족적 정체성을 표현하는 수단으로 발전했다. 펀자브와 벵골의 사례는 축구가 지역적 맥락과 정치적 상황에 따라 매우 다르게 수용되고 발전할 수 있음을 보여준다. 펀자브에서는 축구가 군사적 규율과 체력 강화라는 목적에 사용되었고, 벵골에서는 민족주의적 저항과 인종적 편견에 대한 도전으로 기능했다.

디아스포라의 맥락에서는 축구가 이주 공동체 내에서 정체성을 유지하고, 새로운 환경에 적응하는 데 중요한 역할을 했다. 동시에, 축구는 인종적 위계와 사회적 분리를 강화하는 도구로 사용되기도 했다. 동아프리카와 같은 지역에서 축구는 디아스포라 공동체의 연대와 분열을 동시에 촉진하며, 제국주의의 복잡한 유산을 반영했다.

축구는 인도의 지역적 차이를 초월하는 동시에, 이를 강화하는 도구로 작용했다. 콜카타의 클럽들은 특정 지역, 종교, 계층을 대표하며, 축구를 통해 사회적 차이를 표현하는 장으로 기능했다. 그러나 이러한 차이는 축구가 단순히 분열의 상징이 아니라, 사회적 협력과 연대를 가능하게 하는 잠재력을 지녔다는 점도 보여준다.

오늘날에도 축구는 인도의 지역적, 사회적, 정치적 정체성과 긴밀히 연결되어 있으며, 디아스포라 공동체에서도 문화적 상징으로 남아있다. 결과적으로 축구를 둘러싼 역사와 제국주의의 유산은 오늘날 축구가 단순한 스포츠 이상의 의미가 있음을 상기시킨다. 축구는 갈등과 협력, 분열과 통합이라는 상반된 역할을 동시에 수행하며, 인도의 과거와 현재를 이해하는 데 중요한 창을 제공한다.

참고문헌

Alter, Joseph S., The Wrestler's Body: Identity and Ideology in North India (Berkeley, CA: University of California Press, 1992).

Anand, Dibyesh, "Anxious Sexualities: Masculinity, Nationalism and Violence", The British Journal of Politics and International Relations, No. 9, No. 2 (2007).

Bains, Jas, Asians Can't Play Football (Solihull: ASDAL, 1996).

Bandyopadhyay, Kausik, Scoring Off the Field: Football Culture in Bengal, 1911-80 (New Delhi: Routledge India, 2011).

Chattopadhyay, Saayan, The Effeminate and the Masculine: Nationalism and the Concept of Race in Colonial Bengal' in P. Robb (ed.), The Concept of Race in South Asia (Oxford: Oxford University Press, 1995).

De Mello, Anthony, Portrait of Indian Sport (London: Macmillan, 1959).

Dimeo, Paul, "Colonial Bodies, Colonial Sport: "Martial" Punjabis, "Effeminate" Bengalis and the Development of Indian Football", The International Journal of the History of Sport, Vol. 19 No. 1 (2010).

Halder, Avipsu, "East Bengal-Mohun Bagan Football Fans and Indian Politics: Parochialism and Nationalism in Simultaneity?" Soccer & Society, No. 25, No. 4-6 (2024).

Harrison, Mark, Climates and Constitutions: Health, Race, Environment and British Imperialism in India, 1600–1850 (Oxford: Oxford University Press, 1999).

Heehs, Peter, The Bomb in Bengal: The Rise of Revolutionary Terrorism in India, 1900–1910 (Oxford: Oxford University Press, 1993).

Hood, J. Gordon, The Sikhs (Edinburgh: William Blackwood, 1904).

Krishna, Sankaran, "Cartographic Anxiety: Mapping the Body Politic in India", Alternatives, No. 19, No. 4 (1994).

Maitra, Jagadish C., Indian Sports-Flashback, Vol. II (Bombay: Maitra, 1975).
Mangan, J. A., The Games Ethic and Imperialism: Aspects of the Diffusion of an Ideal (Harmondsworth: Viking, 1986).
Mason, Tony, "Football on the Maidan: Cultural Imperialism in Calcutta", International Journal of the History of Sport, Vol. 7, No. 1 (1990).
Michael, Budd A., The Sculpture Machine: Physical Culture and Body Politics in the Age of Empire (New York: New York University Press, 1997).
Pardesi, Manjeet S., Sumit Ganguly, "Violent Punjab, Quiescent Bengal, and the Partition of India." Commonwealth & Comparative Politics, No. 57, No. 1 (2018).
Perry, Roy E., The Sikhs of the Punjab (London: Drane's, 1921).
Ray, Utsa, "The body and its purity: Dietary politics in colonial Bengal", The Indian Economic & Social History Review, Vol. 50, No. 4 (2013).
Rosselli, John, "The Self-image of Effeteness: Physical Education and Nationalism in Nineteenth Century Bengal", Past and Present, Vol. 86 (1980).
Sen, Amiya P., Hindu Revivalism in Bengal, 1872-1905: Some Essays in Interpretation (Delhi: Oxford University Press, 1993).
Tudor, Maya, The Promise of Power: The Origins of Democracy in India and Autocracy in Pakistan (Oxford: Oxford University Press, 2013).

‘레 블뢰(Les Bleus)’를 통해 본 다문화사회에서 축구의 역할

안준철(호남대학교)

프랑스 축구 대표팀 ‘레 블뢰(Les Bleus)’는 다문화적 통합과 국가 정체성을 상징하는 사례로 자리 잡았다. 1998년과 2018년 FIFA 월드컵 우승 당시, 다양한 문화적 배경을 가진 선수들이 활약하며 국민적 자부심과 연대를 형성했다. 이는 축구가 단순한 스포츠를 넘어 국가 공동체 의식을 강화하는 기제로 작용함을 보여준다. 베네딕트 앤더슨의 ‘상상된 공동체(Imagined Communities)’ 개념을 적용하면, 축구는 국민에게 동일한 국가적 정체성을 부여하는 강력한 매개체가 된다. 대표팀의 유니폼, 국가 연주, 경기장의 응원은 국민이 하나의 공동체에 속해 있다는 감각을 형성하며, 다문화사회에서도 연대감을 고취하는 역할을 한다.

그러나 축구는 사회적 통합을 촉진하는 동시에, 때로는 사회적 갈등을 드러내는 역설적 측면도 가진다. 경기 결과나 정치적 상황에 따라 대표팀의 다문화적 구성이 논란이 되며, 패배의 순간에는 이민자 출신 선수들이 비난받는 모습도 나타난다. 2010년 남아공 월드컵에서 프랑스가 조별리그에서 탈락했을 때, 일부 극우 세력과 언론은 다문화적 팀 구성을 문제 삼으며 대표팀의 실패를 사회적 갈등의 도구로 활용했다.

프랑스의 경험은 다문화사회로 변화하는 국가, 특히 한국에 중요한 시사점을 제공한다. 축구는 문화적 차이를 넘어 협력과 연대를 촉진하는 강력한 도구가 될 수 있으며, 다문화 가정을 위한 축구 프로그램 확대, 교육과 연계한 스포츠 정책 마련 등이 필요하다. 프랑스 대표팀이 보여준 것처럼, 축구는 국가 정체성과 다문화적 정체성이 조화를 이루는 모델을 구축하는 데 기여할 수 있는 강력한 기제가 될 것이다.

l. 프랑스 축구 대표팀, 그들은 어떻게 하나가 되었을까?

프랑스는 오랫동안 세계 축구 무대에서 강자로 자리매김해 왔다. 현재 국제축구연맹(FIFA) 랭킹에서도 최상위권을 유지하고 있고, 1998년과 2018년 월드컵 우승을 비롯해 여러 차례 국제대회에서 놀라운 성과를 거뒀다. 축구 강국이 된 데에는 체계적인 유소년 육성 시스템, 강한 국내 리그, 그리고 킬리안 음바페 같은 세계적인 선수들이 큰 역할을 했다. 하지만 프랑스 축구가 단순한 스포츠를 넘어선 특별한 의미를 지니게 된 데에는 또 다른 이유가 있다.

프랑스 축구 대표팀의 별칭은 '레 블뢰(Les Bleus)'다. 이는 파란색 유니폼에서 유래한 것이지만, 오늘날에는 단순한 색상을 넘어 프랑스 사회의 다양성과 다문화적 정체성을 상징하는 존재가 되었다. 1998년 프랑스월드컵 당시 프랑스 축구대표팀은 '블랙-블랑-뵈르(Black-Blanc-Beur)'라는 별칭으로 불렸다. 이는 팀이 흑인(Black), 백인(Blanc), 북아프리카 이민자(Beur) 출신 선수들로 구성되었음을 의미한다. 즉, 프랑스 대표팀은 그 자체로 다문화사회인 프랑스를 보여주는 하나의 축소판이다.

2018년 러시아 월드컵에서도 비슷한 양상이었다. 특히, 대표팀 선수 중 90% 이상이 이주민 가정 출신이었다. 결국 '레 블뢰'의 승리는 단순한 스포츠적 성과가 아니라, 이민자와 그 후손들이 프랑스 사회의 중요한 구성원이라는 점을 보여주는 계기가 되었다. 많은 프랑스 국민이 이들을 응원했고, 다문화사회가 만들어 낼 수 있는 긍정적 가능성을 확인할 수 있었다.

그러나 이러한 통합의 서사 뒤에는 복잡한 현실도 존재한다. 대표팀이 좋은 성적을 거둘 때는 다문화사회의 성공 사례로 주목받지만, 반대로 부진할 때는 일부 극우 세력과 보수 언론에서 "이민자 선수들이 많아서 팀이 약해졌다"라고 비난하기도 했다. 실제로 2010년 남아공 월드컵에서 프랑스가 조별리그에서 탈락했을 때, 일부 선수들은 인종차별적인 비판의 대상이 되고 말았다. 이처럼 축구는 한편으로는 사회를 하나로 묶는 역할을 하지만, 다른 한편으로는 갈등을 보여주는 장이 되기도 한다. 하지만 프랑스 대표팀의 사례를 통해 우리는 스포츠가 다양한 배경을 가진 사람들을 하나로 묶을 수 있는 강력한 힘을 가지고 있다는 것을 확인할 수 있다.

이 글에서는 '레 블뢰'가 다문화사회에서 어떤 역할을 해왔으며, 축구가 사회적 통합을 촉진하는 도구가 될 수 있는지를 좀 더 깊이 있게 살펴보려고 한다. 단순히 긍정적인 면만 보는 것이 아니라, 축구가 사회적 갈등을 반영하는 측면도 함께 고려해 볼 것이다. 축구가 프랑스를 비롯한 다문화 국가에서 사회통합의 진정한 도구로 작용할 수 있는지에 대한 탐색이다. 이는 다문화사회로 진입을 앞둔 한국에도 주요 시사점을 제공할 수 있다는 점에서 의미가 있다고 본다.

II. 프랑스의 이민 역사와 다문화사회

1. 프랑스, 이민의 나라가 되다

오늘날 프랑스는 다양한 인종과 문화가 공존하는 다문화 국가로 알려져 있다. 하지만 처음부터 다문화 국가는 아니었다. 프랑스 사회가 이민자들과 함께 성장해 온 과정을 살펴보면, 왜 프랑스가 다문화사회가 되었는지, 그리고 이 과정에서 어떤 변화와 갈등이 있었는지를 이해할 수 있다. 19세기 말, 프랑스가 산업화로 빠르게 성장하면서 일할 사람이 부족해지자 외국인 노동자들을 받아들이기 시작했다. 특히 1차 세계 대전 이후, 노동력 문제를 해결하기 위해 이탈리아, 벨기에, 폴란드 출신 노동자들이 대거 유입되었다. 이들은 건설, 농업, 광업 분야에서 일하며 프랑스 경제 성장에 중요한 역할을 했다. 1920년대 프랑스는 세계에서 두 번째로 많은 이민자를 수용하는 국가로 자리 잡았고, 이민자 비율로는 세계 1위를 기록하였다. 이민자들은 노동력 제공뿐만 아니라 프랑스 경제 부흥에도 중요한 역할을 했다는 평가를 받는다.

제2차 세계대전 이후에는 경제 재건이 주요 과제로 떠오르면서, 프랑스는 더 많은 노동력이 필요하게 되었다. 특히, 알제리, 모로코, 튀니지와 같은 구 식민지에서 온 이주민들이 대거 유입되었다. 이들은 프랑스어를 사용할 수 있다는 점에서 노동시장에 쉽게 통합될 수 있었고, 프랑스 정부는 이들 중 일부에게 영주권을 부여하여 정착을 장려했다. 그러나 사회적 차별과 불평등의 불씨도 함께 커졌다.

1970년대에 접어들면서 석유파동과 같은 세계적 경제 위기가 프랑스에도 영향을 미치면서, 1974년 이후 이민자 유입을 엄격하게 통제하는 정책 기조로 바뀌었다. 이후 2005년 내무부 장관으로 부임한 니콜라 사르코지(Nicolas Sarkozy) 주도로 이민통합법을 개정하여 '받아들이는 이민'에서 '선별 이민(immigration choisie)'으로 개편을 단행했다. 이는 필요한 기술을 가진 이민자만 수용하며, 가족 재결합과 같은 제한된 형태의 이민만 허용하는 정책이었다. 나아가 불법 이민에 대한 강력한 통제를 시행하고 있다. 이러한 정책은 프랑스 내 이민자 커뮤니티에서 반발을 불러일으켰으며, 이민자와 프랑스 본토 주민 간의 갈등을 심화시키는 요인이 되었다.

프랑스는 이민자들이 경제 발전에 기여했다고 평가하면서도, 문화적 차이와 경제적 문제로 인한 긴장감이 여전히 남아 있다. 결국 프랑스의 이민 정책은 이민자들의 사회적 통합과 이민을 제한하려는 움직임 사이에서 균형을 찾으려는 과정이었다. 하지만 두 가지 목표가 충돌하면서, 이민 문제는 여전히 프랑스 사회에서 뜨거운 이슈로 남아 있다.

2. 다문화사회로의 이행

현재 프랑스 인구의 약 11%가 이민자 또는 이민자 출신으로 구성되어 있다. 과거보다는 그 비율이 낮긴 하지만 유럽에서도 이민자 비율이 높은 편에 속하는 국가이다. 이민자들은 주로 북아프리카, 사하라 이남 아프리카, 아시아, 동유럽 출신으로, 이들의 사회적 · 문화적 기여는 프랑스 다문화사회의 핵심적인 특징으로 자리 잡았다. 프랑스의 다문화사회로의 이행은 공화주의 이념에 뿌리를 둔 통합 전략에서 시작되었다. 프랑스의 '공화주의적 통합'은 모든 시민이 종교와 민족에 관계없이 평등하게 대우받아야 한다는 이상을 바탕으로, 1789년 프랑스 대혁명 이후 형성된 '라이시테(laïcité)', 즉 정교 분리 원칙(政教分離原則)과 깊이 연관되어 있으며, 모든 시민이 종교와 민족적 배경과는 무관하게 평등하게 대우받아야 한다는 이상을 지향한다. 이민자와 그 후손들은 공립학교와 다양한 사회적 기제를 통해 프랑스어와 공화주의적 가치를 학습하며, 이를 통해 하나의 정치적 공동체로 통합될 것을 요구받았다.

1970년대 이후 이민정책의 변화는 프랑스가 다문화사회로 전환하는 데 중요한 전환점이 되었다. 1974년, 경제 위기 이후 노동 이민이 제한되었으나, 가족 재결합을 통한 이민은 지속되었다. 이를 통해 이민자들이 장기적으로 정착할 수 있는 기반이 마련되었으며, 이민자 커뮤니티는 점차 확대되었다. 프랑스 사회는 이러한 변화 속에서 다문화적 특성을 점차 수용해 왔다. 이민자 커뮤니티는 프랑스 사회의 중요한 구성 요소가 되었다. 북아프리카 출신 이민자들은 음식, 예술, 음악 등 다양한 문화적 요소를 프랑스 사회에 이식했다. 이는 프랑스 문화의 다원성을 증대시켰으며, 프랑스 사회의 정체성을 재구성하였다.

다양한 배경을 가진 시민들은 오늘날 프랑스의 사회 전반에서 핵심적인 역할을 하고 있다. 경제적으로, 이민자들은 소상공업과 서비스업 등 다양한 분야에서 활동하며 프랑스 경제의 기반을 강화하고 있다. 문화적으로, 이들의 독창적인 예술적 기여는 프랑스 문화의 다양성을 더욱 풍부하게 만든다. 더욱이 스포츠는 프랑스의 다문화적 정체성을 상징적으로 보여주는 분야 중 하나이다. 축구를 포함한 주요 스포츠에서 이민자 출신 선수들은 국가대표팀을 구성하며, 국제적인 성공을 통해 프랑스의 다문화적 정체성을 전 세계에 알리고 있다.

다문화사회로서의 프랑스는 다원적 가치를 수용하는 한편, 새로운 도전과 과제에 직면하고 있다. 특히, 경제와 교육 분야에서 이민자 및 그 후손들이 겪는 구조적 불평등은 여전히 해결해야 할 과제로 남아 있다. 아울러, 다문화적 정체성과 공화주의적 가치를 조화롭게 통합하기 위한 지속적인 노력이 필요하다. 프랑스는 이러한 도전에 대응하기 위해 다문화사회의 지속 가능성을 제고하는 다양한 정책과 프로그램을 시행하고 있다. 예를 들어, 지역 공동체와의 협력을 통해 이민자의 사회적 통합을 촉진하고, 교육 및 직업 훈련 프로그램을 통해 이민자 후손들이 조금 더 평등한 기회를 누릴 수 있도록 지원하고 있다.

3. 다문화 통합의 한계

프랑스는 오랜 이민 역사를 통해 다문화사회로 발전해 왔지만, 여전히 사회 통합의 과제를 안고 있다. 이민자와 그 후손들은 프랑스에서 살아가면서 차별과 배제의 벽에 부딪히고 있으며, 교육, 주거, 노동시장 등 다양한 영역에서 불평등을 경험하고 있다. 이는 통합 과정에서 어려움으로 작용하고 있다.

이민자들은 주로 파리 외곽 '방리유(Banlieue)' 같은 저소득층 밀집 지역에서 거주하며, 이는 사회적 고립을 심화시키고 프랑스 주류 사회와의 단절을 초래한다. 이민자 커뮤니티가 지역적으로 집중하게 되면서, 높은 실업률과 낮은 교육 수준으로 인해 경제적 불평등과 사회적 소외가 심화되고 있다. 교육 측면에서는 이민자 가정의 학생들은 불리한 환경에 놓여 있으며, 대학 진학률과 취업 기회에서 불평등이 지속되고 있다. 이는 이민자 후손들이 사회적 계층 이동의 기회를 제한받는 주요 원인 중 하나로 지적된다. 특히 노동시장에서는 같은 학력과 경력을 갖고 있어도 이민자 출신이라는 이유로 불이익을 받는 경우가 많아, 이들이 저임금 노동에 머무르는 현실을 만들고 있다. 연구에 따르면 동일한 학력과 경력을 가진 경우에도 이민자 배경을 가진 구직자가 차별받을 가능성이 더 높은 것으로 나타났다. 이러한 고용 불평등은 이민자 커뮤니티 내에서 빈곤율을 높이고, 프랑스 사회의 경제적 통합을 저해하는 요인으로 작용하고 있다.

이런 상황 속에서 극우 정치 세력의 부상은 다문화 통합을 더욱 어렵게 만들고 있다. 국민연합(Rassemblement National) 같은 극우 정당은 이민을 사회 문제의 원인으로 지목하며 반(反)이민 정서를 확산시키고 있다. 특히 테러 사건이 발생할 때마다 이민자와 무슬림 공동체를 범죄와 연결 짓는 프레임이 강화되며, 프랑스 사회에서 이민자들에 대한 배타적인 분위기가 심화되는 경향이 있다. 이에 따라 정부도 불법 이민 단속 강화, 가족 초청 이민 제한 등 통제 중심의 정책을 추진하고 있어, 이민자들의 사회적 불안감이 커지고 있다.

프랑스의 공화주의적 통합 모델도 다문화 통합의 한계를 드러내고 있다. 이 모델은 이민자들이 프랑스어와 공화주의 가치를 받아들이도록 요구하면서도, 개인의 문화적·종교적 정체성을 공공영역에서 배제하는 경향을 보인다. 대표적인 예가 2004년 공립학교에서 종교적 상징 착용을 금지한 법으로, 무슬림 여성의 히잡 착용 문제를 두고 논란이 끊이지 않고 있다. 공화주의 원칙이 '모든 시민은 평등하다'라는 이상을 내세우지만, 실제로는 이민자들이 자신의 정체성을 인정받지 못하고 동화될 것을 강요받는 현실이 존재한다. 또한, 프랑스 정부가 스포츠·문화·교육을 통해 사회 통합을 촉진하려는 노력을 기울였지만, 단기적인 대책에 그쳐 실질적인 변화로 이어지지 못했다. 이민자들의 경제적 소외와 사회적 불평등이 계속되는 한, 프랑스 사회가 다문화주의와 공화주의 사이에서 균형을 찾는 일은 쉽지 않을 것이다.

프랑스는 앞으로 이민자와 주류 사회가 협력할 수 있는 포괄적이고 실질적인 통합 모델을 구축할 필요가 있다. 단순히 동화 정책을 강요하는 것이 아니라, 문화적 다양성을 존중하면서도 사회 통합을 이루는 방법을 고민해야 한다. 현재의 갈등을 완화하고 지속 가능한 공존을 이루기 위해서는 보다 적극적인 정책적 대안과 사회적 논의가 필요하다.

III. 축구의 사회적 통합 기능

1. 축구의 상징성과 사회적 메시지

축구는 단순한 스포츠가 아니라 사회적 메시지를 전달하고, 집단을 하나로 묶는 강력한 상징적 도구로 작용한다. 세계에서 가장 대중적인 스포츠로 꼽히는 축구는 인종과 국적, 사회적 배경을 넘어 모두가 동일한 규칙 아래 경쟁하는 공정한 공간을 제공한다. 이는 공정성, 평등, 단결과 포용 같은 보편적 가치를 강조하는 플랫폼이 되며, 사회적 갈등을 완화하고, 다양한 정치·문화적 메시지를 전달하는 역할을 한다.

축구가 가진 공정성과 평등의 원칙은 사회적 차별을 줄이고 소외된 계층을 포용하는 데 공헌할 수 있다. 리처드 테이컨(Richard Tacon)은 축구가 사회적 배제(social exclusion)를 완화하고 소외된 집단이 사회적 관계를 형성할 수 있도록 돕는 역할을 한다고 주장한다. 축구는 참여자 모두가 동등한 조건에서 경쟁하는 환경을 조성하며, 개인이 공정한 경쟁을 경험하고 협력의 가치를 배우는 장이 된다.

이러한 특성은 축구를 사회적 문제 해결의 도구로 활용할 수 있는 가능성을 열어준다. 축구는 다양한 캠페인을 통해 인종차별, 성 불평등, 빈곤 문제와 같은 전 세계적인 사회적 이슈를 공론화하는 장이 되어 왔다. 예를 들어, FIFA와 UEFA가 후원하는 〈Kick It Out〉 캠페인은 축구장 내 반(反)인종차별 운동을 활성화하며, 경기장과 스포츠 문화를 보다 평등하고 포용적인 공간으로 변화시키는 데 이바지하고 있다.

이와 함께 축구는 국가적 · 지역적 정체성을 강화하는 역할도 한다. 축구팀은 특정 지역과 문화를 대표하며, 이를 통해 구성원 간의 유대감이 형성된다. 지역 클럽팀은 해당 지역 주민들에게 자부심과 소속감을 부여하며, 국가대표팀은 국제적인 스포츠 이벤트를 통해 국민적 정체성을 상징하는 매개체로 작용한다. 특히, FIFA 월드컵과 같은 글로벌 대회는 각국의 정체성을 표현하는 공간이 되며, 국제적인 연대와 소속감을 확장하는 역할을 한다. 월드컵이 열리는 동안 축구는 단순한 스포츠를 넘어 국가적 단합과 연대의 상징으로 기능하며, 때로는 정치적 메시지를 전달하는 중요한 플랫폼이 되기도 한다.

축구의 사회적 영향력은 미디어와 결합하며 더욱 강력한 메시지 전달 도구로 자리 잡았다. 축구 경기는 세계적인 리그와 국제대회를 통해 전 세계로 중계되며, 이를 통해 사회적 가치와 정치적 메시지를 확산하는 매체로 활용된다. UEFA 챔피언스리그나 프리미어리그와 같은 주요 리그에서는 차별 반대 캠페인과 사회적 연대 메시지가 자주 등장하며, 이는 축구를 매개로 한 글로벌한 사회적 논의를 가능하게 만든다.

사실, 스포츠는 역사적으로도 사회 변화를 촉진하는 정치적 상징으로 기능해 왔다. 예를 들어, 남아프리카공화국은 넬슨 만델라(Nelson Mandela) 대통령 취임 후 1995년 럭비월드컵을 통해 인종 간 화합과 통합을 상징하는 메시지를 전했다. 이러한 사례는 스포츠가 단순한 오락을 넘어 사회적 갈등을 해소하고 연대를 형성하는 중요한 도구가 될 수 있음을 보여준다. 이후 개최한 2010 FIFA 남아공 월드컵에서도 인종 간 화합과 통합의 메시지를 전했다.

축구는 특정 지역이나 국가의 정치적 메시지를 전달하는 데 활용되기도 한다. 유럽의 클럽 축구는 지역적 정체성과 연대를 강조하는 반면, 글로벌 축구대회는 국제적 협력을 상징적으로 보여주는 역할을 한다. 이처럼 축구는 단순한 스포츠를 넘어 사회적 · 정치적 의미를 담는 문화적 플랫폼으로 자리 잡았다. 스포츠는 경기장에서 벌어지는 승패를 넘어 사회 변화를 촉진하고, 평등과 포용을 확대하는 도구로서의 역할을 할 수 있다. 특히, 축구는 그 누구도 배제하지 않는 '열린 경기장'을 통해 사회적 가치를 전달하고, 통합을 실현하는 중요한 역할을 지속할 것이다.

2. 축구와 국가 공동체 형성

축구는 단순한 스포츠가 아니라 국가 정체성과 사회적 연대를 형성한다. 크리스티안 브롬베르거(Christian Bromberger)는 축구가 현대 사회에서 성취와 경쟁, 지위 획득 등 중요한 가치를 구현하는 문화적 기제라고 설명한다. 즉, 축구는 개인과 팀의 승리를 넘어 국가적 자부심을 고취하고, 국민 간 소속감을 강화하는 역할을 한다.

특히, 국가대표팀은 강력한 상징적 메시지를 전달하는 도구가 된다. 월드컵과 같은 국제대회에서 국가대표팀은 단순한 스포츠팀을 넘어 자국의 문화와 정체성을 전 세계에 알리는 역할을 한다. 경기가 펼쳐지는 동안 국민들은 한 팀을 응원하며 공동체의 일원임을 실감하고, 승리는 국가 연대감을 한층 높인다. 이런 과정을 통해 축구는 특정 국가의 정체성을 상징하는 독특한 위치를 차지하게 된다.

베네딕트 앤더슨(Benedict Anderson)의 '상상된 공동체(Imagined Communities)' 개념은 축구가 국가 공동체 형성에 미치는 영향을 이해하는 중요한 틀을 제공한다. 앤더슨에 따르면, 상상된 공동체는 구성원들이 서로를 직접 알지 못하더라도, 공통의 상징과 경험을 통해 동일한 공동체에 속해 있다고 인식하는 현상을 의미한다. 축구는 이러한 공동체 의식을 형성하는 핵심적인 요소다. 대표팀의 유니폼, 국가 상징색, 경기장에서 연주되는 국가(國歌) 등은 국민들에게 자신들이 같은 국가 공동체의 일부임을 체감하게 만든다. 월드컵과 같은 대회에서는 특정 국가의 대표팀이 전 세계적으로 그 나라의 정체성을 상징하는 역할을 하며, 국민 간의 연대감을 더욱 강화한다.

프랑스 축구 대표팀을 응원하고 있는 프랑스 축구 팬들

하지만 축구가 항상 국가적 연대를 강화하는 긍정적인 역할만 하는 것은 아니다. 축구는 때때로 국가 내 분열과 갈등을 초래하는 요인이 되기도 한다. 대표팀이 국제대회에서 부진할 경우, 특정 선수나 지도자가 비난의 대상이 되며, 이는 인종적 · 문화적 갈등을 심화시키는 요소가 될 수도 있다. 다문화사회에서는 이러한 갈등이 더욱 두드러질 수 있다. 예를 들어, 특정 선수의 출신 배경이 논란이 되는 경우가 있으며, 패배의 원인을 특정 민족이나 집단에 돌리는 극단적인 반응도 나타날 수 있다. 이는 축구가 국가 공동체 형성을 촉진하면서도 동시에 그 한계를 드러내는 사례로 볼 수 있다.

물론 축구가 지닌 연대와 협력의 힘을 활용한다면, 이러한 문제를 극복할 가능성도 충분하다. 축구는 특정 민족이나 문화적 배경을 뛰어넘어 협력과 포용을 촉진하는 도구가 될 수 있다. 이를 위해서는 교육과 지역 사회 연계를 통한 통합 노력이 필요하다. 지역 클럽과 국가대표팀은 다문화적 포용과 사회적 연대를 촉진할 수 있으며, 특히 청소년 축구 프로그램이나 지역 커뮤니티 프로젝트는 이민자와 주류 사회를 연결하는 중요한 역할을 한다. 또한, 국제대회와 같은 글로벌 이벤트는 국가적 정체성을 강조하는 동시에, 다문화사회에서 연대와 협력을 촉진하는 기회가 될 수 있다. 월드컵과 유럽 축구선수권대회(UEFA 유로) 같은 대형 스포츠 이벤트는 전 세계의 다양한 문화가 하나로 어우러지는 장이 되며, 각국 대표팀이 경쟁하면서도 스포츠 정신을 통해 상호 존중을 배우는 공간이 된다.

따라서 축구가 국가 공동체 형성을 지속적으로 발전시키려면, 보다 포용적이고 협력적인 접근이 필요하다. 각국의 축구협회와 클럽들은 다문화적 포용과 연대를 강화하는 정책을 확대해야 하며, 축구를 통해 사회적 소외 계층이 통합될 수 있는 기반을 마련해야 한다. 이러한 노력이 지속된다면, 축구는 단순한 경기 그 이상으로 국가적 정체성과 공동체 의식을 강화하는 지속 가능한 플랫폼이 될 수 있을 것이다.

3. 프랑스 축구 대표팀과 다문화적 통합

프랑스 축구 대표팀 '레 블뢰'는 오랜 시간 동안 다문화적 통합의 상징으로 자리 잡아 왔다. 다양한 인종과 문화적 배경을 가진 선수들로 구성된 '레 블뢰'는 프랑스 사회의 다문화적 정체성을 반영하며, 국가적 자부심과 통합의 상징으로 주목받아 왔다.

프랑스 축구에 이민자 출신 선수들이 등장한 것은 오래된 일이다. 1931년, 라울 디아뉴(Raoul Diagne)가 프랑스 대표팀 유니폼을 입으며, 다문화 대표팀의 역사가 시작되었다. 이후 1938년 월드컵에서는 북아프리카계 선수들과 함께 다인종 대표팀이 구성되었고, 1950~1960년대에는 폴란드와 이탈리아 출신 이민자 후손 선수들이 대표팀의 핵심 멤버로 활약했다. 특히, 1980년대의 미셸 플라티니(Michel Platini)는 이탈리아 이민자 후손으로서 대표팀을 이끌며, 프랑스 축구의 전성기를 열었다.

'레 블뢰'가 다문화적 통합의 상징으로 자리 잡은 결정적 순간은 앞서 언급한 1998 프랑스월드컵 우승이었다. 당시 '블랙-블랑-뵈르(Black-Blanc-Beur)'라는 별칭으로 불리며, 다양한 인종과 배경의 선수들이 함께 우승을 만들어 냈던 사례로 주목받았다. 알제리계 출신의 지네딘 지단(Zinédine Zidane)을 비롯해, 과들루프 출신의 릴리앙 튀랑(Lilian Thuram), 티에리 앙리(Thierry Henry), 바스크계 빅상트 리자라쥐(Bixente Lizarazu) 등이 활약하며, 프랑스 대표팀은 다문화적 정체성을 성공적으로 드러냈다. 이들의 승리는 프랑스 사회에 이민자와 주류 사회가 공존할 수 있다는 희망을 제시했다.

이후 2018 러시아 월드컵 우승은 또 한 번 프랑스의 다문화적 가능성을 보여준 사례였다. 당시 대표팀의 23명 중 90%가 이민자 가정 출신이었으며, 이

1998년 자국에서 열린 월드컵에서 우승을 차지한 프랑스 축구 대표팀. 당시 대표팀의 에이스로 우승을 이끈 지네딘 지단이 월드컵 트로피를 들고 환호하고 있다.

는 프랑스가 다문화사회로 지속적으로 발전하고 있음을 보여줬다. 킬리안 음바페(Kylian Mbappé), 은골로 캉테(N'Golo Kanté), 폴 포그바(Paul Pogba) 등 아프리카 이민자 후손 선수들은 뛰어난 경기력으로 프랑스에 두 번째 월드컵 트로피를 안겼다. 특히, 음바페는 젊은 세대에게 다문화적 가능성과 희망의 아이콘으로 자리 잡았다.

하지만 '레 블뢰'가 항상 통합의 상징으로만 기능하는 것은 아니다. 축구는 승리의 순간에는 국가적 단결을 이끌지만, 패배의 순간에는 분열의 원인이 되기도 한다. 2010 남아공 월드컵 당시 프랑스가 조별리그에서 탈락했을 때, 몇몇 선수들은 인종차별적 비난의 대상이 되었으며, 일부 언론은 대표팀 내 다문화적 구성을 문제 삼기도 했다. 이는 축구가 사회적 갈등과 긴장을 반영하는 복합적 요소로 작용할 수 있음을 보여준다.

그럼에도 불구하고 '레 블뢰'는 여전히 다문화적 통합의 상징적인 존재로 자리하고 있다. 축구는 단순한 스포츠를 넘어, 사회적 다양성을 포용하고 통합을 촉진하는 강력한 매개체로 기능한다. 앞으로도 축구가 단순한 경기 이상

2018년 러시아 월드컵에서 두 번째 우승을 차지한 프랑스 축구 대표팀. 이민자 가정 출신 선수 비율이 1998년보다 더 증가했다.

의 의미를 가지면서 프랑스 사회에서 연대와 협력을 강화하는 도구로 활용될 수 있기를 기대해 본다.

Ⅳ. 축구를 통한 사회 통합의 한계와 과제

1. 인종차별과 통합 서사의 이중적 의미

축구는 오랫동안 사회적 통합의 상징으로 여겨져 왔지만, 경기장 안팎에서 발생하는 인종차별 사건들은 이러한 통합 서사의 이중성을 극명하게 드러낸다. 축구는 승리의 순간에는 연대와 화합의 매개체가 되지만, 패배하거나 사회적 긴장이 고조될 때는 분열과 갈등을 촉진하는 요소로 작용하기도 한다. '레 블뢰'는 다문화적 성공의 대표적인 사례로 주목받아 왔지만, 동시에 특정한 상황에서는 다문화사회의 갈등을 보여주는 상징이 되기도 한다.

2018년 러시아 월드컵 우승 당시, '레 블뢰'는 다문화사회의 이상적인 성공

모델로 찬사를 받았다. 대표팀의 23명 중 약 90%가 이민자 가정 출신이었고, 이는 프랑스가 다문화사회로 지속적으로 성장하고 있음을 상징적으로 보여줬다. 하지만 일부 언론과 정치 세력은 이 승리가 국가적 통합을 완벽하게 이뤄낸 증거로 보기 어렵다고 주장했다. 이들은 '레 블뢰'의 성과가 이민자 문제나 다문화적 긴장을 해소하지는 못했으며, 축구의 통합 서사가 실제 사회적 문제를 덮어버리는 역할을 할 수 있다고 비판했다. 축구가 사회적 통합을 촉진하는 듯 보이지만, 그것이 실제 현실에서의 갈등을 해결하는 것은 아니라는 점이 강조된 것이다.

축구의 통합 서사는 사회적 상황에 따라 달라지는 유동성을 가진다. 승리의 순간에는 다문화적 통합의 가능성을 상징하며, 이민자와 주류 사회 간의 연대를 강화하는 매개체로 작용한다. 반면, 패배의 순간에는 프랑스 사회 내 갈등과 긴장을 표면화하며, 다문화적 구성을 부정적으로 보는 시각이 강화될 수도 있다. 대표적인 사례가 앞서 언급한 2010년 남아공 월드컵 당시 '레 블뢰'의 조별리그 탈락이다. 팀 내 분열과 경기력 저하로 인해 기대 이하의 성적을 거두었고, 이 과정에서 일부 언론과 극우 세력은 대표팀의 다문화적 구성을 문제 삼았다. 이민자 출신 선수들이 팀워크를 해쳤다는 비난이 제기되었고, 이는 단순한 스포츠 논쟁을 넘어 프랑스 내 이민자 공동체에 대한 부정적 인식을 강화하는 방향으로 이어졌다.

프랑스 대표팀의 다문화적 구성을 둘러싼 논란은 극우 정치 세력에 의해 더욱 증폭되었다. 극우 정당 국민전선(현 국민연합)의 창립자인 장 마리 르펜(Jean-Marie Le Pen)은 1998 프랑스월드컵 당시 대표팀이 백인이 중심이 되어야 한다고 주장하며, 다문화적 구성을 강하게 비판했다. 하지만 당시 프랑스 대표팀은 지네딘 지단, 티에리 앙리, 릴리앙 튀랑 등 다양한 인종과 문화적 배경을 가진 선수들이 주축이 되어 우승을 차지했고, 르펜의 주장은 조롱의 대상이 되었다. 그러나 이와 같은 논쟁은 이후에도 계속 반복되었으며, 다문화적 대표팀이 프랑스 사회에서 항상 환영받는 것은 아니라는 점을 시사한다.

프랑스 정부는 다문화적 통합을 강화하기 위해 축구를 포함한 다양한 스포츠 정책을 시행해 왔다. 그러나 이러한 정책들은 종종 정치적 이해관계에 따라 제한적으로 추진되었으며, 장기적인 사회 변화를 이루기 위한 정책적 일관성이 부족한 경우가 많았다. 예를 들어, 정부는 스포츠를 활용해 사회적 통합을 강조하는 모습을 보였지만, 실제로 이민자 커뮤니티를 지원하는 구조적 정책에는 소극적인 태도를 보였다. 또한, 정치인들이 '레 블뢰'의 성과를 자신들의 정책적 성과로 홍보하거나, 반대로 팀의 실패를 특정 집단의 책임으로 돌리는 경향을 보이면서 축구가 사회적 통합의 도구로 기능하는 데 있어 신뢰성을 훼손하기도 했다.

경기장 안팎에서 발생하는 인종 차별 문제 역시 축구의 통합 서사가 가진 한계를 보여주는 대표적인 사례다. 축구는 공정성과 평등을 강조하는 스포츠이지만, 현실에서는 여전히 많은 차별이 존재한다. 유럽 축구 경기에서는 흑인 선수들을 향한 원숭이 소리나 바나나 투척과 같은 인종차별 행위가 반복적으로 발생하고 있다. 이러한 행위는 단순한 일부 팬들의 일탈이 아니라, 특정 인종이나 민족을 배제하려는 구조적 차별이 반영된 결과라고 볼 수 있다. 특히, 일부 클럽이나 리그에서는 인종차별 행위를 막기 위해 노력하고 있지만, 근본적인 해결책이 부족하다는 비판도 존재한다.

2018년 러시아 월드컵에서 프랑스를 두 번째 우승으로 이끈 킬리안 음바페

결국, 축구가 진정한 통합의 장이 되기 위해서는 구조적 차별 문제를 해결하기 위한 지속적인 노력이 필요하다. 단순히 캠페인이나 일회성 조치가 아니라, 법적 · 제도적 차원에서 차별을 방지하고 강력한 대응 체계를 구축하는 것이 필수적이다. 경기장에서뿐만 아니라 축구 조직 내부에서도 다양성과 포용성을 강화하기 위한 실질적인 정책이 마련되어야 하며, 정부와 축구 단체가 협력하여 보다 포괄적인 사회적 통합 전략을 추진해야 한다.

'레 블뢰'의 사례는 축구가 다문화적 통합을 촉진하는 상징적인 존재가 될 수 있지만, 동시에 사회적 갈등을 반영하는 요소로 작용할 수도 있음을 보여준다. 승리의 순간에는 하나가 되지만, 패배의 순간에는 다문화적 정체성이 오히려 비판의 대상이 될 수 있다. 결국, 축구가 진정한 사회적 통합의 도구로 기능하기 위해서는 단순한 경기 결과를 넘어, 인종차별과 구조적 차별을 해결하려는 지속적인 노력이 필수적이다. 정부와 축구협회, 클럽, 그리고 사회 전체가 협력하여 차별을 줄이고, 스포츠를 통해 보다 포용적이고 연대하는 사회를 만들어 가는 것이 중요하다.

2. 사회 통합의 지속 가능성을 위한 과제

'레 블뢰'의 사례는 축구가 사회적 통합을 촉진하는 동시에 정치적 갈등의 도구로 활용될 수도 있음을 보여준다. 축구는 국가적 자부심과 연대를 강화하는 강력한 매개체가 될 수 있지만, 특정한 정치적 목적에 따라 왜곡되거나 이용될 위험도 존재한다. 따라서 축구를 사회적 통합의 도구로 활용하려면, 단기적인 정치적 효과를 넘어 장기적이고 구조적인 변화를 유도할 수 있는 정책적 접근이 필요하다.

우선, 축구와 연계된 다문화 교육 프로그램과 지역 사회 통합 프로젝트를 강화해야 한다. 축구가 단순한 스포츠를 넘어 사회적 통합의 지속 가능한 플랫폼으로 기능하려면, 이를 뒷받침할 교육적 · 문화적 노력이 병행되어야 한다. 축구는 다양한 민족과 문화적 배경을 가진 개인과 집단이 함께 협력하고 연대할 수 있는 기회를 제공한다. 그러나 현재까지의 정책은 이 점을 충분히 활용하지 못한 측면이 있다.

특히, 기존의 동화주의적 접근 방식은 이민자들에게 프랑스 사회에 동화될 것을 요구하며, 자신의 문화적 정체성을 유지하는 것에는 소극적인 태도를 보여왔다. 이러한 방식은 오히려 갈등을 심화시키고 사회적 소외를 초래하는 결과를 낳았다. 반면, 보다 포용적인 접근은 이민자들이 자신의 문화적 정체성을 유지하면서도 사회의 일원으로 적극적으로 참여할 수 있도록 장려하는 방식을 취해야 한다. 이는 단순히 물리적으로 함께 살아가는 것이 아니라, 문화적 다양성을 사회적 자산으로 전환하는 것을 의미한다.

'레 블뢰'의 다문화적 구성은 이러한 포용적 사회의 가능성을 상징적으로 보여주었다. 그러나 축구가 제시하는 다문화적 모델이 정책적으로 실질적인 변화로 이어졌는지 의문이 남는다. 따라서 포용적 정책은 상징적인 메시지를 넘어서 이민자와 주류 사회 간의 실질적인 연결 고리를 형성할 수 있는 방안을 포함해야 한다.

이러한 정책은 지역 단위에서 시행되는 축구 관련 프로그램을 통해 더욱 효과적으로 추진될 수 있다. 지역 축구 클럽과 협력하여 다문화 커뮤니티를 위한 맞춤형 프로그램을 개발하고, 이를 통해 축구가 사회적 통합의 중요한 매개체로 기능하도록 해야 한다. 예를 들어, 지역 클럽이 주도하는 다문화 축구 리그 운영, 청소년 대상 다문화 축구 캠프 개최, 이민자 가정을 위한 무료 축구 교육 등의 정책이 실질적인 변화를 이끌 수 있다.

또한, 다문화 교육과 지역 사회의 협력 모델 확대도 중요한 과제다. 축구는 단순한 스포츠가 아니라 개인과 집단 간 상호작용을 촉진하는 환경을 제공한다. 이를 활용한 교육 프로그램은 다문화적 이해와 포용을 증진하는 데 강력한 도구가 될 수 있다. 예를 들어, 축구 경기를 통해 협동심과 팀워크를 배우는 과정에서 자연스럽게 다양한 문화적 배경을 이해할 기회를 제공할 수 있다. 프랑스 내 일부 교육 기관에서는 축구를 활용한 문화 간 교류 프로그램을 운영하고 있으며, 이는 서로 다른 문화적 배경을 가진 청소년들이 함께 어울리고 협력할 수 있는 중요한 계기가 되고 있다.

축구가 지속 가능한 사회 통합의 도구로 기능하기 위해서는 클럽과 국가 단위에서 축구의 사회적 책임을 강화하는 구체적인 방안이 마련되어야 한다. 축구는 단순한 경기 그 이상으로, 사회적 가치와 메시지를 전달하는 역할을 한다. 이에 따라 각국의 축구협회와 클럽은 차별 철폐와 포용적 문화를 조성하는 데 있어 선도적인 역할을 해야 한다. 예를 들어, 프랑스 프로축구 리그(리그1)와 각 클럽은 반(反)인종차별 캠페인과 사회적 통합 프로그램을 더욱 적극적으로 운영하고, 실질적인 변화를 이끌어 내기 위해 노력할 필요가 있다.

궁극적으로, 축구가 사회적 통합의 강력한 도구로 지속되기 위해서는 포용적 정책, 다문화 교육, 지역 사회 협력 모델, 축구 조직의 사회적 책임 강화를 포함한 종합적인 접근이 필요하다. '레 블뢰'가 상징하는 다문화적 통합은 단순한 구호에 그쳐서는 안 되며, 이를 실질적인 사회 변화로 연결할 수 있는 장기적이고 체계적인 노력이 요구된다. 이러한 과정을 통해 축구는 진정으로 사회적 포용과 연대를 실현하는 플랫폼이 될 수 있을 것이다.

V. 축구는 사회를 하나로 만들 수 있을까?

프랑스 축구 대표팀, '레 블뢰'는 축구가 다문화사회에서 수행할 수 있는 통합의 역할과 한계를 동시에 보여주는 상징적인 사례다. 다양한 문화적 배경을 가진 선수들로 구성된 프랑스 대표팀은 국가적 자부심과 연대를 높이는 데 역할을 했지만, 때로는 사회적 갈등을 증폭시키는 매개체가 되기도 했다. 이 글에서는 프랑스 대표팀 사례를 통해 축구가 다문화사회에서 통합과 분열을 동시에 이끄는 이중적 역할을 분석했다. 이를 통해 도출한 주요 시사점을 정리하면 다음과 같다.

첫째, '레 블뢰'는 1998년과 2018년 FIFA 월드컵 우승을 통해 다문화적 통합과 국가적 정체성의 상징이 되었다. 특히, 두 차례의 우승 당시 대표팀은 다양한 인종과 문화적 배경을 가진 선수들로 구성되었으며, 이는 프랑스 사회가 다문화적 가치를 수용하는 모습을 상징적으로 보여주었다. 프랑스의 구성원들은 대표팀을 응원하며 하나의 공동체로서 연대감을 느꼈다. 축구가 국가적 통합을 강화하는 중요한 역할을 할 수 있음을 확인한 사례였다.

둘째, 축구는 단순한 스포츠를 넘어 국가 공동체 형성과 국민적 연대감 강화에 중요한 역할을 한다. 베네딕트 앤더슨(Benedict Anderson)의 '상상된 공동체(Imagined Communities)' 개념을 적용하면, 축구는 국민에게 자신이 동일한 국가 공동체에 속해 있다는 의식을 심어주는 강력한 상징적 도구다. 국가대표팀의 유니폼, 경기장에서의 응원, 경기 전 국가 연주 등은 국민적 자부심을 고취 시키고, 축구를 통해 국가적 정체성과 민족적 정체성이 더욱 공고해진다.

셋째, 축구는 사회적 통합의 가능성을 보여주는 동시에, 갈등과 분열을 초래할 위험도 내포하고 있다. 프랑스 대표팀의 성공은 다문화사회의 긍정적인 면을 강조하는 역할을 했지만, 패배하거나 사회적 긴장이 고조될 때는 오히려 분열의 원인이 되기도 했다. 2010 남아공월드컵에서 프랑스 대표팀이 조별리그에서 탈락하자, 일부 극우 세력과 언론에서는 다문화적 구성을 비판하며 이민자 출신 선수들을 희생양으로 삼았던 사례가 있다. 이처럼 축구가 국가적 통합을 촉진할 수 있지만, 동시에 사회적 갈등을 드러내는 장이 될 수도 있음을 보여준다.

따라서 축구가 사회적 통합의 강력한 도구로 지속적인 역할을 하려면 더욱 포용적인 정책 접근이 필요하다. 다문화 교육을 강화하고, 지역 사회와 연계한 축구 프로그램을 확대하며, 축구 조직이 사회적 책임을 강화하는 등의 노력이 필수적이다. 축구가 단순한 경기 이상의 역할을 하려면, 차별과 배제 없는 환경을 조성하고, 이를 통해 상호 이해와 존중을 촉진하는 구체적인 프로그램이 필요하다.

이러한 프랑스의 사례는 단순히 프랑스에만 적용되는 것이 아니라, 다문화 사회로 진입한 우리 한국에도 중요한 시사점을 제공한다. 한국은 점점 더 다양한 인종과 문화적 배경을 가진 사람들이 공존하는 사회로 변화하고 있으며, 스포츠는 이러한 변화를 긍정적으로 이끌 수 있는 중요한 도구가 될 수 있다. 특히, 한국 사회에서 다문화 가정 출신 청소년들이 증가하는 가운데, 축구와 같은 스포츠를 통해 문화적 차이를 넘어 협력하고 연대하는 기회를 제공하는 것이 중요하다.

프랑스 대표팀의 사례는 다문화사회가 단순히 이민자들을 받아들이는 것에서 끝나는 것이 아니라, 이들이 사회의 일원으로 자리 잡을 수 있도록 적극적인 포용 정책과 구조적 지원이 병행되어야 함을 보여준다. 한국에서도 다문화 청소년들이 스포츠를 통해 자신감을 얻고, 사회적 통합을 경험할 수 있도록 교육 기관과 지역 커뮤니티가 협력해야 한다. 다문화 가정을 위한 축구 교실 운영, 학교 스포츠 프로그램에서의 다문화 수용 교육 강화, 프로 축구 클럽과 연계한 다문화 청소년 지원 프로그램 등이 효과적인 대안이 될 수 있다.

아울러, 한국 사회에서도 축구와 같은 스포츠가 정치적 도구로 활용될 가능성을 경계할 필요가 있다. 프랑스 사례에서 보았듯이, 축구는 사회적 갈등을 반영하고 특정 정치 세력이 이를 이용하려 시도할 수 있다. 한국에서도 다문화사회에 대한 인식을 왜곡하거나 특정 정책을 홍보하는 수단으로 스포츠가 활용되지 않도록 주의해야 하며, 오히려 스포츠를 통해 진정한 의미의 포용과 연대를 실현하는 장기적인 전략이 필요하다.

결국, 축구는 다문화적 정체성과 국가 정체성을 조화롭게 연결할 수 있는 강력한 매개체가 될 수 있다. 축구를 통해 공동체 의식을 강화하고, 사회적 연대감을 확립할 수 있으며, 이를 통해 다문화사회가 보다, 건강하게 발전할 수 있는 기반을 마련할 수 있다. 한국이 다문화사회로 나아가는 과정에서 '레 블뢰'의 사례는 단순한 스포츠의 의미를 넘어, 사회적 통합을 실현하기 위한 실질적인 방안을 고민하는 계기가 될 수 있다.

참고문헌

곽윤경, "이민자의 사회적 포용 실태 및 대응 방안," 『한국보건사회연구원 연구보고서』 (2019), pp. 1-120.

김동원, "문화의 세계화와 전 지구적 수용자," 『문화와 정치』, 제2권 제2호 (2015), pp. 27-51.

김소연·남우리, ""피부색 달라도 우린 하나"… 프랑스 밝힌 '다인종 대표팀'", 『한국일보』, 2018년 7월 16일, https://www.hankookilbo.com/News/Read/201807161666095179 (검색일: 2024.12.19.).

김숙경, "MIPEX 를 통해 본 프랑스 이주민통합정책 연구," 『사회과학연구』, 제31권 제4호 (2020), pp. 181-205.

김영철, "프랑스의 이민자 통합 정책과 그 변화," 『한국사회정책연구소』, (2022), pp. 52-55.

김지애, "스포츠 활동이 다문화 학생의 사회통합에 미치는 긍정적 역할에 관한 연구," 『다문화사회와 교육연구』, 제16집 (2024), pp. 1-26.

김진리, "프랑스 이민 개혁 정책과 그 내용," 『국제사회보장리뷰』, 통권 28호 (2024), pp. 123-127.

김현주, "프랑스의 이민자 통합을 위한 정책의 변화와 흐름," 『한국프랑스학논집』, 제119집 (2022), pp. 51-78.

문지영. "'동화주의'와 '다문화주의'사이에서: 프랑스의 이민자 통합정책," 『다문화사회연구』, 제2권 1집, (2009), pp. 33-66.

명왕성·정경환. "국내 외국인 이주민의 축구 참여, 정체성 정치 그리고 사회통합," 『한국사회체육학회지』, 제90호 (2022), pp. 227-241.

박강수, "지단의 드리블이 통합 정책" 이주민 품은 프랑스 축구의 힘, 『한겨레신문』, 2023년 5월 25일, https://www.hani.co.kr/arti/society/society_general/1093216.html (검색일: 2024.12.16).

박종철, "독일의 스포츠를 통한 사회통합 사례에 따른 한국 스포츠의 방향성 모색," 『한국체육정책학회지』, 제20권 제3호 (2022), pp. 117-143.
손우현, “[시론] 프랑스 월드컵 우승의 함의,” 이투데이, 2018년 7월 24일, https://www.etoday.co.kr/news/view/1644773 (검색일: 2024.12.16).
송형석, “스포츠를 통한 사회통합, 그 가능성의 고찰,” 『한국체육학회지』, 제50권 제2호 (2011), pp. 31-44.
안상욱, “프랑스 내 이민현황과 이주민에 대한 인식,”『민족연구』, 77권 (2021), pp. 27-48.
안준철, “[안준철의 스포츠시선] 정몽규·홍명보 국회 출석과 여론,” 『이데일리』, 2024년 9월 28일, https://www.edaily.co.kr/News/Read?newsId=01207046639024712&mediaCodeNo=258 (검색일: 2024.12.19).
양은경, “스포츠 선수의 초국적 이동과 유연한 민족정체성의 형성 : ‘국가경쟁력으로서의 박지성’에 대한 미디어 담론 분석:‘국가경쟁력으로서의 박지성’에 대한 미디어 담론 분석,” 『한국언론학보』, 제56권 제4호 (2012), pp. 80-104.
은재호, “프랑스 소요사태와 이민실태 분석,” 『정세와 정책』, 12월호 (2005).
이강우, “축구를 통해 본 한국국가의 정체성 형성,” 『움직임의 철학: 한국체육철학회지』, 제16권 제3호 (2008), pp. 117-130.
이대희, “축구와 정체성의 정치: 유럽 축구를 중심으로,”『유럽연구』, 제39권 제3호 (2021), pp. 199-219.
이정욱, “프랑스 문화, 지역학: 프랑스 무슬림 이민자의 사회적 배제에 관한 연구,” 『프랑스문화연구』, 21권 (2010), pp. 319-345.
이창규, “유럽 축구리그에서의 인종차별을 향한 대응-K 리그 1 에서의 시사,” 『인권법평론』, 제23호 (2019), pp. 179-214.
정은정·김대중, “유럽축구에서의 인종차별에 관한 연구: 다문화사회 시사점,” 『세계지역연구논총』, 제38권 제3호 (2020) pp. 83-103.
진영태, “음바페 “대표팀 떠날수도” 폭탄 발언...다문화 강국 프랑스에 무슨 일이 [필동정담],“ 『매일경제』, 2024년 6월 28일, https://www.mk.co.kr/news/columnists/11053730 (검색일: 2024.12.19).
최민지·박효재, “프랑스 월드컵팀, 유럽 반이민 정서에 일침 가했다,” 『경향신문』, 2018년 7월 16일, https://www.khan.co.kr/article/201807161823001 (검색일: 2024.12.19).
Bromberger, Christian. “Football as world-view and as ritual,” French Cultural Studies, Vol. 6, No. 18 (1995), pp. 293-311.
Castelló, Enric, “Anderson and the media: The strength of “imagined communities”,“ Debats: Revista de cultura, poder i societat, No. 1 (2016), pp. 59-63.

Dauncey, Hugh, and Geoff Hare, "FRANCE: The Coming of Age: The World Cup of France'98," G Armstrong & R Giulianotti (eds.), Football Cultures and Identities (Macmillan, 1999).₩

Fédération Internationale de Football Association(FIFA), "Diagne blazes a trail with Les Bleus," https://inside.fifa.com/en/news/diagne-blazes-a-trail-with-les-bleus-2765374 (검색일: 2025.2.2)

Hylton, Kevin, "Sport and social integration," Routledge handbook of sports development (London: Routledge, 2010).

Lane, Peyton Craig, Les Bleus: The Social, Political, and Cultural Influence of the French National Football Team, (Chicago: The University of Chicago, 2022)

Nili, Shmuel, "The Rules of the Game-Nationalism, Globalisation and Football in Spain: Barça and Bilbao in Comparative Perspective," Global Society, Vol. 23, No. 3 (2009), pp. 255-258.

OECD, International Migration Outlook 2024 (Paris: OECD Publishing, 48th Edition, 2024).

Penfold, Connor and Jamie Cleland, "Kicking it out? Football fans' views of anti-racism initiatives in English football," Journal of Sport and Social Issues, Vol. 46, No. 2 (2022), pp. 176-198.

Poli, Raffaele, "The denationalization of sport: De-ethnicization of the nation and identity deterritorialization," Sport in Society, Vol. 10, No. 4 (2007), pp. 646-661.

Smith, Andy, and Ivan Waddington, "Using 'sport in the community schemes' to tackle crime and drug use among young people: some policy issues and problems," European physical education review, Vol. 10, No.3 (2004), pp. 279-298.

Tacon, Richard, "Football and social inclusion: Evaluating social policy," Managing leisure, Vol. 12, No. 1 (2007), pp. 1-23.

Wagg, Stephen, "Fat City? British Football and the Politics of Social Exclusion at the turn of the Twenty-First Century," Stephen Wagg (ed), British Football and Social Exclusion (London, Routledge, 2004)

Whigham, Stuart, "Sport, nationalism, and the importance of theory", Sport in Society, Vol. 24, No. 11 (2021), pp. 1839-1848.

본문에 사용된 사진 및 자료 출처

p.249 ©프랑스축구연맹(Fédération Française de Footbal, FFF)
p.250 ©국제축구연맹(FIFA)
p.253 ©국제축구연맹(FIFA)

스웨덴 축구와 사회통합
공존과 희망의 이야기

홍재웅(한국외국어대학교)

이 글에서는 스웨덴의 축구가 이주민과 난민의 사회통합을 어떻게 촉진하는지를 다각도로 조명한다. 스웨덴은 관대한 이민 정책으로 인해 전체 인구의 약 20%가 이주 배경을 갖고 있으며, 이로 인한 사회적 도전과 통합 과제가 꾸준히 제기되고 있다. 본고는 사회통합 개념에 대한 이론적 고찰을 통해 에이거(A. Ager)와 스트랭(A. Strang)의 통합 프레임워크와 부르디외의 사회학적 개념(사회적 자본, 아비투스, 장 등)을 결합하여, 축구가 통합의 매개체로 기능할 수 있는 가능성을 분석한다. 특히 축구 클럽이 단순한 스포츠 공간을 넘어 사회적 관계와 신뢰를 구축하는 장(field)으로 작동하며, 이민자들이 정체성을 형성하고 공동체에 소속감을 가질 수 있는 기반을 마련한다는 점에 주목한다.

또한, 즐라탄 이브라히모비치, 알렉산데르 이삭, 코소바레 아슬라니 등 이민자 배경을 가진 국가대표 선수들의 성장 사례를 통해 축구가 개인의 사회적 이동성과 다문화 포용성에 어떻게 기여하는지를 구체적으로 살펴본다. 동시에, 축구 내에서도 여전히 존재하는 불평등과 편견의 문제를 지적하며, 진정한 통합을 위한 제도적 개선의 필요성을 제시한다. 결론적으로 본고는 축구가 스웨덴의 다문화 사회 속에서 상호 이해와 공존을 촉진하는 유효한 사회통합 도구로서 기능할 수 있음을 논증한다.

I. 스웨덴 이주민과 사회통합

스웨덴은 세계에서 가장 개방적인 이민 정책을 유지해 온 나라 중 하나다. 특히 2015년 유럽 난민 위기 당시, 스웨덴은 유럽 국가 중 가장 많은 난민을 받아들이며 국제적인 주목을 받았다. 그 결과, 현재 스웨덴 인구의 약 20%가 이주 배경을 가진 사람들로 구성되어 있다. 이러한 변화는 사회의 경제적, 문화적 다양성을 증가시키는 긍정적인 측면이 있지만, 동시에 이주민과 스웨덴 사회 간의 문화적, 경제적 격차를 해결해야 하는 도전 과제를 남겼다.

이주민들은 새로운 환경에서 적응하는 과정에서 다양한 어려움을 겪는다. 언어 장벽, 문화적 차이, 그리고 고용 시장에서의 불평등이 주요한 문제로 작용하고 있다. 예를 들어, 이주민들이 본국에서 취득한 학위나 경력을 스웨덴에서 인정받지 못하는 경우가 많아, 자기의 기술과 능력을 제대로 활용하지 못한 채 저숙련 직종에 머무르는 일이 흔하다. 또한, 특정 지역에 이주민들이 집중적으로 거주하면서 사회적 분리가 심화되고, 이는 스웨덴 사회와의 상호작용 기회를 더욱 제한하는 결과를 낳는다.

교육 분야에서도 이주민 가정의 자녀들은 스웨덴 태생 학생들보다 상대적으로 낮은 학업 성취도를 보이는 경향이 있다. 이는 언어 능력 부족과 교육 시스템에 대한 적응의 어려움에서 기인하며, 결국 세대 간 사회적 격차를 초래할 가능성이 크다. 또한, 이주민 청소년 범죄와 관련된 부정적 인식이 사회적 편견을 강화시키는 요소로 작용하며, 이는 이주민과 스웨덴 주류 사회 간의 갈등을 심화시키기도 한다.

이러한 문제를 해결하기 위해 스웨덴 정부는 언어 교육, 고용 지원 프로그램, 지역 공동체 프로젝트 등 다양한 정책을 시행하고 있다. 하지만 경제적 자립을 지원하는 기존의 정책만으로는 사회적 통합을 충분히 이끌어내기 어려운 한계가 있다. 경제적 기회뿐만 아니라 사회적 상호작용과 문화적 이해를 증진하는 방법이 필요하다.

이런 점에서 축구는 사회적 통합을 위한 효과적인 도구로 주목받고 있다. 축구는 단순한 스포츠가 아니라, 사람들을 연결하고 협력과 소통을 촉진하는 중요한 장이 될 수 있다. 그렇다면, 스웨덴에서 축구가 이주민과 주류 사회 간의 간극을 좁히는 데 어떤 역할을 할 수 있을까?

II. 사회통합의 개념

1. 사회통합 개념의 다층적 이해

사회통합은 이주민과 난민들이 새로운 사회의 일원으로 자리 잡는 과정으로, 단순히 문화적 차이를 줄이거나 새로운 환경에 적응하는 것을 넘어 다양한 사회적, 경제적, 문화적 맥락에서 포괄적인 상호작용을 이루는 것을 목표로 한다.

에이거(Ager)와 스트랭(Strang)은 사회통합을 다차원적이고 동적인 과정으로 정의하며, 이를 이해하기 위해 네 가지 핵심 영역을 제시했다. 이 모델에 따르면, 사회통합은 고용, 주거, 교육, 건강과 같은 실질적인 생활 조건을 충족하는 것을 기본으로, 사회적 연결, 언어 및 문화적 지식, 권리와 시민권의 보장을 포함한다. 이러한 요소들은 각각 통합 과정에서 필수적인 역할을 하며 상호 보완적으로 작용한다.

축구는 '사회적 연결'을 강화하는 주요한 매개체로 작용하며, 이주민과 지역사회 간의 네트워크 형성을 돕는다. 축구 클럽은 단순한 스포츠 공간이 아니라, 이민자와 정주민이 상호작용하며 관계를 형성할 수 있는 사회적 장(field)으로 기능한다. 이는 프랑스 사회학자 부르디외(Bourdieu)의 개념을 적용하여 설명할 수 있다. 축구는 단순한 적응(assimilation)의 과정이 아니라, 양측이 함께 사회적 관계를 구축하는 방식으로 사회통합을 촉진할 가능성이 크다.

사회통합은 단일하고 고정된 개념이 아니라, 연구자와 정책 입안자들 사이에서 다양한 해석과 논의가 이루어지는 개념이다. 로빈손(Robinson)은 사회통합을 복잡하고 논란의 여지가 있는 개념으로 보며, 이를 명확히 정의하기 위한 학문적 논의가 지속되고 있다고 강조했다. 유사하게, 캐슬(Castles)은 이민자와 난민 통합에 대한 단일한 정의나 이론 모델이 존재하지 않으며, 이는 연구자들 간에도 격렬한 논쟁을 불러일으키는 주제라고 주장했다. 이러한 맥락에서 사회통합은 단순한 정책적 목표가 아니라, 사회적 상호작용의 질과 다양성을 반영하는 복합적인 개념으로 이해해야 한다.

에이거와 스트랭이 제시한 사회통합 모델에서는 다음과 같은 네 가지 핵심 요소가 강조된다.

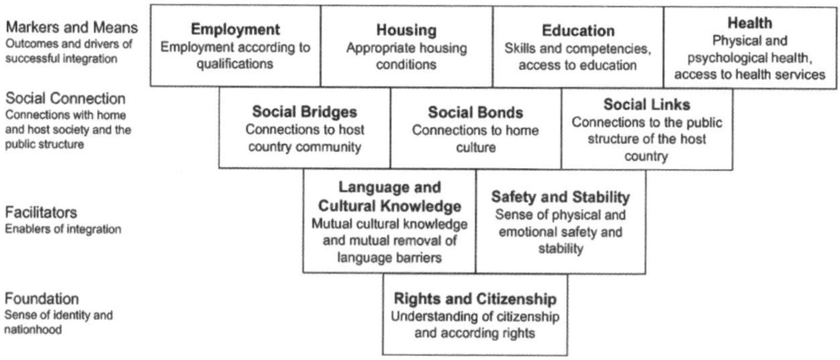

Integration framework by Ager and Strang (2008)

① 실질적인 생활 조건(Markers and Means): 고용, 주거, 교육, 건강과 같은 요소들은 개인이 안정적인 삶을 유지하고 새로운 사회에 적응하는 데 필수적인 기반을 제공한다. 안정적인 일자리와 주거 환경이 보장될 때, 이주민들은 새로운 사회에서 자립할 수 있는 기회를 얻게 된다.

② 사회적 연결(Social Connection): 사회적 유대와 네트워크 형성은 사회적 포용성을 강화하는 중요한 요소다. 이주민과 주류 사회 구성원 간의 관계 형성이 원활할수록, 사회적 신뢰와 공동체 의식이 더욱 강화된다. 축구는 이러한 사회적 연결을 자연스럽게 형성하는 데 중요한 역할을 한다.

③ 언어 및 문화적 지식(Facilitators): 새로운 사회의 규범과 문화를 이해하고 이를 바탕으로 상호 소통하는 능력은 사회통합의 핵심 요소다. 축구 클럽은 이주민들이 스웨덴어를 배우고, 지역 사회와 교류하며 문화를 익힐 수 있는 중요한 공간이 된다.

권리와 시민권(Foundation): 법적 보호와 사회적 권리를 보장받는 것은 이주민이 동등한 시민으로 인정받는 데 필수적이다. 축구를 포함한 스포츠 활동은 이주민들이 시민사회에 적극적으로 참여할 수 있는 기회를 제공하며, 법적 권리와 제도적 보호를 받을 수 있도록 돕는다.

2. 부르디외의 사회학적 개념과 사회통합

이론적 배경으로서 피에르 부르디외의 사회학적 관점은 사회통합의 복잡한 과정을 이해하는 데 중요한 틀을 제공한다. 부르디외는 사회적 자본(social capital), 아비투스(habitus), 장(field)이라는 세 가지 주요 개념을 통해 사회적 관계와 개인의 행동을 설명하며, 이들 개념은 이주민의 통합 과정을 분석하는 데 강력한 도구로 작용한다.

사회적 자본(Social Capital): 부르디외는 사회적 자본을 개인이나 집단이 네트워크를 통해 구축한 자원으로 정의하며, 이는 신뢰, 협력, 긍정적인 관계를 통해 형성된다. 니콜슨(Nicholson)과 호예(Hoye)는 축구와 같은 팀 스포츠가 사회적 자본 형성에 이상적인 환경을 제공한다고 설명하며, 스포츠가 이주민과 난민이 새로운 사회에 적응하고 네트워크를 확장하는 데 기여할 수 있음을 강조했다. 축구는 팀워크와 협동을 통해 소통과 신뢰를 구축하며, 이는 이주민이 사회적 고립에서 벗어나 사회적 통합의 기반을 마련하는 데 도움을 준다.

아비투스(Habitus): 부르디외가 개인의 생활양식과 사회적 행동을 설명하기 위해 사용한 개념으로, 개인이 성장한 환경과 맥락에서 형성된 습관과 성향을 의미한다. 엥스트룀(Engström)은 아비투스가 개인의 성장 조건과 밀접하게 연결되어 있으며, 이는 대도시, 교외, 시골 등 다양한 지역적 맥락에 따라 달라질 수 있다고 강조했다. 이러한 성장 환경은 개인의 자본 형성과 행동에 직접적인 영향을 미치며, 이주민과 난민이 새로운 환경에서 자신의 행동 방식을 조정하고 통합 과정을 거치는 데 중요한 역할을 한다.

장(field): 부르디외의 장은 개인이 활동하고 경쟁하는 사회적 공간으로 정의된다. 축구와 같은 스포츠 환경은 이주민과 난민이 새로운 사회적 장에 진입하고, 사회적 자본을 축적하며, 자신의 위치를 재구축할 수 있는 주요 도구로 간주된다. 부르디외는 이러한 장 내에서 행위자가 자신의 자본을 활용하여 새로운 관계를 형성하며, 이는 사회적 연결과 협력을 통해 사회통합을 촉진한다.

스웨덴에서는 축구가 사회통합을 촉진하는 주요한 방법 중 하나로 활용되고 있다. 축구 클럽은 단순한 스포츠팀을 넘어, 이민자와 지역 주민들이 서로 교류하고 상호 작용할 수 있는 사회적 장(field)으로 기능한다. 이는 단순히 경기장에서의 경험을 넘어, 사회적 관계를 형성하고 상호 신뢰를 구축하는 데 중요한 역할을 한다.

특히, 부르디외의 '아비투스' 개념은 개인이 속한 사회적 장에서 형성된 습관과 사고방식을 의미한다. 하지만 축구는 기존의 사회적 장을 재구성하는 역할을 할 수 있다. 니콜슨과 호예의 연구에 따르면, 스포츠 활동은 이주민들이 기존의 사회적 관계를 넘어서 새로운 사회적 자본을 구축하는 데 기여할 수 있다. 이는 단순한 적응 과정이 아니라, 새로운 환경에서의 정체성 형성과 네트워크 형성을 통해 더욱 포괄적인 사회통합을 이루는 방식으로 기능한다.

사회통합은 단순히 정책적 목표가 아니라, 사회적 상호작용과 관계 형성을 통해 이루어지는 복잡한 과정으로 이해되어야 한다. 에이거와 스트랭의 모델과 부르디외의 사회학적 관점은 사회통합의 다양한 차원을 탐구하는 데 유용한 이론적 틀을 제공하며, 이주민과 난민이 새로운 사회에서 소속감을 형성하고, 포괄적이고 지속 가능한 통합을 이루는 데 기여할 수 있다. 결론적으로 축구는 이민자와 난민들이 새로운 환경에 적응하고, 사회적 관계를 구축하며, 경제적 기회를 확보할 수 있는 장을 제공하는 중요한 요소다.

사회통합은 이주민과 난민들이 새로운 사회의 일원으로 자리 잡는 과정이다. 단순히 새로운 환경에 적응하는 것만이 아니라, 다양한 사회적, 경제적, 문화적 측면에서 상호작용을 이루는 것이 핵심이다. 사회적 통합은 고용, 주거, 교육, 건강과 같은 실질적인 생활 조건을 충족하는 것뿐만 아니라, 사회적 관계 형성, 문화적 이해, 권리와 시민권의 보장과 같은 요소도 포함한다.

사회학자들은 사회적 통합이 다차원적이고 동적인 과정임을 강조한다. 사회적 통합은 단순히 특정 집단이 주류 사회에 동화되는 것이 아니라, 서로 다른 집단이 지속적으로 교류하며 관계를 형성하는 과정이다. 예를 들어, 한 사회에서 이주민들이 취업 기회를 얻고, 지역사회와 교류하며, 자신의 문화를 표현할 수 있는 기회를 가지는 것은 사회적 통합의 중요한 요소가 된다.

스웨덴과 같은 다문화 국가에서 사회통합은 더욱 중요한 의미를 갖는다. 이주민과 스웨덴 사회 간의 상호작용을 활성화하기 위해 다양한 정책과 프로그램이 운영되고 있지만, 단순한 정책적 지원만으로는 충분하지 않다. 실제로 사회통합이 성공적으로 이루어지려면 사람들 간의 교류가 필수적이다. 이러한 맥락에서 스포츠, 특히 축구는 사회적 연결을 강화하는 데 중요한 역할을 할 수 있다.

III. 스웨덴의 스포츠와 사회통합

스포츠는 단순한 신체 활동을 넘어 사회적 통합을 촉진하는 강력한 도구로 작용할 수 있다. 스웨덴에서는 다양한 스포츠 통합 프로젝트가 운영되며, 정부 역시 이에 대한 관심과 지원을 아끼지 않고 있다. 예를 들어, 스웨덴 정부는 스포츠를 통한 사회통합을 활성화하기 위해 2015년에 3,200만 스웨덴 크로나(SEK)를 추가로 투자했으며, 2016년에는 이를 두 배로 늘렸다. 이는 스포츠가 사회적 장벽을 허물고 이주민과 지역 주민 간의 유대감을 형성하는 데 중요한 역할을 할 수 있음을 보여준다.

스웨덴의 공중보건 및 스포츠 담당 장관은 "스포츠는 사회통합을 위한 환상적인 플랫폼"이라고 강조하며, 특히 젊은 층이 스포츠를 통해 건강한 사회적 관계를 형성할 수 있다고 밝혔다. 실제로 스포츠는 스웨덴 청소년들에게 가장 중요한 조직적인 여가 활동 중 하나로 자리 잡고 있으며, 이는 신체적 건강뿐만 아니라 사회적 체력, 즉 공동체 의식과 소속감을 형성하는 데에도 기여하고 있다.

그러나 일부에서는 스포츠 통합이 실제로 효과적인지에 대해 회의적인 시각을 보이기도 한다. 일부 스포츠 평론가들은 스포츠계에서 인종적 편견이 여전히 존재하며, 통합이 겉으로 보이는 것만큼 원활하지 않다고 주장한다. 하지만 스웨덴 스포츠 연맹이 발표한 연구에 따르면, 외국 배경을 가진 젊은이들은 스포츠를 인종, 출신, 문화에 구애받지 않는 자유롭고 공정한 공간으로 인식하는 경향이 있다. 이들은 스포츠를 통해 사회적 관계를 형성하고, 새로운 정체성을 확립하는 기회를 얻고 있다.

대표적인 사례로, 세계적인 축구 선수 즐라탄 이브라히모비치(Zlatan)를 들 수 있다. 그는 이주민 가정에서 태어나 스웨덴 사회에서 '외부인'으로 여겨졌지만, 뛰어난 축구 실력을 바탕으로 결국 '스웨덴을 대표하는 선수'로 자리 잡았다. 이는 축구가 개인의 사회적 정체성을 새롭게 정의할 수 있는 가능성을 보여준다. 또 다른 예로, 여성 축구 선수 코소바레 아슬라니(Kosovare)는 이민자이자 여성이라는 이유로 차별을 겪었지만, 축구를 통해 자신의 능력을 입증하며 스웨덴 사회에서 중요한 역할을 하게 되었다.

이처럼 축구는 단순한 경기 이상의 의미를 갖는다. 축구를 통해 이주민들은 자신의 문화적 배경을 유지하면서도 새로운 사회에 적응할 수 있는 기회를 얻는다. 또한, 축구 클럽과 커뮤니티는 이주민과 지역 주민이 자연스럽게 교류할 수 있는 환경을 제공하며, 이는 궁극적으로 사회적 통합을 촉진하는 중요한 요소가 된다.

결론적으로, 스포츠, 특히 축구는 이주민들이 새로운 사회에서 자리 잡고, 사회적 유대감을 형성하는 데 중요한 역할을 할 수 있다. 축구를 통한 사회통합의 효과를 극대화하려면 정부와 지역사회, 스포츠 기관이 협력하여 보다 포괄적이고 지속 가능한 프로그램을 마련할 필요가 있다.

스웨덴에서 스포츠는 단순한 신체 활동을 넘어, 사회적 통합을 촉진하는 중요한 역할을 한다. 특히, 스웨덴 스포츠 연맹과 통계청은 외국 배경을 가진 젊은이들이 스포츠에 얼마나 참여하고 있는지 연구하며, 스포츠가 사회적 결속에 미치는 영향을 분석했다. 연구는 청소년들을 네 개의 그룹, 즉 외국 배경을 가진 소년과 소녀, 스웨덴 배경을 가진 소년과 소녀로 나누어 조사했으며, 그 결과 스포츠 참여율과 경험이 배경에 따라 다르게 나타난다는 점이 드러났다.

연구 결과에 따르면, 외국 출신 청소년들의 스포츠 참여율은 예상보다 높았다. 전체적으로 41%의 외국 배경을 가진 청소년들이 스포츠에 적극 참여했으며, 이는 스웨덴 배경을 가진 청소년(50%)과 큰 차이가 없었다. 특히 외국 배경을 가진 소년들은 52%가 스포츠 활동을 하고 있어 스웨덴 배경을 가진 소년들(54%)과 거의 동일한 수준이었다. 하지만 외국 배경을 가진 여학생들은 스포츠 참여율이 31%에 불과해, 스웨덴 배경을 가진 여학생(47%)보다 현저히 낮았다. 이는 여학생들이 스포츠에 참여하는 데 있어 여전히 장벽이 존재함을 시사한다.

또한, 연구에서는 스포츠 클럽을 떠나는 이유도 조사되었는데, 외국 배경을 가진 청소년들 중 약 20%는 지도자가 모든 사람을 동등하게 대우하지 않는다고 느껴 스포츠를 그만두었다고 조사되었다. 이는 스포츠가 완전히 공정한 영역이 아닐 수도 있음을 보여주는 사례이며, 스웨덴 스포츠 연맹이 지향하는 '모든 사람이 환영받는 스포츠'라는 목표가 아직 완전히 실현되지 않았다는 점을 의미한다.

흥미로운 점은 축구가 모든 그룹에서 가장 인기가 높은 스포츠라는 것이다. 특히 외국 배경을 가진 소년들은 스웨덴 배경을 가진 소년들보다 더 높은 비율로 축구에 참여하고 있었으며, 외국 배경을 가진 여학생들도 다른 스포츠보다 축구를 선호하는 경향을 보였다. 이는 축구가 사회적 네트워크 형성에 중요한 역할을 할 수 있음을 시사한다.

스웨덴 스포츠 연맹이 수행한 추가 연구에서는, 스포츠가 배경이나 인종보다도 지역적 환경에 영향을 받는다는 점이 강조되었다. 즉, 교외 지역에서 성장한 청소년들은 도심이나 부유한 지역 출신 청소년들보다 스포츠 참여 기회가 적다고 느끼는 경향이 강했다. 이는 스포츠 참여율과 사회적 배경이 밀접한 관련이 있음을 시사하며, 단순히 스포츠 정책을 확대하는 것만으로는 사회 통합을 이루기 어렵다는 점을 시사한다.

이 연구를 바탕으로 스웨덴 스포츠 연맹은 보다 포용적인 스포츠 환경을 조성하기 위한 노력을 강화하고 있다. 스포츠가 사회적 이동성과 개인 정체성 형성에 중요한 역할을 한다는 점에서, 외국 배경을 가진 청소년들에게 더 많은 기회를 제공하는 것이 필요하다. 특히, 코칭 프로그램과 스포츠 교육을 확대하여 외국 배경을 가진 여학생들의 참여율을 높이는 것이 중요한 과제가 될 것이다.

결론적으로, 축구는 단순한 스포츠를 넘어, 이주민과 난민들이 스웨덴 사회에 적응하고 자신감을 형성하는 데 중요한 역할을 한다. 스웨덴 정부와 스포츠 연맹은 이를 정책적으로 반영하여 더욱 포용적인 스포츠 환경을 조성하고 있으며, 앞으로도 지속적인 개선이 필요할 것이다.

어린이 축구 클럽에서 연습하는 장면

Ⅳ. 사회통합을 위한 도구로서의 축구

1. 축구와 사회적 연결

스웨덴에서 축구는 단순한 스포츠를 넘어, 사람들을 하나로 묶는 강력한 사회적 도구로 자리 잡고 있다. 현재 약 300만 명의 회원을 보유한 스웨덴 최대의 스포츠 단체로, 축구는 다양한 배경을 가진 개인들이 함께 어울릴 수 있는 환경을 조성하고 있다. 스웨덴 스포츠 연맹은 "국적, 민족, 종교, 나이, 성별, 성적 지향, 신체적 · 정신적 조건과 관계없이 누구나 스포츠 활동에 참여할 수 있다."는 핵심 가치를 강조하며, 축구가 포괄적이고 포용적인 활동임을 강조하고 있다. 이는 축구가 단순한 신체 활동을 넘어, 사회적 연결과 통합을 촉진하는 역할을 한다는 점을 잘 보여준다.

스웨덴의 스포츠 스타인 페르닐라 비베리(Pernilla Wiberg)와 축구 선수 다니엘 난스쿠그(Daniel Nannskog) 또한 축구가 사회 통합을 위한 최적의 도구라고 강조하며, 자신의 경험을 통해 축구가 지닌 긍정적 영향을 증명한 바 있다. 이는 개인적 차원을 넘어 정책적으로도 스웨덴 내 이주민과 난민의 사회적 통합을 지원하는 중요한 요소로 자리 잡고 있다. 현재 스웨덴 인구의 약 20%가 외국 태생으로, 다문화 사회로의 전환이 진행되는 가운데, 축구와 같은 스포츠 활동이 더욱 중요한 역할을 하고 있다.

스웨덴 내 외국 태생 인구의 비율은 지역마다 다르게 나타나며, 이에 따라 축구가 수행하는 사회적 역할도 다소 차이가 있다.

〈표 1〉 외국 태생의 이주민 비율

지역	총인구	이주민 인구	이주민 비율(%)
스톡홀름주	2,454,821	700,000	28.5
배스트라 예탈란드 주	1,755,000	350,000	19.9
스코네 주	1,389,000	300,000	21.6
배스트만란드 주	275,000	50,000	18.2
예블레보리 주	287,000	45,000	15.7

출처: Statistiska centralbyrån, "Population in the country, counties and municipalities on 31 December 2023 and Population Change in 2023,"

이처럼 주요 대도시에서는 높은 이주민 비율을 보이며, 축구는 이들 지역에서 사회적 통합을 돕는 중요한 매개체가 되고 있다. 스웨덴 정부 역시 스포츠를 통한 난민 통합을 정책적으로 지원하고 있으며, 이를 위해 2015년 유럽 난민 위기 당시 9천만 SEK(스웨덴 크로나)의 재정을 스포츠 활동에 투입한 바 있다. 특히 축구는 이주민들이 새로운 사회에 적응하고, 스웨덴어를 익히며, 지역사회에서의 역할을 찾는 데 도움을 주는 수단으로 활용되고 있다.

축구는 단순히 이주민과 난민을 위한 여가 활동이 아니라, 그들의 사회적 자본을 형성하는 데에도 기여한다. 축구 클럽은 새로운 사회에 정착하는 과정에서 자연스럽게 지역 주민들과의 교류 기회를 제공하며, 이를 통해 사회적 네트워크를 구축할 수 있도록 돕는다. 예를 들어, AIK 스웨덴 축구 클럽이 운영하는 "진정한 사회통합(Integration på riktigt)" 프로젝트는 난민 청소년들이 지역사회와의 교류를 통해 새로운 정체성을 형성하도록 지원하고 있다.

하지만 축구가 사회 통합의 도구로 완벽하게 작동하는 것은 아니다. 스웨덴 남자 축구 대표팀 주장인 즐라탄 이브라히모비치는 스웨덴 사회에서 느낀 이

질감과 차별을 언급하며, 팀 내에서 두 배 더 뛰어나야 한다는 압박을 느꼈다고 밝힌 바 있다. 또한, 여성 대표팀의 코소바레 아슬라니는 자신의 경기력이 아닌 출신배경과 편견이 경기 출전에 영향을 미쳤다고 주장하며, 축구 내에서도 불평등과 차별이 존재한다고 지적했다.

〈표 2〉 이민자 배경의 국가대표선수 참여와 기여

연도	대회	전체 선수 수	이민자 배경 선수 수	주요 기여 내용
2015	스웨덴 U-21 유럽축구 선수권대회	23명	10명	이민자 배경의 주요 선수들이 대회 우승에 기여하며, 다양한 출신의 재능을 보여주었으며 우승함
2023	스웨덴 FIFA 여자 월드컵	26명	12명	공격과 수비에서 이민자 배경 선수들이 주요 역할을 담당하며, 스웨덴 축구의 기술력과 통합을 반영하였으며 3위를 하였으며, 세계랭킹 1위를 기록함

이처럼 축구는 사회 통합에 기여하는 동시에 여전히 해결해야 할 과제들도 남아 있다. 축구가 진정으로 포용적인 스포츠가 되기 위해서는 단순한 참여율 증가가 아니라, 보다 적극적인 제도적 지원과 정책적 개선이 필요하다. 스웨덴 스포츠 연맹은 이와 관련하여 정책적 지원을 확대하고 있으며, 스웨덴 사회 전반에서 축구가 통합의 도구로 기능할 수 있도록 다양한 프로그램을 운영하고 있다.

축구가 사회 통합의 도구로 기능하기 위해서는 지속 가능한 전략이 필요하다. 정부와 스포츠 단체는 단순한 프로그램 운영을 넘어서, 장기적인 연구와 지원을 병행해야 한다. 특히 이주민과 난민이 스포츠 활동을 통해 사회적 이동성을 확보할 수 있도록 교육과 취업과 연계한 지원이 필요하다. 또한, 여성 선수들의 참여 기회를 확대하고, 지도자 교육을 통해 코칭 환경에서도 포용성을 강화하는 것이 중요하다.

결국, 스웨덴에서 축구는 단순한 스포츠를 넘어, 다문화 사회로의 전환을 돕는 중요한 역할을 하고 있다. 앞으로도 축구가 지속 가능한 통합을 이루기 위한 도구로 발전할 수 있도록 정책적 · 사회적 노력이 지속될 필요가 있다.

2. 사회통합과 스웨덴 축구 선수의 성장 사례

스웨덴 축구 국가대표팀은 단순한 경기 성과를 넘어, 다문화 사회의 상징적인 사례로 자리 잡고 있다. 이민자 배경을 가진 선수들의 성공은 스웨덴 사회의 포용성과 다양성을 강화하는 데 중요한 역할을 하며, 스포츠가 사회통합의 도구로 작동할 수 있음을 보여준다. 현재 스웨덴 남자 축구 국가대표팀의 약 25%와 여자 국가대표팀의 약 20%가 이민자 배경을 지닌 선수들로 구성되어 있다. 이들은 팀 내에서 핵심적인 역할을 담당하며, 스웨덴 축구의 국제 경쟁력을 높이는 데 기여하고 있다.

특히, 남자 대표팀에서는 즐라탄 이브라히모비치, 알렉산더 이삭, 데얀 쿨루세브스키가, 여자 대표팀에서는 코소바레 아슬라니, 제시라 무소비치, 난자닌 바세그파나가 대표적인 사례로 꼽힌다. 이러한 선수들의 활약은 축구가 사회통합을 촉진하는 데 중요한 역할을 한다는 점을 시사한다.

〈표 3〉 스웨덴 남자 축구 국가대표팀의 이민자 배경을 가진 선수

선수이름	포지션	출신배경	국가대표 경기 수	국가대표 득점
즐라탄 이브라히모비치 (Zlatan Ibrahimović)	공격수	보스니아-크로아티아	133	69
알렉산데르 이삭 (Alexander Isak)	공격수	에리트레아	82	23
로빈 쿠아이손 (Robin Quaison)	공격수	가나	74	15
켄 세마 (Ken Sema)	미드필더	콩고	28	2
데얀 쿨루세브스키 (Dejan Kulusevski)	미드필더	북마케도니아	82	15

자료: Svensk Fotboll, Landslagens spelare: bakgrund och statistik 2023.

〈표 4〉 스웨덴 여자 축구 국가대표팀의 이민자 배경을 가진 선수

선수이름	포지션	출신배경	국가대표 경기 수	국가대표 득점
코소바레 아슬라니 (Kosovare Asllani)	공격수	코소보	217	56
제시라 무소비치 (Zećira Mušović)	수비수	보스니아	62	0
루술 로사 카파지 (Rusul Rosa Kapaji)	공격수	이라크	39	11
난자닌 바세그파나 (Nazanin Vaseghpanah)	공격수	이란	49	20
율리아 지고티 올메 (Julia Zigotti Olme)	미드필더	이탈리아	83	9

자료: Svensk Fotboll. Landslagens spelare: bakgrund och statistik 2023.

1) 즐라탄 이브라히모비치

즐라탄 이브라히모비치는 보스니아와 크로아티아 출신 부모 아래에서 스웨덴 말뫼의 로센고드(Rosengård)에서 성장했다. 이곳은 경제적 어려움과 사회적 낙인이 공존하는 지역이었으나, 그는 축구를 통해 자신의 역량을 발휘할 기회를 얻었다. 그는 말뫼 FF에서 프로 축구 경력을 시작하여 세계적인 스타로 자리 잡았다. 자서전에서 그는 "스웨덴 사회에서 나의 가치를 증명하기 위해 두 배로 노력해야 했다"고 말하며, 이민자로서의 도전과 극복 과정을 기록했다. 그의 성공은 로센고드 지역의 청소년들에게 영감을 주었으며, 축구를 통해 자신의 잠재력을 펼칠 수 있는 길을 보여주었다.

2) 알렉산데르 이삭

알렉산데르 이삭은 에리트레아 출신 부모 아래 스톡홀름에서 성장했으며, AIK 축구 클럽에서 프로 경력을 시작했다. 그는 17세의 나이에 스웨덴 국가대표로 데뷔하며, 스웨덴 축구 역사상 최연소 득점자로 기록되었다. 이삭은 스웨덴과 에리트레아의 문화를 동시에 경험하며 성장한 것이 자신에게 큰 자산이 되었다고 밝혔다. 그는 다양한 문화적 배경이 스웨덴 축구계에서 강점으로 작용할 수 있음을 보여준 대표적인 사례다.

3) 코소바레 아슬라니

코소바레 아슬라니는 코소보 알바니아인 부모 아래에서 태어나, 스웨덴에서 성장했다. 그녀는 축구를 통해 여성 이민자들이 사회적 장벽을 넘고 기회를 얻을 수 있음을 증명했다. 국가대표팀에서 활약하며, 여성 스포츠의 평등과 다양성을 위해 목소리를 높였다. 그녀는 자신의 성공이 젊은 여성 이민자들에게 스포츠를 통한 자기실현의 가능성을 알리는 계기가 되기를 바란다고 강조했다.

위에서 살펴본 바와 같이 이민자 배경의 선수들이 사회적 통합에 기여하는 방식은 단순히 경기장에서의 성과에 국한되지 않는다. 이들은 자신의 활동을 통해 사회적 편견을 극복하며, 스웨덴 사회에서 다문화적 정체성을 발전시키는 데 기여했다. 예를 들어, 즐라탄 이브라히모비치는 로센고드 지역에서 축구 클럽과 협력하여 지역 청소년들에게 기회를 제공하는 프로젝트를 지원했다. 알렉산더 이삭은 축구를 통해 다문화적 가치를 강조하며, 이민자 청소년들이 스포츠를 통해 사회적 장벽을 허물 수 있도록 영감을 주었다. 또한, 코소바레 아슬라니는 성별과 배경의 경계를 넘어 여성의 스포츠 참여 확대를 위해 노력했다.

스웨덴 축구에서 이민자 선수들의 성공은 스포츠가 단순한 경기 이상의 역할을 수행할 수 있음을 보여준다. 이들은 스웨덴 사회에서 통합의 상징이 되었으며, 자기의 경험을 바탕으로 사회적 변화를 이끌어가고 있다. 축구는 단순한 스포츠가 아니라, 다양한 문화적 배경을 가진 사람들이 소속감을 느끼고 함께 성장할 수 있는 공간을 제공한다. 앞으로도 스웨덴 축구는 사회통합의 중요한 도구로 활용될 것이며, 이를 위해 정부와 스포츠 연맹이 더욱 적극적인 지원을 해야 할 것이다.

이민자 배경을 가진 대표적인 스웨덴 선수

3. 축구 클럽과 사회적 연결

스웨덴의 축구 클럽은 단순한 스포츠 조직이 아니라, 이민자 청소년들이 새로운 사회에 적응하고, 자아 정체성과 공동체 의식을 형성할 수 있도록 돕는 중요한 플랫폼 역할을 하고 있다. 다양한 통합 프로그램이 운영되며, 대표적으로 Open Football, Football for All, Girls First와 같은 프로그램이 존재한다. 이들은 축구를 단순한 신체 활동을 넘어 다문화 사회에서 지속 가능한 사회적 통합을 촉진하는 매개체로 활용하고 있다.

이들 프로그램은 축구의 본질적 가치를 기반으로 하여, 이민자 청소년들이 자신감을 키우고 사회적 유대를 강화하며 새로운 환경에 적응할 기회를 제공한다. 예를 들어, Open Football 프로그램은 모든 연령과 배경을 가진 참가자들이 자유롭게 축구를 즐길 수 있도록 설계된 개방형 플랫폼으로, 언어와 문화적 차이로 인해 소외될 위험이 있는 이민자 청소년들에게 중요한 사회적 연결망을 형성하는 기회를 제공한다. 이 프로그램을 통해 참가자들은 자연스럽게 친구를 사귀고, 팀워크를 경험하며, 스웨덴 사회의 규범과 가치를 배운다.

또한, Football for All 프로그램은 모든 사람이 참여할 수 있는 환경을 조성하는 데 초점을 맞추고 있으며, 사회적 약자나 소외 계층으로 분류될 수 있는 이민자 청소년들에게 집중적인 지원을 제공한다. 이를 통해 청소년들은 축구를 통해 자신감을 얻고 사회적 고립에서 벗어날 수 있도록 돕는다. 이 프로그램에 참여한 이민자 청소년들은 팀 스포츠를 통해 상호 협력의 중요성을 경험하며, 공동체의 구성원으로서 역할을 수행하는 법을 배운다.

한편, Girls First는 여성 이민자 청소년들을 대상으로 하여, 축구를 통해 성평등과 여성의 사회적 참여를 촉진하는 데 중점을 둔다. 스웨덴에서 여성 스포츠 참여율이 점차 증가하고 있지만, 이민자 배경의 여성들은 여전히 스포츠 참여에 있어 많은 제약을 받고 있다. 이 프로그램은 여성 청소년들이 안전하고 편안한 환경에서 축구를 즐길 수 있도록 지원하며, 이를 통해 자신감을 형성하고 사회적 활동을 확대하는 기회를 제공한다.

〈표 5〉 세 선수의 청소년 시절 축구 클럽과 사회적 연결

선수	청소년 축구클럽	클럽 위치	사회적 기여 및 통합의 특징	클럽의 사회통합 관련 프로그램
즐라탄 이브라히모비치	말뫼 FF	말뫼 (로센고드)	사회적 낙인이 있는 지역에서 클럽 활동을 통해 스웨덴 사회의 가치와 소속감을 경험. 팀워크와 기술 발전을 통해 자신감을 얻음	"Open Football": 로센고드 지역의 이민자 어린이들을 대상으로 무료 축구 훈련 제공. 이민자 청소년들에게 멘토링 프로그램과 함께 언어 학습도 지원

선수	청소년 축구클럽	클럽 위치	사회적 기여 및 통합의 특징	클럽의 사회통합 관련 프로그램
알렉산데르 이삭	AIK	스톡홀름 (솔나)	다문화적 포용성을 중시하는 클럽 환경에서 성장. 축구를 통해 협력과 소통의 가치를 배웠으며, 스웨덴 축구계의 다문화적 성공의 상징으로 자리 잡음	"Football for All": 청소년 이민자와 난민을 대상으로 한 축구 캠프 운영. 다문화 워크숍과 스웨덴 사회에 대한 이해를 돕는 교육 포함
코소바레 아슬라니	빔메르뷔 (Vimmerby) IF	뢰더 (빔메르뷔)	성별 경계를 허물고 남학생들과 축구를 하며 자신감을 키움. 클럽에서의 활동은 다양한 배경의 친구들과 교류하며 사회적 연결망을 형성하는 데 중요한 역할을 함	"Girls First": 소녀 축구 선수들을 위한 특별 훈련 프로그램 운영. 여성 코치 배치를 통해 여성 이민자 청소년의 참여율을 높이는 데 기여

이러한 프로그램들은 단순히 축구 기술을 배우는 것을 넘어, 이민자 청소년들이 자아 정체성을 확립하고 새로운 사회적 정체성을 형성하는 기회를 제공한다. 축구 클럽에서 형성된 사회적 연결망은 이민자 청소년들이 스웨덴 사회에서 소속감을 느끼고, 새로운 친구와 멘토를 통해 지지 체계를 구축하는 데 중요한 역할을 한다.

예를 들어, Girls First 프로그램에 참여한 한 이민자 청소년은 "축구를 통해 나의 이야기를 들려줄 수 있었고, 나를 이해해 주는 사람들이 생겼다"며 프로그램의 중요성을 강조했다. 이러한 프로그램은 축구가 단순한 스포츠 활동을 넘어, 지속 가능한 사회통합의 매개체로 작동할 가능성을 제시하며, 다문화 사회에서 스포츠의 역할을 재조명하는 데 기여하고 있다.

어린이 청소년 축구 프로그램 모집 포스터

그러나 이민자 배경 선수들의 성공이 모든 문제를 해결하는 것은 아니다. 연구에 따르면, 외국 배경을 가진 선수들 가운데 상당수가 스웨덴 축구계에서 불평등과 편견을 경험했다고 보고했다. 특히 여성 이민자 선수들은 남성보다 더 많은 사회적 장벽에 직면하고 있으며, 이는 스웨덴 축구협회(SvFF)가 해결해야 할 중요한 과제이다. 외국 배경을 가진 일부 선수들은 스웨덴 배경의 선수들보다 더 많은 노력을 기울여야 한다고 느끼며, 이는 구조적 불평등을 시사한다.

결론적으로, 스웨덴 축구 국가대표 선수들의 이야기는 다문화적 사회에서 스포츠가 강력한 사회통합 도구로 작용할 수 있음을 보여준다. 이들의 성공은 스웨덴 사회의 다양성과 포용성을 강화하며, 다문화 사회를 위한 글로벌 모델로 자리 잡는 데 기여하고 있다. 그러나 이러한 성공이 지속되기 위해서는 여전히 존재하는 불평등을 해결하고, 모든 배경의 사람들이 동등한 기회를 가질 수 있도록 제도적 지원이 필요하다. 스웨덴 축구가 사회통합을 더욱 촉진하기 위해서는 정부, 스포츠 연맹, 지역사회가 협력하여 더 포괄적이고 지속 가능한 프로그램을 마련해야 할 것이다.

V. 축구, 스웨덴 사회통합의 연결고리

스웨덴에서 축구는 단순한 스포츠가 아니라, 사회통합을 촉진하는 강력한 도구로 자리 잡았다. 축구 클럽은 단순한 스포츠팀을 넘어, 이민자와 지역 주민들이 서로 교류하고 상호 작용할 수 있는 사회적 장(field)으로 기능한다. 이는 단순히 경기장에서의 경험을 넘어, 사회적 관계를 형성하고 상호 신뢰를 구축하는 데 중요한 역할을 한다. 축구가 가지는 이러한 기능은 단순히 이민자들이 주류 사회에 '적응'하는 것이 아니라, 양측이 함께 새로운 사회적 관계를 만들어 가는 과정이라는 점에서 더욱 의미가 크다.

약 140만 명의 사람들이 참여하고, 3,000개 이상의 클럽이 운영되는 축구는 스웨덴에서 가장 인기 있는 스포츠이면서도, 다문화 사회 속에서 다양한 배경을 가진 사람들이 함께 어우러질 수 있는 장을 제공한다. 특히 2015년 유럽 난민 위기 이후, 스웨덴 정부는 축구를 사회통합의 도구로 적극 활용하며 정책적 지원을 확대했다. 그 결과, 2016년부터 2022년까지 스포츠 통합 예산이 3,400만 SEK에서 1억 SEK로 증가하는 등 축구가 이민자와 난민의 사회 적응을 돕는 중요한 정책으로 자리 잡았다.

축구의 가장 큰 강점은 언어 장벽을 넘어 사람들이 협력하고 소통할 기회를 제공한다는 점이다. 이민자들은 경기장에서 자연스럽게 새로운 문화를 접하고, 스웨덴 사회의 규범을 익히며, 공동체의 일원으로 자리 잡는다. 특히 젊은 세대에게 축구는 단순한 놀이가 아니라, 규칙과 질서를 배우고 협력을 경험할 수 있는 교육적 장이기도 하다. 그러나 축구가 항상 성공적인 사회통합을 보장하는 것은 아니다. 언어 장벽과 문화적 차이, 구조적 한계로 인해 이민자들이 축구 클럽에서 소외되거나 차별을 경험하는 사례도 존재한다.

일부 외국 출신 선수들은 스웨덴 출신 선수들보다 뛰어난 실력을 갖춰야만 인정받는다는 부담을 안고 있으며, 이는 이민자들이 축구를 통해 사회적 계층 이동을 실현하는 데 어려움을 주기도 한다. 즐라탄 이브라히모비치가 "나는 팀 동료들보다 10배는 더 잘해야 했다"고 언급한 것은, 스웨덴 축구 내에서 이민자 배경 선수들이 겪는 현실을 단적으로 보여준다. 또한, 보이지 않는 인종차별 문제도 여전히 해결해야 할 과제다. 일부 이민자 선수들은 경기장 안팎에서 인종적 편견을 경험하고 있으며, 이는 그들이 자기의 경험을 공론화하기 어렵게 만드는 요인이 되고 있다.

그럼에도 축구는 여전히 다문화 사회에서 통합을 이루는 데 있어 중요한 역할을 수행하고 있다. 축구는 단순한 스포츠를 넘어, 참여자들에게 협력, 규칙 준수, 상호 존중과 같은 시민적 덕목을 내면화하도록 돕는다. 다양한 배경을 가진 선수들이 한 팀에서 훈련하고 경쟁하는 과정에서 서로를 이해하고 수용하는 기회가 제공되며, 이를 통해 다문화 사회에서 공존할 수 있는 기반이 형성된다.

축구는 단순한 스포츠가 아니라, 공동체 의식을 형성하고 협력과 소통을 촉진하는 강력한 매개체다. 축구를 통해 이주민과 지역 주민들은 자연스럽게 어울릴 기회를 갖게 된다. 스웨덴의 여러 축구 클럽은 이러한 특징을 활용하여 이주민과 지역사회가 함께하는 프로그램을 운영하고 있으며, 이를 통해 자연스럽게 사회적 네트워크가 형성되고 있다.

또한, 축구는 경제적 기회도 제공한다. 일부 이주민 선수들은 축구를 통해 프로 선수로 성장하거나 스포츠 관련 직업을 갖게 되면서 경제적으로도 안정적인 기반을 마련할 수 있다. 이런 사례들은 축구가 단순한 놀이를 넘어, 이주민들이 새로운 사회에 정착하는 중요한 도구가 될 수 있음을 보여준다.

결국 축구는 사회통합을 이루는 데 있어 단순한 여가 활동이 아닌, 실질적인 사회적 역할을 수행하는 중요한 매개체다. 축구를 통해 형성되는 네트워크는 이주민들이 새로운 사회에서 자립하고, 사회적 관계를 구축하며, 궁극적으로는 시민사회의 일원으로 자리 잡을 수 있도록 돕는다. 이러한 점에서 축구는 스웨덴 사회에서 다문화적 공존과 협력을 촉진하는 중요한 역할을 하고 있으며, 앞으로도 지속적인 연구와 정책적 지원이 필요할 것이다. 아울러 사회통합은 단순히 정책으로만 이루어지는 것이 아니라, 사람들이 서로 교류하고 함께 어울리며 자연스럽게 형성되는 과정이다. 축구는 이러한 과정을 촉진하는 중요한 역할을 하며, 스웨덴 사회에서 이주민과 주류 사회를 연결하는 효과적인 매개체로 기능할 수 있다.

참고문헌

Aftonbladet, "Zlatan Ibrahimović En ikon fö mågfald," Aftonbladet, June 14 (2015).

Ager, A. & Strang, A., "Understanding Integration: A Conceptual Framework," Journal of Refugee Studies, Vol. 21 (2008).

Aert, Dolf van, "Willem II-revelatie Isak over zijn idool uit Eritrea," Voetbal International, March 29 (2019).

Alund, A., Multicultural youth: Swedish integration policies (Uppsala University, 1997).

Bourdieu, P., Practical Reason: On the Theory of Action (Stanford University Press, 1999).

Brännberg, T., Bakom kulisserna: en socialpsykologisk studie av en förening (Floda: Zenon Förlag, 1998)

Castles, S., "Integration of Immigrants: The Challenge for European Societies," In International Migration: Trends, Policies and Economic Impact, edited by Slobodan Djajic (London: Routledge, 2001).

Dahlstedt, M., Democracy and ethnic exclusion (Lund: Studentlitteratur, 2001).

Edwinsson, Lisa, "Asllani om rollen som föebild: Svensk fotboll måte ta vara på talangerna - inte döma dem," Dagens Nyheter, July 18 (2017).

Engström, L., "Habitus and Growth Conditions," Swedish Journal of Sociology, Vol. 15 (2010).

Esk, J., "Integrationen fungerar inte i svensk idrott," Dagens Nyheter, January 10 (2016).

Fundberg, J., Meeting on the Football Field (Stockholm Football Association, 1996).

Fundberg, J., Idrott, integration och etnisk mångfald (Stockholm: Riksidrottsförbundet, 2003).

Fundberg, J., Integration genom idrott (Stockholm: Riksidrottsförbundet, 2010).

Fundberg, J., Idrottens samhällsnytta (Stockholm: Riksidrottsförbundet, 2017).

Fundberg, J., Girls First: Empowering Immigrant Youth Through Sports (Göteborg: University Press, 2019).

Giddens, A., Sociology (Cambridge: Polity Press, 2003).

Hasselgren, M., "Kosovare Asllani och Bias i Svensk Fotboll," Göteborgs-Posten, October 14 (2014).

Huitfeldt, Åke, "Åe Huitfeldt – Nyanlända och idrott," Podcast, 2016.

Jertelius, A., Immigrants and Sports (Stockholm: Swedish Sports Confederation, 1982).

Kamali, M., Den segregerande integrationen (Stockholm: SOU, 2006).

Kosiara-Pedersen, Karina, "New (types of) parties and government: the Danish general election 2022," West European Politics, Vol. 46, No. 6 (2023).

Malmö FF, Social Capital and Sports Integration (Malmö: MFF Publications, 2010).

Mudde, Cas, "The populist radical right: a pathological normalcy," The Populist Radical Right (London: Routledge, 2017).

Nicholson M. & Hoye, R., Sport and Social Capital (Elsevier, 2008).

Ibrahimović, Zlatan & Lagerkrantz, David, Jag är Zlatan Ibrahimović: min historia (Stocholm: Bonnier, 2011).

Lagergren, L., "Integration Challenges in Swedish Society," Sverigesradio, June 15 (2015).

Lundvall, S., Idrott, mångfald och genus (Svensk Idrottsforskning, 2009).

Malin, Eijde, "Idrotten ä ett bra verktyg fö integration," Hallandsposten, October 14, (2015).

Migrationsverket, Segregation Challenges in Sweden (Migrationsverket Annual Report, 2015).

Niva, E., "AIK's Integration Project," Aftonbladet, May 12 (2016).

Niva, E., "Zlatans betydelse fö barn i Rosengåd," Aftonbladet, July 10 (2016).

Regeringen, Integration Policy and Programs (Stockholm: Swedish Government Press, 2016).

Regeringskasliet, Etnisk/kulturell bakgrund (Stockholm: Regeringskasliet, 2016),

Riksidrottsförbundet, Idrotten vill (Stockholm: RIF, 2009)

Riksidrottsförbundet, Idrott och integration - en statistisk undersökning (Stockholm: RIF, 2010).

Riksidrottsförbundet, Open Football Program Annual Report (Stockholm: Riksidrottsförbundet, 2020).

Sandberg, Christin, "Kosovare Asllani satsar fö damfotbollens skull," Fempers, September 12 (2024).

Statistiska Centralbyrån, Population in Sweden by Country/Region of Birth, Citizenship and Swedish/Foreign background (Stockholm: SCB, 2023).

Statistiska Centralbyrån, Ungdomars idrottsdeltagande (Stockholm: SCB, 2010).

Svenska Fotbollförbundet, Idrotten vill: En plattform för integration (Stockholm: SvFF, 2009).

Svenska Fotbollförbundet, Kosovare Asllani: Stjärna och förebild (Stockholm: SvFF, 2019).

Svenska Fotbollförbundet, Alexander Isak och framtidens svenska fotboll (Stockholm: SvFF, 2020).

Svenska Fotbollförbundet, Football for All: Inclusion Through Football (Solna: SvFF, 2021).

Svenska Fotbollförbundet, Landslagets Spelare och Statistik (Stockholm: SvFF, 2023).

Swedish National Agency for Education, Educational Achievement Gaps (Swedish National Agency for Education, 2019).

Swedish Public Employment Service, Labor Market and Immigrant Challenges (Swedish Public Employment Service, 2020).

Swedish Sports Confederation, Idrotten vill (Stockholm: Riksidrottsförbundet, 2009).

Vidakovich, Ž., Sports and Integration: A Qualitative Study (University of Gothenburg, 2008).

Wigström, Gabriel, "Öat idrottsstö fö integration," Svenska Dagbladet, April 15 (2015).

축구로 보는 러시아 미술, 문학, 패션

이은경(한국외국어대학교)

소련 축구는 세계 스포츠 역사뿐 아니라 예술사에도 깊은 흔적으로 남겼다. 축구의 영역에서는 전술과 훈련 방법에 크게 이바지했고, 예술의 영역에서는 그림과 문학작품, 패션에 이르기까지 다양한 장르에 걸쳐 매우 포괄적이고 광범위한 창작을 남겼다. 현대식 축구가 러시아에 들어온 것은 19세기 말이었음에도 비교적 짧은 시간에 여러 영역으로 범주를 넓히며 비약적인 발전을 이루었다. 특히 20세기 초 아방가르드 화가들과 작가들이 여기에 공헌한 바가 컸다. 본 글은 러시아 미술과 문학에 나타난 축구를 살펴봄으로써 소련에서 축구가 지닌 위상과 의미를 밝히고, 이어서 소련 축구가 남긴 유산들을 살펴보고자 했다. 그 결과 그들의 전위 예술 속에 탄생한 축구가 실물 축구 이상으로 사람들에게 강한 인상을 남기면서 독창적 유산으로서의 가치를 인정받고 있음을 확인할 수 있다.

I. 축구, 뒤늦게 러시아에 상륙하다

러시아에서 축구가 본격적으로 인기를 얻게 된 것은 유럽에 비해 상당히 뒤늦은 1880년대에 이르러서였다. 하지만 이보다 훨씬 이전에 러시아에도 축구와 비슷한 공놀이가 존재했다. 10-11세기 노브고로드 공국의 결혼식에서 남자들이 공놀이의 일종인 '킬라(kila)'라는 게임을 했다. 짚, 나무껍질, 이끼 또는 양모를 채운 가죽으로 공을 만들고, 이것을 차거나 손으로 잡을 수 있게 했으며, 두 패로 나뉘어 이 공을 놓고 싸우면서 상대방의 문에 공을 넣으려고 했다. 이 게임은 오늘날의 축구를 연상시키는데, '킬라'에 관한 최초의 언급은 1862년에 학창 시절 놀이를 회고한 작가 니콜라이 포먈롭스키(N. Pomyalovsky)의 『신학교 시절의 오체르크』에서였다.

1880년대에는 많은 영국인이 러시아 제국의 여러 산업 분야에서 일을 하고 있었다. 퇴근 후 축구를 즐기는 이들의 모습을 보며 러시아인들은 큰 관심을 가졌다. 최초의 축구팀은 러시아에 거주하는 외국인으로 구성되어 있었지만, 곧 러시아인으로 구성된 팀이 등장하기 시작했다. 러시아 제국에서 첫 공식 축구 경기는 1897년 10월 24일이었으며, 러시아인으로 구성된 최초의 축구팀은 1906년 모스크바주 콜롬나시의 콜롬나(Kolomna) 팀이었다. 1912년 전(全)러시아축구연합이 창설되고 러시아 제국에서 최초의 축구 선수권대회가 열렸다. 축구는 러시아인들 사이에서 빠르게 인기를 얻으면서 1915년에는 이미 150개 이상의 팀이 활동할 정도로 규모가 커졌다. 1952년 소련국가대표팀은 처음으로 올림픽에 참가했지만, 메달 획득에는 실패했다. 그러나 다음 올림픽 경기였던 1956년 멜버른 올림픽에서는 챔피언에 오르는 쾌거를 이뤘으며 이로부터 4년 뒤인 유럽 선수권 대회에서도 우승을 거둘 정도로 막강해졌다. 1966년에 소련 국가팀은 세계 상위 4개 팀에 오를 만큼 가장 강력한 팀으로 부상했고, 1988년 올림픽에서도 또 한 번 금메달을 획득했다.

소련 축구의 전설적 골키퍼 레프 야신(Lev Yashin)은 1963년 발롱도르(Ballon d'Or)를 수상한 유일한 골키퍼로, 여전히 유럽 최고의 축구 선수로 평가받는다. 그의 명성이 대단했던 까닭에 월드컵 대회에서 최고의 골키퍼에게 주어지는 상에 야신상이라는 명칭이 붙여질 정도였다. 2010년부터 명칭이 골든 글로브 상으로 바뀌기는 했지만, 1994년 처음 이 상이 제정될 당시나 지금이나 전 세계인은 최고의 골키퍼 하면 야신부터 떠올린다. 소련에서 축구는 하나의 혁신이었고 소련 사회가 추구하는 강한 인간상과 새로운 미래 건설에 대한 꿈을 가능케 하는 것이었다. 사회주의 국가 소련이 주도하는 축구는 예술을 장려하는 도구이자 선전적 도구였다.

이 글은 러시아 아방가르드 예술에 나타난 축구를 살펴봄으로써 소련에서 축구가 지닌 위상과 의미를 밝히고, 소련 축구가 남긴 유산들을 살펴보고자 한다. 러시아의 기호학자 로트만(Yu. Lotman)은 예술은 삶을 표현하는 수단을 통해 삶을 인식하며, 예술에서의 인식은 정보의 전달 및 커뮤니케이션과 연결되어 있다고 설명한다.

축구는 러시아 아방가르드 예술의 단골 소재였다. 새롭고 역동적인 스포츠는 전위적인 작가들에게 영감을 불러일으켰다. 로트만은 예술에서의 재현이 불완전하다는 사실에 주목하면서 원본과 이미지는 유사한 단일체처럼 인식되나, 동일하게 인식되는 측면을 보완하는 역할을 하므로 서로 다를 뿐 아니라 상반되기도 한다고 설명한다. 이에 근거하여, 본 글에서는 축구가 아방가르드 예술에서 어떻게 재현되었는지에 초점을 맞춘다. 아방가르드 회화에 나타난 축구를 살펴보기 위해 먼저 아방가르드 회화에 있어 절대와 무한, 역동성의 기초를 마련한 카지미르 말레비치(K. Malevich, 1878-1935)의 〈검은 사각형〉을 다루고자 한다. 이어서 〈검은 사각형〉을 바탕으로 동적(動的) 이미지를 구현한 말레비치의 〈축구 선수의 회화적 리얼리즘 - 4차원의 색채 덩어리〉를 분석할 것이다. 이어서 엘 리시츠키(El Lissitzky, 1890-1941)의 〈축구 선수〉와 알렉산드르 데이네카(A. Deyneka, 1899-1969), 알렉산드르 로드첸코(A. Rodchenko, 1891-1956) 등 아방가르드 화가들의 작품에 나타나는 축구 모티브와 이미지들을 알아볼 것이다.

이어서 아방가르드 문학작품에 등장한 축구를 다루고자 한다. 유리 올레샤(Yu. Olesha, 1899-1960)의 『질투(Envy)』는 구세대와 신세대의 갈등, 개인주의와 집단주의의 대비를 축구 경기로 묘사해 크게 주목받았다. 이에 따라, 축구를 통해 새로운 시대의 인간상과 사회주의적 가치가 어떻게 드러나는지 살펴볼 것이다. 다음으로 소련 축구가 남긴 유산을 문학적 영역에서 그리고 패션의 영역에서 살펴보고자 한다. 소련 붕괴 이후 러시아 축구의 위상은 예전 같지 않다. 그렇다 하더라도 축구는 러시아인들에게 여전히 사랑받는 스포츠이다. 이를 증명하기 위해 다수의 문학 작품과 패션에 반영된 축구를 통해 과거의 위상이 미래와 어떻게 연계되는지를 알아볼 것이다. 축구 마니아들은 축구를 단순한 육체 운동이 아닌 머리를 쓰는 지적인 운동이라고 주장한다. 본 글은 축구가 아방가르드 예술가들에게 영감을 주는 또 다른 의미에서의 지적인 스포츠였음을 밝힐 것이다.

Ⅱ. 절대주의(Suprematism) 회화와 축구

소련의 축구는 1920년대에 인기를 얻기 시작했다. 크고 작은 공장에는 축구 클럽이 개설되어 서로 간에 경쟁했다. 축구는 소련 국민을 단결시키고 정신적 · 육체적으로 발전시켰다. 예술가들에게 축구는 '속도의 시대'를 완벽하게 반영하는 종목이었다. 각 팀은 상대방의 골대에 더 빨리 도달하고, 공을 더 높이 차고, 경기가 끝날 때 더 강해지기를 원했다. 스포츠가 예술에서 자주 다뤄지는 주제는 아니지만, 예술가들이 축구를 주제로 그림을 그리는 이유는 축구를 통해 느껴지는 감정, 육체의 아름다움, 정신의 힘, 밝은 색채에 매료되기 때문이다.

축구는 소비에트 조형예술에 매우 광범위하게 반영되었다. 화가와 조각가들은 축구 경기의 개별적인 에피소드뿐만 아니라 축구 장비, 팬, 축구 경기장의 요소들도 묘사했다. 축구는 이들에게 단순한 스포츠가 아니었다. 가장 역동적이고 치열한 전투로 간주할 만큼, 예술가들에게 새로운 영감을 제공하는 주제였다. 모름지기 아방가르드 예술가들은 축구의 미학에서 자신들이 추구하는 새로운 예술 혁신과의 유사성을 발견한 것이었다. 현대식 축구가 러시아에 등장한 것은 19세기 말이었고, 예술의 영역에서 축구가 본격적으로 다뤄진 것은 20세기 초에 이르러서였다. 이 시기는 공교롭게도 러시아 아방가르드 운동이 대두되던 시기와 맞물린다.

제1차 세계대전의 개전과 더불어 옛 질서가 기울고 사회에서 새로운 질서에 대한 요구가 일어나던 시기, 기존과는 완전히 다른 유형의 새로운 회화 예술이 등장했다. 그것은 급진적인 추상적 기하학 예술로서 관습적 방식에 대해

마침표를 찍고 '절대적 총체', 자기 지시적 구축물, 가시적 현실의 대상들에 대해 직접적 연관을 갖지 않는 형태들을 배열하는 회화 개념이었다. 이러한 추상적 형태의 기원은 인식적이기보다는 지적(知的)이다. 조형적 매체는 선과 색의 본질적 요소들로 환원되며, 구성 요소들의 상호 관계가 창조된 형태의 표현적 자질을 지배하게 된다. 그 결과 조직화는 기본적인 구성으로 이뤄진다. 당시 예술가들은 조형적 구성 요소들의 상호 관계에 있어 철학적 사고를 표현할 최상의 것으로 기하학의 원리를 택했다. 기하학의 원리야말로 예술가의 주관성과 개입을 제거하고 보편적 법칙을 따르는 새로운 구성을 찾는 데 최상의 해법이라고 생각했던 까닭이었다.

점, 선, 면 같은 기초개념과 이를 바탕으로 한 여러 도형과 그 성질은 추상회화에서 중요한 지위를 획득하였다. 선, 형태, 패턴 대칭 등의 기하학적 요소들이 이미지에 질서와 조화를 부여하면서 원근법과 같은 기하학적 개념이 2차원 평면에 3차원적 깊이감을 넘어 4차원의 시공간을 만들어 내었다.

1. 절대와 무한의 〈검은 사각형〉

러시아 절대주의 운동의 창시자인 말레비치는 나름의 색채와 형태의 기하학적 언어를 가지고 미적 가치 체계를 정립시켰다. 그의 작품은 철학적으로 러시아 상징주의와 신비주의의 맥락 안에서 발전한 것이었다. 말레비치의 절대주의는 러시아와 서구의 원천이 병합되어 영향을 준 가운데 발전하였다. 러시아 민속예술과 이콘(Icon)은 2차원적 형태와 개념적 공간, 그리고 정신적 내용에 관해 이해하도록 해주었고, 큐비즘의 형태적 장치는 연상적인 내용과 추상적인 형태의 병치에 관한 그의 초기 탐구를 위한 혁신적 기술을 제공하였다.

말레비치는 현대는 새로운 예술표현 수단을 요구한다고 확신했다. 그는 새로운 시대의 질서와 조화를 상징할 수 있는 '순수 예술'을 창조하려 하였고, 새로운 예술 형태들이 '조형적 비율의 순수한 감각'과 '절대적' 창조 속에서 발원한다고 믿었다. 말레비치는 완전한 비구상적 형태, 새로운 무형상적 세계의 '제로(0)'보다 높은 직관의 세계를 발전시키는 것에 집중하였다. 그에 따르면, 이는 정사각형, 직사각형, 원, 그리고 십자가 등의 기본적인 기하학 도형들에 의해 표현되는 것이었다. 말레비치는 큐비즘과 미래주의의 기법들이 여전히 현실의 묘사에 묶여있다고 생각해서 이를 '무'로부터, 즉 예술가의 상상으로부터 창조되는 형태들로 대치하려 했다. 그는 이 형상들이 회화에 '새로운 리얼리즘'을 도입할 것이라 믿었다.

1912년에서 1914년 사이 말레비치는 자신의 회화에서 조형적 구조의 기반을 이루는 구성 원리를 바꾸기 시작했다. 이전 그림에는 주로 큐비즘에서 영감을 얻은 관, 원뿔, 사다리꼴 평면 등과 같은 기본적 도형들이 나타났지만, 이때부터 부피감 있는 묘사는 사라지고 평평한 색색의 평면들이 화폭을 채워가기 시작했다. 1915년에 이르러 기하학적 형태로 전이하는 말레비치의 예술적 과정은 절정에 달하게 된다. 된다. 1913년 상트페테르부르크 루나파크(Luna Park)에서 개최된 아방가르드 연극제는 말레비치의 〈검은 사각형〉이 탄생하는 결정적인 무대가 되었다. 알렉세이 크루쵸니흐(A. Kruchyonykh)가 대본을 쓰고, 미하일 마튜신(M. Matyushin)이 음악을 담당하고, 말레비치가 무대장식과 의상을 맡은 미래주의 오페라 〈태양에 대한 승리〉가 바로 그것이었다.

이 오페라는 시인과 화가의 협업 속에서 언어, 음악, 형식 등의 예술의 결합을 보여주었다. 말레비치는 무대배경 디자인에서 절대주의적 예술 언어의 형태적 수단과 심층적 목적을 집약적으로 보여주었다. 오페라는 미래 세계의 새로운 강자들이 모든 악의 근원인 태양을 콘크리트 건물에 가두고 10개의 나라로 이루어진 새로운 세계질서를 만든다는 내용이었다. 여기서 태양은 태양신을 의미하는 것뿐 아니라 태양 아래 존재하는 모든 이분법의 근본 원인인 영원불멸의 절대성을 의미했다. 말레비치는 태양을 가둔 집인 검은 사각형으로 3차원의 공간 세계를 파괴한다. 회화적 수단을 최대한 절제하여 표현한 환원주의 표상을 창조하면서 검은 사각형은 그림면의 평평한 표면을 확인해 줄 뿐 아니라 흰 바탕에 병치됨으로써 역동성의 감각을 전달하였다.

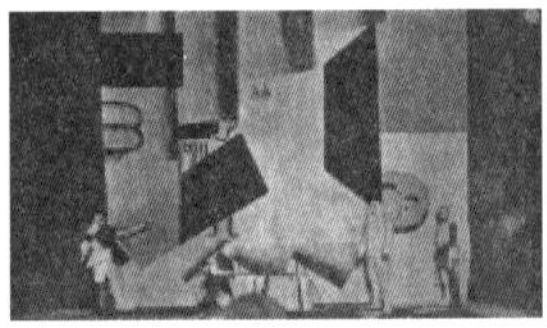
[그림 1] 〈태양에 대한 승리〉(1913) 무대

[그림 2] 〈태양에 대한 승리〉(1913)의 무대 의상 에스키스

말레비치의 검은 사각형은 사각형이나 구로 발전할 가능성을 갖고 있지만 보다 중요한 것은 평면으로 남아 있는 것이고, 네 개의 변으로 이뤄진 검은 면은 가장 높은 정신적 질서의 상징으로 고양되었다. 이 형상은 말레비치가 '직관적 이성의 창조', '선 예술의 얼굴', '예술에 있어 순수 창작의 첫걸음'이란 부른, 창조의 기반을 표현한다.

1915년 12월 19일부터 이듬해인 1916년 1월 17일까지 페테르부르크 마르소보 광장에서 도비치나 예술국 주최로 '0.10: 마지막 미래주의 회화 전시회'가 열렸다. 이반 푸니(I. Puni)가 주창한 이 전시회는 다양한 색상의 기하학적 모양으로 구성된 대담한 시각적 전문용어를 대표하는 '절대주의'라는 추상 예술의 한 형태를 발견하고, 직전까지 러시아를 선도하던 예술 운동인 입체주의와 미래주의의 종언을 알리는 중요한 역할을 했다. 그렇기에 전시회의 제목은 이 모든 상황을 압축적으로 드러냈다. 이 전시회에서 눈에 띄는 것은 절대주의와 관련된 기하학적 추상화의 한 유형으로, 요소마다 명백한 운동성과 각진 형태가 특징적이었다.

전시회의 제목인 '0.10(Zero, Ten)'은 다분히 상징적이다. 신비한 숫자인 0.10은 구세계가 멸망한 후 다시 원점인 0의 해가 시작될 수 있다는 기대감 또는 전시회에 참여한 화가들이 회화의 본질을 찾고자 하는 의미인 0과 함께 원래 10명의 화가가 참여할 계획이었기 때문에, 10이라는 숫자를 조합한 것이었다. 그러나 실제로 이 전시회에는 블라디미르 타틀린(V. Tatlin), 올가 로자노바(O. Rozanova), 크세니야 보구슬랍스카야(K. Boguslavskaya) 등 14명의 화가가 참여했던 것으로 알려졌으며, 0은 절대주의에서 대상의 형태가 부재(不在, 즉, 제로의 수량)를 의미하는 것으로 드러났다.

[그림 3] '0.10 전시회' 포스터(1915)

이 획기적인 전시회에 전념하기 위해 말레비치는 1915년 여름과 가을에 은둔 상태에 들어간다. 입체주의와 미래주의의 형식적 발견을 한계까지 밀어붙여 회화의 가장 본질적인 핵심인 '제로'를 찾고자 했던 말레비치는 완전히 추상적인 일련의 작품을 만들었다. 그리고서 이 작품들이 완전히 새로운 예술 체계를 구성한다고 선언했다. 말레비치가 새로운 스타일이라고 불렀던 절대주의는 자연계에 대한 모든 언급을 없애는 대신 미세한 질감의 흰색 배경의 공허함에 대비되는 색채 기하학적 형상 간의 내재적 관계에 초점을 맞줬다. 전시 카탈로그의 해설에서 말레비치의 기획 의도를 엿볼 수 있다.

> "일부 그림에 이름을 붙일 때 나는 그 그림에서 어떤 형태를 찾아야 한다고 말하고 싶지는 않지만, 많은 경우 실제 형태가 형태 없는 회화적 덩어리의 기초로 접근되어 자연과는 전혀 상관없는 아주 그림 같은 그림이 만들어졌다는 점을 지적하고 싶다."

이 전시회에서 가장 눈에 띈 것은 후에 '러시아 아방가르드의 아이콘'이라는 별명을 갖게 된 〈검은 사각형(Black Square)〉이었다. 이 그림은 벽과 벽이 만나는 모서리 상단에 걸려있었다. 이곳은 이른바 '붉은 구석(Red Corner)'이라고 일컫는 동슬라브족의 신앙을 엿볼 수 있는 집안의 성스러운 공간을 연상시켰다. 러시아 가정의 '붉은 구석'은 이콘화(聖像畵)를 모셔둔 곳으로 문자 그대로 해석하면 '붉은 구석'이지만, 과거 '붉다'라는 형용사가 '아름답다'라는 뜻을 의미했으므로 '아름다운 구석', '성스러운 구석'이라고 불린다. 이콘화가 있어야 할 자리에 〈검은 사각형〉이 대체되어 있다는 것은 그 자체로 파격적이었다. 이콘화는 자연과 현실을 묘사하는 그림이 아니라 비가시적 세계의 현현을 의미한다. 따라서 말레비치의 〈검은 사각형〉은 순수한 기하학적 형태의 색면을 통해 이콘화의 본질과 맞닿아 있음을 주장하는 것이었다.

말레비치의 전시는 하나의 공간 구성처럼 매우 통합적으로 보였다. '붉은 구석'에는 만유인력의 법칙에 따라 서로 다른 측면에서 끌어당기는 〈검은 사각형〉이 매달려 있었다. 구성은 명백히 각진, 즉, 이 전시회의 모든 구성 요소의 균형을 맞추기 위해 모서리에서 만들어졌다. 이와 같은 사고는 말레비치가 동시대의 다른 예술가들보다 한 차원 더 앞서 있음을 확실하게 보여주는 것이었다. 전시실은 상당히 작았고 격자 모양으로 그림들이 매우 가깝게 걸려있었다. 말레비치는 그림을 건축 자재로 인식했다. 각 그림에는 고유한 구성이 있지만, 이 구성은 전체 구성의 일부이기 때문이다. 말레비치에게 있어 〈검은 사각형〉은 모든 구성을 위한 조율, 즉 소리굽쇠였다.

[그림 4]'0.10 전시회'(1915). 상단 모서리 이콘화의 자리에 걸린 말레비치의 〈검은 사각형〉

[그림 5] 바실리 막시모프의 〈병든 남편〉(1881). 붉은 구석의 이콘화 앞에서 기도하는 여인의 모습

전시의 맥락에서 〈검은 사각형〉은 말레비치의 다른 기하학적 개념인 직사각형, 삼각형 및 기타 다양한 색상의 도형과 대조되거나 상호 연관되었다. 해당 전시회에는 〈검은 십자가〉, 〈검은 원〉, 〈붉은 사각형〉 등도 전시되었다. 절대주의에는 말레비치가 정립한 철학이 담겨 있었다. 원은 통합과 무한의 상징이며 사각형은 십자형, 장방형 등 다른 절대주의 형태들의 안내자 역할을 하면서 절대와 무한을 표현할 수 있는 이상적 형태였다. 정사각형은 단순함과 조화, 무한함을 나타내는 것이자 삼각형은 움직임과 역동을 가진 것이었다. 절대주의 화가들은 회화가 현실과 동떨어진 것이라는 견해를 갖고 있었던 만큼 예술이 순수한 사상과 형태를 표현했을 때 원래 기능으로 돌아갈 수 있다고 생각했다. 말레비치의 〈검은 사각형〉은 고전적인 재현에 대한 거부이자 가시적 현상과의 확고한 단절, 비가시적 본질에 대한 탐구의 선언이었다.

'0.10 전시회'가 열린 도비치나 예술국은 1910년대 상트페테르부르크(1914년 페트로그라드로 개칭)에 있던 나데즈다 도비치나(N. Dobychina)의 개인 화랑이었다. 도비치나 화랑은 그림 판매 및 예술 작품 주문 등 화가와 대중 사이에서 중개 역할을 하던 곳이었으며, 1913년에는 연극 연출가 메이예르홀드(V. Meyerhold)의 스튜디오였다. 1915년에서 1917년 사이에는 화가그룹 〈예술세계(Mir iskusstva)〉의 통합 전시회가 열리기도 했으며, 말레비치를 비롯하여 쿨리빈(N. Kulbin) 등 수많은 화가의 작품 전시회가 열린 곳이기도 했다. 제1차 세계대전 당시에는 예술가들의 조직기관 중 하나로 음악 콘서트, 공연, 문학의 밤을 조직했으며, 1919년 초 활동을 멈출 때까지 도비치나 화랑은 아방가르드 운동의 전진 기지였다. 바로 그 아방가르드 운동의 중심에서 세계 미술사의 한 획을 긋는 〈검은 사각형〉이 최초로 모습을 드러낸 것이었다.

2. '0.10 전시회'와 〈축구 선수의 회화적 리얼리즘〉

'0.10 전시회'에 전시된 총 39점에 이르는 말레비치의 그림들 가운데 2차원의 회화적 덩어리들은 정지 상태를 나타내는 것이었다. 그러나 이러한 것들과 달리 '움직임'이나 '4차원'이라는 제목이 달린 일련의 그림들은 절대주의 공간에서 운동성을 구현해 내는 특징이 있었다. 그러한 작품으로는 〈제4차원의 회화적 덩어리의 움직임〉, 〈자동차와 여인들. 4차원의 색채 덩어리〉, 〈배낭을 멘 소년의 회화적 리얼리즘 - 4차원의 색채 덩어리〉, 〈축구 선수의 회화적 리얼리즘 - 4차원의 색채 덩어리〉를 들 수 있다.

이들 작품에 달린 제목은 20세기 초 많은 예술가가 즉각적인 감각적 지각을 넘어선 진리의 표현을 정당화하기 위해 사용했던 개념인 4차원 공간의 수

[그림 6] 〈배낭을 멘 소년의 회화적 리얼리즘 - 4차원의 색채 덩어리〉 (1915)

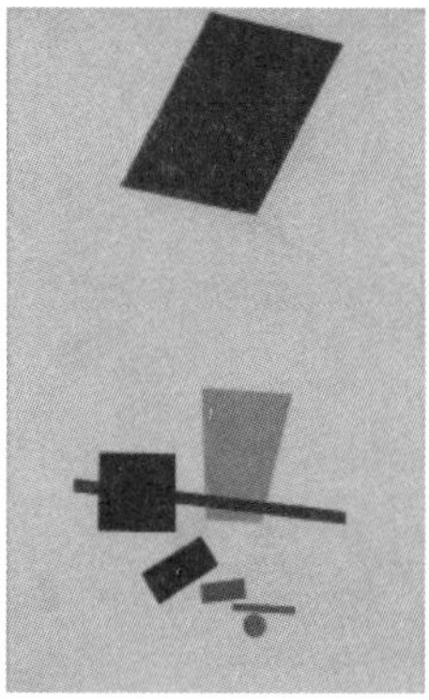

[그림 7] 〈축구 선수의 회화적 리얼리즘 - 4차원의 색채 덩어리〉 (1915)

학적 이론을 가리킨다. 이 그림들은 4차원의 색채 덩어리로만 구성되어 있을 뿐, 형상의 흔적도 없는 흰 바탕에 평면 도형으로만 구성되어 있다. 사실상 2차원의 공간에 4차원의 현상을 표시할 수도 있는 것이었다. 절대주의에서 공간은 반드시 2차원적이지도 않으며 3차원적일 필요도 없었다. 이로써 지금까지 진실이라고 여겨졌던 3차원의 공간에 존재하는 대상 세계가 환영에 불과하다는 게 드러나는 것이었다. 절대주의 화가들은 세계의 참된 실재를 드러내는 것을 목표로 삼았다. 이 영역에서는 4차원의 3차원 질량은 2차원 공간을 가로지르는 3차원 공간에서 동일한 질량과 동일한 방식으로 평면에 나타난다. 진정한 논리적 방식이라면 이러한 그림들은 동일하게 보일 것이다.

로트만에 따르면, 묘사된 대상은 모든 실제적 관계로부터 벗어나게 마련이다. 도상적 기호의 조건적 성격을 고려할 때 일차적 조건성은 3차원의 대상을 평면의 2차원의 형태로 바꾸어 놓을 필요성을 말한다. 조건성을 향한 의식적인 지향은 아주 다양하게 드러난다. 르네상스 회화에서 자주 드러나는, 묘사되는 것에서 묘사의 수단을 분리하는 것처럼 보이는 거울을 활용한 사례가 그중 하나이다. 재현의 수단이 재현의 대상으로 부각되는 이런 사례들이 평면의 회화에 3차원성을 부여하는 흥미로운 예였다면, 말레비치의 회화는 단연코 새로운 회화의 시대가 열렸음을 선언한다. 말레비치에 따르면, 절대주의는 2차원을 토대로 하여 시간적, 공간적 성질을 뒤섞어 4차원을 실현할 수 있게 하는 체계이다.

말레비치의 개념은 많은 상징주의자와 미래주의자들에게 영향을 미친, 1910년에 출판된 표트르 우스펜스키(P. Uspensky, 1878-1947)의 동명(同名)의 신지학 저작 『4차원(The Fourth Dimension)』과 연관성이 높다. 말레비치의 예술적 실험에도 큰 영향을 미친 우스펜스키는 세상을 이해하는 방법으로서 직관, 더 높은(즉, 확장된) 의식, 영적 통찰력에 대해 언급한다. 그는 새로운 시간 개념을 제안하면서 4차원의 공간은 인간의 심리적 상태의 소산이라고 설명한다. 이 심리적 상태는 감각과 지각, 개념으로 구성된 것으로 인간이 자신의 심리적 경험을 보다 높은 직관으로 끌어올릴 수 있는 것은 개념을 통해서이다. 우스펜스키는 시간에는 "미지의 공간(4차원)과 이 공간을 통한 움직임이라는 두 가지 아이디어가 포함되어 있다"라고 설명한다.

혁명 이전 러시아에서는 스포츠가 제대로 발달하지 않았고, 스포츠에 관한 관심도 니콜라이 2세 치세에 이르러서야 비로소 대두되기 시작했다. 그 시절 축구를 주제로 한 최초의 화가 중 한 명이 바로 말레비치였다. 〈축구 선수의 회화적 리얼리즘 - 4차원의 색채 덩어리〉는 간결한 구성과 여백으로 지성과 철학을 표현한 그림이다. 말레비치는 예술을 향유로서가 아닌 철학적 사유의 대상으로서 인지하게 하여 또 다른 예술적 시각을 제공했다. 강렬한 원색의 도형들에 시원한 여백이 더해져 4차원 세계에 있는 듯한 묘한 분위기를 자아내는 이 그림은 말레비치의 절대주의를 아주 잘 보여준다. 절대주의는 '단일 감각의 결과가 아니라 그 시스템에서 표현되는 일련의 감각'이다. 가장 중요한 역할은 동적 감각의 형성에 주어진다. 그런 다음 절대적 대비, 정적, 공간, 건축 및 기타 감각이 나타난다.

그림 속 기하학적 도형들은 멈춰있는 것이 아니라 중력의 법칙을 벗어나 4차원의 세계를 유영하듯 운동한다. 그렇게 축구의 공격적이고 강렬한 움직임은 말레비치의 색면으로 새롭게 탄생했다. 예술가는 순수한 느낌의 절대적 우위를 지닌 존재로서 모든 대상적 사상에서 해방된 우주적 운동을 경험하고 이를 대상 세계와 아무 연관이 없는 순수한 기하학적 형태의 색면으로 표현할 수 있다.

색채는 말레비치의 절대주의 체계를 구성하는 결정적 구성 요소였다. 두 편의 저서, 『큐비즘과 미래주의에서 절대주의까지』(1915)와 『절대주의. 비구상으로서의 세계』에서 말레비치는 절대주의를 순수한 표현, 색채의 신세계로 표현하며, 절대주의의 발전을 세 개의 따로 분리된 색채적 국면으로 범주화한다. 그는 검은색과 유색, 흰색으로 나눠 각 단계에 상징적 의미가 있음을 밝혔다. 검은색은 절제를, 붉은색은 혁명의 징후, 그리고 흰색은 절대주의의 우주에서의 순수 행위와 인간 창작에서의 순수성을 상징했다. 말레비치는 색채와 기하학적 형태들을 도입하는 것과 더불어 원근법과 중력이 없는 우주 공간의 개념을 가져왔다. 전통적인 원근법적 세계는 물질성과 중력에 기반하지만, 절대주의의 공간은 물질성과 중력 대신 방향과 운동에 기초한다. 대각선의 축을 따라 떨어지고 올라가고 움직이는 기하학적 형태들을 통해 인지함으로써 절대주의의 공간은 물리적 개념의 공간을 넘어서 보다 높은 '정신세계', 그리고 인간의 우주적 의식을 상징하는 무한한, 모든 것을 에워싸는 공간으로 표현된다.

이와 같은 역동성에 대한 사고는 우스펜스키의 4차원에 대한 철학 담론과 더불어 상대성 이론과 비유클리드 기하학과 연결된다. 색채 평면들을 현실의 대상으로부터 분리하고, 정신적인 것과 시 · 공간의 구성, 동선의 움직임, 시각적 미학에 기하학의 원리를 적용함으로써 〈축구 선수의 회화적 리얼리즘 - 4차원의 색채 덩어리〉는 현실을 있는 그대로 반영한 회화의 리얼리즘을 구현했을 뿐만 아니라 시공간을 넘나드는 운동성을 생생하게 보여주었다. 관람자들은 그림 속 작은 녹색 원이 공이고 다른 기하학적 형상(인물)들이 그 공을 취하려고 싸우고 있다 추측하려 든다. 그러나 이 부분에서 말레비치가 사실적인 묘사보다는 형태와 색채의 순수함을 선호했다는 사실을 상기할 필요가 있다.

절대주의 모놀리스(Monolith)의 몸체 구성은 단순히 요소들을 서로 중첩하는 것이 아니라 요소들의 결합이라는 건축학적 원리에 기반을 둔다. 이 몸체는 개별 요소가 아닌 전체 구조의 공간에서의 움직임, 그리고 전개와 관련된 다양한 개별 가능성을 가진다. 말레비치가 경기 중의 열기와 선수들의 흥분 상태를 전달했다는 데에 동의해야 한다. 말레비치는 그처럼 가시적 세계를 그리지 않고도 고도로 절제된 형태와 색채에 의해 비가시적 세계의 내적 운동을 잘 표현할 수 있었다. 말레비치는 의식적으로 그림을 단일한 형태, 즉 자신이 생각한 회화적 아이디어가 담긴 그림으로 표현하려고 노력했다. 이 부분에서 우스펜스키의 말을 상기해 볼 필요가 있다. 그는 "예술은 과학보다 앞서가고, 더 정확히 하자면 철학보다 앞서간다. 그러나 그것에 봉사하지도 않고, 그것을 위해 진로를 개척하지도 않고, 자신의 활동 범위를 제시하면서 자신의 진로로 나아간다"라고 주장한다. 말레비치의 그림은 그야말로 과학과 철학을 넘어 가장 전위적인 예술 정신을 보여주는 것이었다.

로트만은 현실을 모델링하는 과정의 다양성 중 하나로 예술적 창의성을 언급한다. 예술의 주요 속성 중 하나인 재현을 통한 인식을 모델링 현상으로 해석할 수 있는데, 이와 같은 맥락에서 예술과 삶의 본질적인 관계, 즉 유추와 유사성은 있지만, 결코 동일성은 없는 관계가 명확해진다. 모델은 항상 대상의 전체가 아니라 특정 측면, 기능 및 상태를 재현하며, 재현 행위 자체가 인식의 필수적인 연결고리이다. 말레비치의 그림들은 현실의 복제가 아닌 '모델'이라는 것을 확실히 보여주면서 상대적인 독립성을 획득하고 있다. 즉, 현실과 동일시되면서 동시에 그로부터 벗어나 창조적인 일탈을 구현한 것이다.

3. 리시츠키의 〈축구 선수〉, 그리고 데이네카와 로드첸코

소련은 다소 늦게 세계 축구의 일원이 되었다. 1950년대까지 소련은 FIFA 산하의 연맹으로서 대표 자격을 얻지 못했다. FIFA는 회원들이 다른 연맹이나 연합팀과 경기하는 것을 금지했으므로, 소련은 기존의 부르주아 국제 스포츠 조직에 대한 '프롤레타리아적' 대안을 목표로 1921년 7월 23일 창설된 국제 스포츠 조직인 '레드 스포츠 인터내셔널(Red Sport International)'을 이들을 상대할 조직으로 내세웠다. 전쟁 전 소련에서 스포츠의 특수성은 '연출된 자발성', 즉 국가와 공식 예술가들이 퍼레이드의 통일된 연극성을 구축함으로써 대중스포츠, 무엇보다도 축구의 예측 불가능성과 영원한 가변성을 제압하려는 시도에 있었다. 스포츠에 대한 지원은 소위 소련 시민의 문화생활의 필수적인 부분으로 장려되고 실천되었다.

사회주의 사회와 자본주의 사회에서 스포츠에 대한 인식은 첨예하게 달랐다. 소련 스포츠 정책의 공식 목표는 단순히 국제 대회에 참가하는 것이 아닌 승리를 거두는 것이었다. 주요 선수들은 전후 세계에서 소련의 정치, 경제, 문화 시스템이 서방 국가들에 비해 우월하다는 것을 보여주기 위해 스포츠 리더십을 확보하는 임무를 맡았다. 이 모두가 시각 예술에서 스포츠라는 주제를 구체적으로 반영하는 데 결정적인 영향을 미쳤다.

소련은 다른 사회주의 국가들과도 차별된 체육 시스템을 갖고 있었다. 동유럽 국가들에서도 역시 소련의 경험에 따라 1948년에 알바니아와 불가리아에, 1949년에는 루마니아와 체코슬로바키아와 동독에, 1950년에는 폴란드와 헝가리에 체육문화와 스포츠 관리를 위한 국가 기관이 만들어졌다. 노동조합은 노동자들의 체육교육을 담당하기 위해 스포츠 분과를 설립했다. 소련의 사례를 따라 초·중등학교 및 대학에 체육시설이 건립되었고 소련에서 채택한 '노동 및 국방 준비' 단지와 유사한 문화 체육 단지가 도입되었다. 소련이 일류 운동선수 양성에 중점을 두었다면, 동유럽 국가들은 소련의 경험을 기반으로 스포츠 관리 시스템을 운영하면서 국가의 역할과 훈련에 이념적 요소를 부여하고자 했다.

말레비치의 절대주의 회화에서 구현된 '축구'는 엘 리시츠키에 의해 또 다른 특별한 그림으로 탄생한다. 소련 화가들 사이에서 축구의 인기가 절정에 달한 것은 1940년대와 50년대였지만, 20년대부터 그러한 조짐은 이미 시작되고 있었다. 축구는 사람들을 완벽하게 단결시키고 신체 발달에 기여했다. 당시 소비에트 정부는 대중에게 축구를 홍보하는 데 열심이었다. 그러한 작업 중 하나가 리시츠키의 일러스트 콜라주 〈축구 선수〉였다. 이 그림은 정부가 일리야 에렌부르크(I. Ehrenburg)의 책에 수록할 삽화를 의뢰해서 탄생한 것이었다.

1922년 8월 베를린의 출판사 '헬리콘'은 리시츠키의 표지와 삽화 여섯 장이 들어있는 에렌부르크의 책 『쉬운 결말의 여섯 가지 이야기』를 출간했다. 이 책은 출판 즉시 희귀본이 되었고, 소련 문학출판총국(General Directorate for the Protection of State Secrets in the Press)이 이 소설을 소련으로 들여오는 것을 금지하는 바람에 1925년에 부분적으로만 재출판되었다. 이 작품이 온전한 형태로 재출판된 것은 이로부터 한참 뒤인 2001년이나 되어서였기에 에렌부르크의 전집에 포함된 적이 없을 정도였다.

이 선집의 첫 이야기는 러시아 구성주의에 관한 『비트리온(Vitrion)』이었다. 이 작품은 비트리온이라는 이름의 특정 구성주의적 '호문쿨루스(인조인간)'를 창조한 구성주의 화가 벨로프의 이야기를 바탕으로 한다. 제목인 '비트리온'은 라틴어로 'in vitro', 즉, '시험관에서' 또는 '인공적인'이라는 말의 언어유희이다. 리시츠키가 그린 6개의 삽화는 각 이야기의 내용에 따라 모두 다른 스타일로 완성되었다. 그중 하나였던 〈축구 선수〉는 콜라주 기법을 적용하여 잘라낸 축구 선수의 모습을 '프로운(Proun)'의 구성에 겹쳐놓았다. '프로운'은 '새로운 것의 승인을 위한 프로젝트(The project of approving a new one)'의 약어로 리시츠키가 발명한 새로운 예술 시스템을 일컫는 신조어이다.

리시츠키는 기하학적 평면의 아이디어와 3차원 형태의 건설적 구성 법칙을 결합했다. 주목할 점은 '프로운'과 '프로움(Proum)'이라는 개념의 어휘적, 의미적 유사성이다. '프로움'은 흘레브니코프(V. Khlebnikov)가 만들어서 '미래로의 침투'라고 해석한 단어이다. 이 우연한 일치는 아방가르드 예술의 일반적인 사고 방향에서 비롯된 것으로 보인다. 〈축구 선수〉는 콜라주 컷아웃, 우아한 선, 조밀한 기하학적 형태의 복잡한 조합을 나타내며 혁신적이고 조화로운 구성을 형성했다. 배경이 되는 구성주의적 대상이 없는 구도는 이 이야기가 다루는 아방가르드 예술에 대한 일종의 은유였다. 리시츠키의 작품에서 축구 선수는 마치 기하학적 도형으로 구성된 특정 구조물 안에 있는 것처럼 보인다. 이는 코치가 만든 전술 계획으로 해석할 수 있다. 이미지의 상단에는 모든 선수가 잡아채고자 하는 대상인 공이 있다.

최초의 계획과 달리 이 그림은 출판 시에는 포함되지 않았고, 리시츠키가 앞부분으로 생각했던 다른 그림으로 대체되었다. 그러나 이 그림은 『비트리온』의 줄거리에 훨씬 더 부합하는 것이었다. 리시츠키의 그림에는 이 이야기가 담고 있는 명백한 암시인 타틀린의 잘 알려진 이미지가 포함되어 있었다.

[그림 8] 엘 리시츠키의 〈축구 선수〉(1922)

[그림 9] 구스타프 클루치스의 〈축구. 스파르타키아다〉(1928)

라트비아 출신의 아방가르드 화가이자 구성주의의 대표주자였던 구스타프 클루치스(Gustav Klutsis, 1895-1938)는 세계에서 가장 유명한 소련 엽서를 만들었다. 클루치스는 1928년 8월 12일부터 14일까지 모스크바에서 열린 스파르타키아다(국제 운동 경기)를 위해 9개의 그림엽서 시리즈를 만들었고, 여기에는 〈축구. 스파르타키아다〉(1928)도 포함되어 있었다. 이는 일반 엽서보다 큰 15.5x10.5cm 사이즈로 포토몽타주 기법을 사용해 제작한 최초의 컬러 엽서였다.

화가이면서 그래픽 아티스트, 조각가, 벽화가로 활동한 알렉산드르 데이네카는 '스포츠 화가'라는 별명으로 불릴 만큼 스포츠와 떼려야 뗄 수 없는 화가이다. 그는 1920년대 중반부터 1930년대 초반까지 좌파 소비에트 예술의 지도자로서 새로운 비구상 회화에서 아방가르드 전통을 유일하게 발전시킨 화가라는 평을 받는다. 소련 당국의 총아였던 데이네카는 젊은 시절 아마추어 복서였던 만큼 캔버스에 운동선수를 여러 차례 묘사했다. 축구의 조형적 물리적 특성은 그에게 새로운 형태의 예술적 표현을 제공하는 동시에 흥미로운 예술적 해결책을 제시했으며, 새로운 조형적 현상을 구성하도록 강요했다. 소련에서 가장 유명한 축구 그림 중 하나로 손꼽히는 데이네카의 〈골키퍼〉(1924)에는 몸을 날리는 골키퍼의 모습이 장엄하게 포착되어 있다. 데이네카는 축구에 적극적인 관심을 표명했고, 축구 선수들이 경기하는 모습을 많이 스케치했다. 데이네카 스스로 인정했듯이, 축구를 보는 것은 그가 자신의 스타일과 좋아하는 표현 수단을 개발하는 데 큰 도움이 되었다. 경기를 새로운 방식으로 보고, 경기의 기념비적이고 장엄한 구성 요소를 식별할 수 있게 된 이후 그는 더 이상 전처럼 공원을 산책하는 차분한 여성들에게 관심을 느낄 수 없었다.

데이네카의 1924년 작 〈축구〉에서 선수들은 마치 필드 위에 떠 있는 듯한 탄탄한 구도를 이룬다. 여기에서 주변 풍경은 전혀 중요하지 않다. 핵심은 경기가 자연의 물리 법칙이 더 이상 적용되지 않는 일종의 마법 행위처럼 나타난다는 것이다. 데이네카의 또 다른 수채화 〈축구〉(1928)의 경우, 마치 순간을 멈추고 공을 향한 필사적인 투쟁의 역동성을 전달하려는 듯하다. 어떻게든 승리하기 위해 노력하는 영웅들은 마치 지구 중력의 힘이 그들에게 작용하지 않는 듯 공중으로 날아올라 떠 있다. 그러나 이것은 환상일 뿐이며, 크고 자유로운 스트로크는 움직임이 잠시 후에도 계속될 것임을 알려준다. 아니 그 움직임은 전혀 멈추지 않았을 수도 있다.

[그림 10] 알렉산드르 데이네카의 〈골키퍼〉(1924)

[그림 11] 알렉산드르 데이네카의 〈축구〉(1924)

[그림 12] 알렉산드르 데이네카의 〈축구> (1928)

데이네카는 자신이 가장 좋아하는 경기에 대한 그림을 그리고 싶어 했지만, 전통적인 구성 방식을 사용하는 스케치로는 경기의 역동성을 전달할 수 없었다. 누구도 묘사하지 않던 것에 대한 그림을 그리기 위해서 그는 새로운 구성을 고안해야 했다. 그렇게 경기는 그를 그만의 독립적인 언어 속으로 밀어 넣었다. 이후 데이네카는 자신의 캐릭터를 캔버스 전면에 배치하고 예상치 못한 각도에서 묘사하며 포즈의 역동성을 전달하는 대담하고 매우 성공적인 실험을 해갔다. 동시에 세부적 설명이나 구성을 복잡하게 하지 않고도 그 자체로 말할 수 있게끔 형식을 일반화시키려고 노력했다. 그는 축구가 새로운 '보는 방식'에 생명을 불어넣고 예술가에게 자신의 시각적 언어를 바꾸도록 강요한다고 생각했다. 이러한 생각은 추가적인 변화를 가능하게 했고 예술적 테크닉에 영향을 미치게 되었다.

주택), 자연 vs. 인공의 문제로 확장된다. 그러므로 국가적으로 장려되는 스포츠이자, 소련의 위상을 드높이고 소련 시민이 즐기는 축구를 그리며 그 배경으로 선택된 탁한 하늘색은 소련의 거짓 기쁨이자 거짓 낙관주의를 드러낸다. 이는 마치 공동 주택의 음울한 일상과 소련인의 빈약한 일상이 화려한 구호로 화려하게 장식된 것과 같은 효과이다.

카바코프 부부는 앞서 설명한 러시아 아방가르드 유파와는 전혀 상관이 없을뿐더러 리시츠키와 미학적, 이념적 원칙에 있어서 정반대인 예술가였다. 20세기 초 리시츠키를 비롯하여 그와 친분이 있던 몇몇 예술가들의 기하학적 통찰력은 디자인과 비객관적 예술의 발전에 자극을 주었다. 하지만 개념주의자인 카바코프 스스로 인정했듯이 그는 아방가르드 예술 운동과 내적으로도 전혀 연관이 없고, 이미 시기적으로도 관계가 단절된 아방가르드 운동이 카바코프에게 영향을 끼치지도 않았다. 리시츠키의 공산주의 이데올로기는 자유로운 나라에서 자유로운 사람의 꿈을 의미했다. 하지만 2013년 '유토피아와 현실? 엘 리시츠키, 일리야 카바코프, 에밀리야 카바코바'전시회는 리시츠키와 카바코프 부부의 작품이 반대를 기반으로 하고 있음에도 동일한 현상으로 귀결되는 것을 보여주었다. 전시 섹션의 제목은 '공간 - 공허 속의 목소리', '삶에 대한 승리– 일상이 승리했다', '삶의 변화 - 삶으로부터의 탈출' 등으로 이루어졌다. 리시츠키가 앞뒤로 기울어진 선명하고 역동적 구조에 단순하고 명확한 선으로 연설자를 위한 연단을 만들었다면, 카바코프는 동상을 받치는 묵직한 받침대를 비우고, 푸시킨의 청동 기사처럼 발을 바닥에 딛고 산송장처럼 손을 앞으로 뻗은 과장된 동상을 선보였다. 이는 영락없이 스탈린이었다. 전시된 카바코프 부부의 모든 작품은 리시츠키의 아이디어와 정반대였고, 이는 1920년대에 대한 60-70년대의 반대론을 의미했다. 에밀리야 카바코바는 이것이 리시츠키를 폭로하기 위한 시도라고 단정 짓는 것을 배격했다. 그녀는 환상 없이 유토피아 없이 사는 것은 불가능하기에 미래 없는 삶이 의미가 없듯이 과거가 없다면 아무것도 느끼지 못할 것이라고 덧붙였다. 더불어 세상을 바꾸는 꿈을 꾸었던 리시츠키의 환상을 덮고 있는 안개와 그 경이로운 분위기에 주목할 것을 제안하였다.

엘 리시츠키는 혁명 이후 새로운 사람들을 위한 새로운 세상을 만들겠다는 야망과 그 시대의 유토피아적 열망을 모두 충족시킨 새로운 조형 언어의 개발자였다. 카바코프에 따르면 창의적인 아이디어에는 프로젝트, 구현 시도, 최종 제품이라는 세 부분이 있지만, 이러한 작업의 설계자는 중간 단계와 마지막 결과가 어떻게 끝날지 모른다. 카바코프는 물질세계에서 작업하며 '물질적 사물을 통해 상상의 공간을 창조'했던 리시츠키가 유토피아적 열망을 가진 예술가였다고 할 수 있는지, 그리고 실현된 유토피아가 원래의 특징을 유지하는 것이 가능한가에 대해 의문을 표한다. 리시츠키가 꿈꾸던 바로 그 소련이라는 유토피아에서 직접 살아본 카바코프로서는 자신의 시대 이전에 이미 그 허구가 드러나기 시작했다고 설명한다. 유토피아를 건설하고자 하는 공산주의 프로젝트는 리시츠키의 생전에도 정반대로 변하기 시작했고, 시간이 흐를수록 새로운 인간-창조자를 만들려는, 즉 아방가르드 프로젝트에 내재된 권위주의적이고 반인본주의적 요소는 더욱 뚜렷해져만 갔다. 카바코프는 리시츠키와 아방가르드 예술가들이 빛나는 유토피아적 프로젝트를 실행에 옮기는 순간 이미 그것이 인도주의적 재앙으로 변하는 것을 목격했다고 주장한다.

로트만에 따르면, 예술가는 재현되는 대상의 총체성에 대한 종합적 관념을 가지고 이러한 총체성을 모델링한다. 예술가는 작품을 만들 때 특정 구조 계획에 따라 작품을 만들며, 이는 대상의 총체성과 재현 사이의 유추로 인해 대상의 구조로 인식된다. 따라서 모델의 예술적 재현 과정에서 대상에 특정한 구조가 부여되는데, 이는 삶에 대한 예술적 인식의 한 측면을 구성한다. 예술이라는 기호를 통해 표현된 축구는 기존 정보와 함께 새로운 지식을 생산해 낸다. 그러므로 실제성과 조건성이 서로 보강되는 가운데 예술적 모델이 독특한 종합을 만들어 내고 있음을 확인할 수 있다.

앞서 살펴보았듯이 러시아 아방가르드 회화에서 축구는 중요한 소재였다. 혁명을 전후로 한 당시의 사회적 분위기는 예술에서 새로운 표현을 요구하고 있었다. 유행하는 경기와 예술적 형식 사이의 상호 작용에 대한 증거로서 등장한 축구는 소련 화가들의 화폭을 채우면서 '신성한 몸'이라는 당대의 이데올로기를 충실히 전했다. 대상을 재현하기보다 자신만의 언어로 대상을 전달하려고 했던 아방가르드 언어는 축구가 전달하는 강렬한 몸의 언어와 어느 지점에서 맞닿아 있었다. 게다가 아방가르드 미술은 축구와 마찬가지로 공격적이고 능동적이었다. 축구의 언어는 예술뿐 아니라 문학에도 영향을 미쳐 아방가르드 문학의 중심 주제로 떠오른다.

III. 아방가르드 문학과 축구

러시아에서 축구를 소재로 하는 문학작품은 수없이 많지만, 대다수 사람이 가장 먼저 떠올리는 작품은 유리 올레샤의 『질투』(1927)일 것이다. 1920년대 소련 사회를 적나라하게 그린 이 작품은 구세대와 신세대의 갈등을 주제적 근간으로 한다. 이 시기 소련 사회에는 사회주의 건설의 유토피아적 이상과 과거에 대한 향수가 공존하는 가운데 혼돈과 모순이 점철됐다. 기존의 가치 체계와 새로운 가치 체계가 첨예하게 대립하는 가운데 사회대변동의 소용돌이 속에서 이질적 세계에 직면하는 지식인의 형상은 작가들이 즐겨 묘사하던 것이었다.

올레샤는 구세계와 신세계의 문제를 다룸에 있어 당시 인기 있던 스포츠인 축구를 가져와 묘사한다. 이 작품에서 축구는 인물의 관계 및 사회가 요구하는 인간상에 대한 이해를 돕는 중요한 연결고리이다. 『질투』는 신경제정책(NEP)시기 구세대의 가치관을 상징하는 니콜라이 카발레로프와 이반 바비체프, 그리고 신세대를 대변하는 안드레이 바비체프와 볼로댜 마카로프의 대립을 그린다. 주인공 카발레로프는 전직 혁명가이자 정치범협회 회원이며 소련의 식품생산연합의 이사인 안드레이 바비체프의 집에 임시로 얹혀산다. 안드레이는 아들이나 다름없는 볼로댜가 잠시 집을 비운 사이 오갈 데 없는 카발레로프를 거두고 볼로댜의 방을 내어준다.

카발레로프는 안드레이의 성공과 유명세, 세력을 부러워하면서 점차 그에게 길들어 간다. 그러던 어느 날 카발레로프는 안드레이의 책상에서 축구 선수 볼로댜의 사진을 발견하고, 안드레이의 사랑을 한 몸에 받는 그에게 심한 질투를 느낀다. 안드레이에 대한 시기와 애증이 교차하는 가운데 카발레로프는 자신과 같은 마음을 가진 안드레이의 형 이반 바비체프의 편에 서고자 한다. 이반은 '체트베르타크'라는 기계로 안드레이를 해칠 계획을 세우고, 이 일이 성공하게 되면 동생이 패배를 인정하고 자신에게로 돌아올 것이라고 굳게

믿는다

소설은 카발레로프의 관찰과 내적 시각에서 진행된다. 카발레로프의 눈은 계속해서 사람들을 지켜보고, 그의 눈에 비친 사람들의 모습으로 독자들은 이미지를 구축해 간다. 소설에는 매우 흥미로운 장면이 등장한다. 바로 이들의 대립을 극적으로 보여주는 8장과 9장의 축구 경기 장면이다. 독일팀의 공격수 게츠케와 소련팀의 골키퍼 볼로댜를 대비시키면서 축구장은 개인주의와 집단주의의 이데올로기가 대립하는 장으로 묘사된다. 카발레로프는 아버지로서 안드레이를 차지하고, 또한 이상적인 사랑으로서 이반의 딸 발랴를 차지하고 싶어 하지만, 축구장에서 그의 모든 열망은 완전히 실패로 돌아가고 만다.

독일팀과 소련팀의 경기는 개인과 집단의 대결로 상징화되며 소설의 이데올로기 투쟁을 해결하기 위한 매개물로 드러난다. 독일팀의 게츠케는 개인의 명예에 대한 낭만적 인식을 대표하는 카발레로프의 또 다른 자아로, 소련팀의 골키퍼 볼로댜와 대립한다. 하지만 이것은 단순히 물리적 대립이 아닌 이데올로기적 바탕 위에서 벌어지는 축구 경기를 통해 이반과 카발레로프로 대변되는 구세계의 가치와 안드레이와 볼로댜로 대변되는 신세계의 가치 사이의 충돌을 반영한다. 그처럼 축구 경기는 이데올로기의 상징적 투쟁이며 발랴는 그 경쟁의 보상으로 드러난다.

축구 경기는 카발레로프뿐 아니라 볼로댜에게도 중요한 의미를 지닌다. 그에게 축구는 자기 정체성이다. 새로운 소비에트인 볼로댜는 스포츠 활동에서 성공을 보장받고자 한다. 볼로댜는 소련 사회에서 성공하기 위한 조건이었던 운동하는 젊은이의 형상을 보여준다. 1920년대 소련에서는 운동에 열중하는 젊은이는 훌륭한 노동자가 될 수 있다고 간주했던 까닭에, 축구는 그와 같은 분위기 속에 대중들 사이에서 엄청난 인기를 얻었다. 소설에서 볼로댜는 축구 선수라는 이상화된 인물로 그려진다.

경기를 통해 보여주는 볼로댜의 과장된 행동은 개인적이기보다 절대적 충성과 헌신을 통해 더 큰 사회적 단위에 녹아든다. 이데올로기에 대한 충성은 팀워크와 팀플레이 속에서 빛을 발한다. 게츠케는 공격수로서 개인의 역량을 마음껏 발휘할 수 있는 위치지만, 볼로댜는 골키퍼 위치로 상대방의 맹공격을 막아내는 데 급급할 뿐이다. 볼로댜는 득점과는 상관없는 인물이다. 이것은 그가 개인의 명예나 이익과는 거리가 먼 것을 의미한다. 볼로댜는 소련팀을 비웃는 부르주아 세계의 콧대를 꺾어놓겠다고 큰소리친다. 게츠케와 볼로댜는 이데올로기적 대립뿐 아니라 대조적인 경기 스타일로도 확연히 구분된다.

축구 선수로서 볼로댜는 게츠케와 정반대였다. 볼로댜는 프로 선수이고 게츠케는 프로 플레이어였다. 볼로댜에겐 경기의 전반적인 과정과 팀의 승리와 결과가 중요했지만 게츠케는 자기 기술만 보여주려고 했다. 그는 팀의 명예에는 아랑곳하지 않고 자신의 성공만을 중요하게 생각했으며, 돈을 더 받기 위해 이팀 저팀 옮겨 다니며 자신과 타협했던 지라 어느 스포츠 단체의 정회원도 아니었다. 그에겐 챔피언십 경기에 참여하는 것이 금지되어 있었다. 친선 경기, 시범 경기, 원정 경기에만 초대되었을 뿐이다. 그에겐 실력과 운이 함께 따랐다. 그가 개입하면 팀을 위태롭게 만들었다. 그는 함께 뛰는 선수들과 상대 선수들을 모두 경멸했다. 그는 자신이 어느 팀에서든 골을 넣을 수 있다는 것을 알고 있었다. 나머지는 그에게 중요하지 않았다. 그는 속물 그 자체였다.

서술은 축구 경기가 시작되고 게츠케의 현란한 기술과 골을 넣는 장면에 초점을 맞추면서 축구장의 열기를 보여준다. 한 점을 잃은 소련팀과 흥분의 도가니가 된 관중석, 게츠케의 의기양양한 모습 속에 경기는 절정으로 치달으며 전반전이 끝난다. 후반전이 시작되었음을 알린 후 소설은 특이하게도 더 이상 경기 장면을 묘사하지 않는다. 대신 카발레로프를 스치며 "우리가 적어도 두 골은 넣을 거예요"라고 소리치는 소년의 목소리, 그리고 바람과 싸우며 옷자락과 모자를 붙잡으려 안간힘을 쓰는 발랴의 모습으로 서술이 이동한다.

『질투』의 축구 경기 장면은 매우 흥미로운 구성과 시선 이동이 특징적이다. 전반전은 필드에서 움직이는 선수들의 모습을 생생하게 묘사하지만, 하프 타임과 후반전의 주인공은 선수가 아닌 그들을 바라보고 응원하는 관객들이다. 그들의 모습이 묘사되는 가운데 카발레로프는 볼로댜를 사랑스럽게 바라보는 발랴를 보며 처참히 무너진다. 손을 내미는 볼로댜를 향해 발랴가 달려가고, 이로써 경기가 끝났음이 암시된다. 소설에서 경기의 승부는 구체적으로 드러나지 않는다. 대신 이 소설이 이야기하고자 하는 진짜 승부, 즉 이면의 승부를 통해 경기의 결과까지도 예측 가능케 한다. 게츠케에 자신을 투사하며 동질감을 느끼던 카발레로프는 볼로댜에게 완벽하게 패한 것이다. 이것은 이어지는 10장의 시작, 카발레로프가 그날 밤 술에 취해 집으로 돌아왔다는 묘사로 분명하게 드러난다.

1920년대 소련에서 축구는 특별한 문화적 지위를 가진 가장 대중적인 경기였으며, 소련이 국제 시합을 가졌던 유일한 스포츠였다. 20세기 초, 축구는 괄목할 만한 성장을 이루며 도시마다 많은 축구 시합이 치러지고 외국팀과의 경기도 성사되었다. 올레샤는 당시 사회에서 유행처럼 번지던 새로운 스포츠였던 축구를 주목했고 면밀하게 관찰했다고 알려졌다. 그 결과 축구를 통해 시대적 변화를 통찰하고, 사회의 첨예한 갈등을 축구 경기로 묘사하면서 세대 간의 문제와 이데올로기의 대립을 풀어낼 수 있었다. 『질투』는 축구가 소설의 주요 슈제트로 작용하는 것을 보여준 첫 사례임과 동시에 소련 축구의 이데올로기를 극적으로 묘사한 수작으로 과거에도 그랬고 앞으로도 영원히 남을 작품이다.

Ⅳ. 소련의 유산과 미래를 위한 연계로서의 축구

1. 창작의 화수분으로서의 축구

유리 올레샤의 『질투』이후 러시아에서는 축구를 소재로 한 문학작품들이 쏟아져나왔다. 동화를 비롯하여 양질의 문학작품들에 이르기까지 다양한 장르에서 축구를 소재로 한 작품들이 등장했다. 그 가운데에는 시가 다수 존재한다. 소련 시기뿐 아니라 소비에트 이후에도 축구는 여전히 시인들에게 사랑받는 소재이다.

축구를 소재로 한 대표적인 시인과 시로는 다음과 같은 것들이 있다. 사샤 쵸르니(Sasha Chorny)의 〈맞바람〉(1910), 크란츠펠리트(A. Krantsfeld)의 〈축구〉(1913), 바라놉스키(A. Baranovsky)의 〈축구, 축구!〉(1913), 오시프 만델시탐(O. Mandelshtam)의 〈축구〉와 〈두 번째 축구〉(1913), 발레리 브류소프(V. Bryusov)의 〈둥근 돌 옆에서〉(1913), 칼리얀(V. Kalyan)의 〈축구〉(1914), 블라디미르 나보코프(V. Nabokov)의 〈축구〉 (1920), 니콜라이 자볼로츠키(N. Zabolotsky)의 〈축구〉(1926), 안드레이 보즈네센스키(A. Voznesensky)의 〈축구 시(詩)〉(1962), 블라디미르 비소츠키 (V. Vysotsky)의 〈골키퍼〉(1971)와 〈팝 콘서트로 날 유혹할 수는 없어...〉(1971), 로베르트 로즈데스트벤스키(R. Rozhdestvensky)의 〈세월이 흘러 가네〉 (1971), 이오시프 브로드스키(I. Brodsky)의 〈플라톤의 발전〉(1976), 옙투셴코(Ye. Yevtushenko)의 〈골키퍼가 골문에서 나오네〉(1989)와 〈에두아르드 스트렐초프(Eduard Streltsov)〉(2004) 등이 바로 그것이다.

옙투셴코의 〈에두아르드 스트렐초프〉는 소련의 대표적인 공격수였던 실존 인물 에두아르드 스트렐초프(1937-1990)에 관한 시이다. 에두아르드 스트렐초프는 1950년대와 1960년대 후반 모스크바 '토르페도(Torpedo)' 팀과 소련대표팀에서 뛰어난 활약을 보였다. '토르페도' 팀에 속해있던 1965년에 그는 소련 챔피언이 되었고, 1968년에는 소련 컵에서 우승했다. 또한 국가대표팀의 일원으로 1956년 멜버른 올림픽 챔피언 타이틀을 거머쥐기까지 했다. 스트렐초프는 천재적 재능과 함께 자유분방한 탓에 기구한 인생으로 더욱 회자되는 선수이다.

[그림 18] 러시아에서 발행한 에두아르드 스트렐초프 기념 우표(2015).

스트렐초프는 1957년 크렘린에서 열린 멜버른 올림픽 쾌거를 축하하는 자리에서 후에 소련 문화성 장관이 되는 예카테리나 푸르체바(E. Furcheva)의 딸 스베틀라나와 알게 된다. 예카테리나 푸르체바는 스트렐초프에게 자기 딸과 결혼할 것을 암묵적으로 종용했으나, 그는 약혼한 여인이 있다고 단칼에 거절한다. 실제로 스트렐초프는 이때 언급한 여인인 알라 데멘코(A. Demenko)와 1957년 2월에 결혼한다.

1958년 스웨덴 월드컵을 앞두고 스트렐초프는 타라숍카의 캠프에서 훈련하던 중 하루 휴가를 받아 스파르타크팀 선수인 보리스 타투신(B. Tatushin) 그리고 미하일 오곤코프(M. Ogonkov)와 함께 타투신의 어릴 적 친구인 소련 장교 카라하노프(Karakhanov)의 다차에 초대받아 머문다. 다음 날 이 세 사람은 마리나 레베데바라는 여인을 강간했다는 혐의로 체포된다. 이후 스트렐초프를 제외한 두 사람에겐 고소를 취하되고, 스트렐초프만 강간 혐의로 피소된다. 12년 징역형을 선고받은 스트렐초프는 축구계에서 영구 제명을 당하고 여러 수용소를 떠돌며 심각한 구타와 폭행으로 수개월간 병원 신세를 지는가 하면, 잔혹한 청소년 범죄자와 다툼 끝에 생명을 잃을 뻔했다.

스트렐초프의 공백은 소련팀의 전력에 바로 영향을 미쳤다. 7년 후 석방된 스트렐초프는 아마추어팀에서 뛰다가 흐루쇼프에서 브레즈네프로 정권이 바뀌면서 사면을 받아 프로팀에 복귀할 기회를 얻게 된다. 복귀한 스트렐초프는 제2의 전성기를 보여주었다. 비록 나이로 인해 민첩성은 떨어졌지만, 그의 축구 지능만큼은 여전히 최고의 기량이었다. 그의 사후에 밝혀진 바로는, 당시 강간 혐의를 인정하면 대표팀에는 남게 해주겠다는 회유 때문에 그가 어쩔 수 없이 거짓으로 혐의를 인정했다고 한다. 일설에 따르면, 스트렐초프가 술에 취해 자기 딸을 험담하자 예카테리나 푸르체바가 모욕감에 흐루쇼프를 압박해서 일어난 일이었다고 한다. 스트렐초프는 재능 있는 선수였지만, 술과 여자를 좋아하는 문란하고 방탕한 기질로 인해 정치적 희생양이 되고 말았다. 그럼에도 불구하고 수용소에서 돌아와 기적적으로 부활한 성공 스토리는 그가 얼마나 뛰어난 선수였는지를 알 수 있게 한다. 그의 드라마틱한 스토리는 일리야 우치텔(I. Uchitel) 감독의 영화 〈스트렐초프〉(2020)를 통해서도 확인할 수 있다.

4행씩 11연으로 이뤄진 옙투셴코의 〈에두아르드 스트렐초프〉는 스트렐초프의 명성과 그를 향한 비난, 무분별한 팬들을 향한 쓴소리로 이뤄져 있다. 4연과 10연, 11연의 내용을 살펴보도록 하자.

그러나 공은 마법에 걸린
신성한 게으른 발에 닿았다오.
그러자 팬들이 침을 뱉은
러시아의 신이 그의 안에서 깨어났소. [중략]

하지만 그에겐 부인할 수 없는 사실이 있다오.
끝없이 무한한 재능
모두가 한마음 되어 꿈꾸는 가운데
그를 국가대표팀의 일원으로 포함시켰다오.

그는 예세닌처럼 사랑받았소
예세닌처럼 너무도 이른 시기에
우리가 알지 못하는 축구 경기를
마치기 위해 떠나버렸다오.

이 시는 상당히 직설적인 화법으로 스트렐초프와 그의 시대, 군중 심리를 그리고 있다. 옙투셴코는 스트렐초프의 이른 죽음을 두고 소련의 농촌 시인 세르게이 예세닌(S. Esenin, 1895-1925)과 비교하며 안타까움을 표한다. 축구를 소재로 한 소설 가운데에 예술적으로도 뛰어난 작품들이 있다. 국가를 위해 활약하는 뛰어난 골키퍼의 이야기를 다룬 레프 카실(L. Kassil)의 『공화국의 골키퍼』 이 대표적이다. 이 작품은 1936년 렌필름(Lenfilm)에서 제작한 장편 흑백 영화 〈골키퍼〉의 성공에 힘입어 출판되었다. 이 영화의 시나리오 작가였던 카실은 자신이 쓴 각본을 바탕으로 이듬해 소설을 발표하였다. 주인공 안톤 칸디도프(Anton Kandidov) 형상은 제2차 세계대전 이전 시기 러시아 최고의 골키퍼로 알려진 아나톨리 아키모프(Anatoly Akimov)를 모델로 했다고 알려져 있다. 그 외에도 축구를 소재로 한 탐정 소설인 블라디미르 콜디체프(V. Koldychev)의 『포워드: 시그니처 스트라이크』, 영국 출신의 러시아 작가라는 독특한 이력을 가진 아이비 리트비노바(영국명: Ivy Therese Litvinov)의 『하늘로 이동: 중편소설과 단편들』, 유리 나기빈(Yu. Nagibin)의 『내가 축구 선수가 되지 않은 이유』(1974), 발렌틴 카타예프(V. Kataev)의 『나의 다이아몬드 왕관』(1979), 블라디미르 나보코프(V. Nabokov)의 『위업』(1989) 등을 들 수 있다.

또한 주목할 만한 저서로는 2018년 FIFA 러시아 월드컵을 기념하여 나온 『국민 스포츠, 러시아 작가들의 축구 이야기』(2018) 컬렉션을 들 수 있다. 여기에는 인기 작가 예브게니 보돌라스킨(E. Vodolazskin, 1964-)을 비롯하여 미국의 작가이자 기자이며 라디오 진행자인 알렉산드르 게니스(A. Genis), 그리고 극작가 안드레이 루바노프(A. Rubanov), 스포츠 해설가로 유명한 바실리 우트킨(V. Utkin)과 블라디미르 스토그니엔코(V. Stognienko), 드라마작가이자 시인인 키릴 나부토프(K. Nabutov), 시나리오 작가이자 기자인 알렉산드르 테레호프(A. Terekhov), 드라마작가이자 시인인 드미트리 다닐로프(D. Danilov), 기자이자 스포츠 해설가이며 문학 평론가로 활동하는 알렉산드르 닐린(A. Nilin), 축구 전문 기자이자 블로거 데니스 로만초프(D. Romantsov), 평론가 빅토르 센

데로비치(V. Shenderovich)와 알렉산드르 세카츠키(A. Sekatsky), 하키 선수 세르게이 삼소노프(S. Samsonov), 여류작가 올가 브레이닌게르(Ольга Брейнингер), 정치인 세르게이 노소프(Сергей Носов), 영화감독 이라클리 크비리카드제(I. Kvirikadze) 등 각계각층 유명 인사의 글이 수록되어 있어 눈길을 끈다.

축구는 이처럼 수많은 작가의 삶에 여전히 현재성으로 존재한다. 각자 축구를 처음 알게 된 동기에서부터 축구와 관련된 특별한 경험을 쏟아낸 이 책은 축구가 시와 소설을 넘어 에세이의 영역으로까지 다양한 장르에 침투해 있음을 알 수 있게 한다. 물론 축구가 영향을 미치는 곳은 문자 영역만이 아니다. 문자의 시대가 저물고 영상의 시대로 이행하는 오늘날, 축구를 소재로 한 영화나 드라마 역시 봇물 터지듯 쏟아지고 있다. 그럼에도 작가들이 다루는 축구는 여전히 중요하다. 영상문화의 가장 기본이 콘텐츠이고 문학의 영상화는 콘텐츠의 가장 널리 알려진 형태이기 때문이다. 영화 시나리오 역시 넓은 의미에서 문자 문학의 하나라는 사실은 주지하는 바이다.

최근 10년 사이 출시된 러시아 영화 가운데 축구를 소재로 한 영화로는 〈가르파스툼(Garpastum)〉 (2005), 밀라 요보비치 주연의 〈럭키 트러블(Vykrutasy)〉 (2011), 〈매치〉 (2012), 〈박스〉(2015), 〈퓨어 풋볼〉 (2016), 〈코치〉(2018), 〈레프 야신, 내가 꿈꾸는 골키퍼〉(2019), 〈와일드 리그〉(2019), SF 3D영화인 〈갤럭시의 골키퍼〉(2020), 〈스트렐초프〉(2020), 해체를 앞둔 여성 축구팀이 새롭게 탄생하는 이야기를 다룬 〈논풋볼〉(2021), 〈홈그라운드〉(2022), 〈FC 로디나〉(2023-2024) 등이 있다.

소련 축구가 남긴 흔적은 분명했다. 소련 시대를 빛낸 유명 축구 선수인 레프 야신과 에두아르드 스트렐초프는 영상과 문학으로 여전히 현대인들과 조우한다. 이뿐 아니라 현대인들은 어린이에서부터 성인에 이르기까지 다양한 문학작품을 통해 축구를 간접적으로 체험한다. 소련 축구의 과거 위상을 기억하는 세대뿐 아니라 이제 막 자라나는 어린 세대에게도 축구는 추억을 넘어 현존하는 그들의 삶인 셈이다.

2. 패션으로 부활한 소련 축구의 예술적 유산

1920년대 축구 열풍 속에 젊은이들 사이에서는 소매가 짧고 깃이 없는 단순한 운동 셔츠가 유행했다. 오늘날 대중이 즐겨 입는 이 반팔 티셔츠가 서구에서 일상복이 되기 훨씬 이전부터 소련의 젊은이들은 도시와 마을, 거리에서 그러한 티셔츠를 뽐내며 다녔다. 소련, 그리고 오늘날의 러시아는 스트리트 패션(Street Fashon)에 일찍부터 선도적인 역할을 했다. 소련 예술가들이 축구 유니폼을 직접 디자인하기도 했고, 또 그들의 그림이 오늘날 스포츠 의류에 여러 아이디어의 원천으로 사용되고 있기 때문이다.

앞서 살펴보았듯이 말레비치와 리시츠키는 축구를 소재로 한 그림으로 새로운 회화적 도전을 감행했다. 이들과 축구와의 인연은 여기서 그치지 않는다. 그들은 사후에도 여전히 축구와 깊은 연관성을 지닌다. 이 두 사람은 당시 추상 미술의 본거지였던 비텝스크에서 활동한 공통점이 있다.

[그림 19] 고샤 룹친스키의 2017년 가을 아디다스 풋볼 컬렉션의 스웨트셔츠(2017)

말레비치의 〈축구 선수의 회화적 리얼리즘 - 4차원의 색채 덩어리〉는 스트리트 패션을 통해 대중성을 확보하며 현대인들에게 주목받았다. 러시아의 유명

패션 디자이너 고샤 룹친스키(Gosha Rubchinskiy, 1984-)는 말레비치의 이 작품을 아디다스와 공동으로 만든 컬렉션의 스웨트셔츠(sweatshirt)로 새롭게 탄생시켰다.

1921년에 말레비치는 비텝스크에서 아방가르드 예술협회를 창립한다. 협회의 명칭은 '새로운 예술의 옹호자(Utverditeli novogo iskusstva)'라는 뜻의 러시아어 머리글자를 따서 우노비스(UNOVIS)로 붙여졌다. 리시츠키는 1919년 5월, 마르크 샤갈의 초청으로 비텝스크에 와서 국립 미술 학교를 설립했고 이후 우노비스에도 합류하였다. 리시츠키는 우노비스 시절 말레비치와 공동 작업을 하며 창안한 창작 노선의 많은 부분을 베를린 시절에도 이어간 것으로 알려져 있다.

2020년 9월 벨라루스 챔피언십의 축구 클럽 '비텝스크(Vitebsk)'는 소련의 예술가인 리시츠키의 선전 포스터 스타일로 디자인한 새로운 유니폼을 공개했다. 2020년은 예술협회인 우노비스 창립 100주년이 되는 해이자 비텝스크 축구 클럽 창립 60주년, 비텝스크 우노비스의 일원이었던 리시츠키의 탄생 130주년을 맞이하는 해였다. 이를 기념하여 '비텝스크' 축구팀은 비텝스크 유파의 절대주의와 화가들의 사상을 반영하는 디자인의 새 유니폼을 개발했다고 밝혔다. 새 유니폼은 1920년 비텝스크에서 처음 출판된 리시츠키의 유명한 작품 〈붉은 쐐기로 백군을 무찔러라〉를 채택하여 예술적으로 재해석한 것이었다.

리시츠키의 작품으로 유니폼은 만들자는 아이디어를 낸 사람은 '비텝스크'의 러시아인 수비수 다닐 찰로프(D. Chalov)였다. 예술애호가이자 비텝스크 예술 학교의 열렬한 팬인 그는'CSKA 모스크바'의 공격수 표도르 찰로프(F.

Chalov)의 형으로, 이 프로젝트를 오랫동안 구상해 왔던 것으로 알려졌다.

다닐 찰로프는 '비텝스크' 팀의 인스타그램에 "예술과 축구는 일치하는 지점이 있다. 둘 다 내부에 인생 전체가 숨겨져 있는 게임이다."라는 말을 올렸다. 말레비치와 리시츠키에게서 드러나듯, 오늘날에도 축구는 예술에 영감을 주는 스포츠이자 예술의 영향을 가장 많이 받는 스포츠라고 할 수 있다.

독일의 현대 철학자이자 사회문화 이론가인 페터 슬로터다이크(Peter Sloterdijk)는 축구가 인간에게 진화 과정에서 상실한 사냥 본능을 사용할 기회를 돌려준다며, 축구 선수를 고대 검투사의 후계자라고 설명한다. 20세기 초 러시아는 혁명을 전후로 상당히 흥미로운 충돌의 현상을 경험했다. 이 시기 축구는 가장 공격적이고 속도감 있는 스포츠로서 혁명적 예술가들을 사로잡았다. 예술로 태어난 축구는 또 다른 영감으로 작용하며 영역을 넓혀가고 있다. 축구에서 예술로, 예술에서 다시 축구로 이어지는 영향력을 통해 선순환의 좋은 예를 발견할 수 있다.

V. 세계 스포츠사에 깊이 새겨진 러시아 축구

소비에트 초기에 소련 시민의 사회적 의식에 스며든 스포츠는 소련의 문화생활에서 특별한 역할을 하기 시작했다. 소련에서 축구는 국가가 지향하는 이념, 즉 사회주의 건설과 노동이라는 선언과 맞물리면서 폭발적인 인기를 얻었다. 축구의 역사는 비록 유럽보다 뒤늦게 시작되었지만, 혁명이라는 특별한 사회적 상황에 힘입어 축구는 대중적인 인기 속에 생활문화 속으로 파고들었을 뿐만 아니라 문학과 문화예술 장르로까지 영향을 미쳤다.

〈검은 사각형〉을 기반으로 만들어진 말레비치의 〈축구의 회화적 리얼리즘 - 4차원의 색채 덩어리〉는 색과 형태의 미니멀리즘을 통해 색과 형태를 초월한 비구상을 보여주었으며, 이러한 결합을 통해 움직임을 묘사하였다. 리시츠키를 비롯한 여러 아방가르드 화가 역시 자신들만의 혁신적인 방식으로 축구를 묘사함으로써 내적 요소들의 변형과 재배치를 통한 조형적 서사의 본질을 드러내었다. 유리 올레샤의 소설은 당대 사회의 첨예한 문제와 이데올로기를 축구 경기에 투사하여 역동적으로 보여주었다. 예술이 인류 문화에 존재하는 모든 잠재력을 가장 극대화된 방식으로 사용한다는 점을 상기해 볼 때, 러시아 아방가르드 예술은 독특한 문화-기호적 현상이었음을 확인할 수 있다. 그리하여 기호들이 결합하여 의미를 만들어 내고 이 의미가 사회적 맥락에서 어떻게 받아들여졌는지를 살펴볼 수 있었다. 이는 당대 스포츠와 문화, 예술, 이데올로기를 이해하는 데 중요한 통찰을 제공해 준다.

1950년대와 1960년대는 소련 축구의 황금기였다. 이 기간에 소련 팀과 선수들은 국제무대에서 상당한 성공을 거뒀다. 레프 야신, 이고리 네토(I. Netto), 발렌틴 이바노프(V. Ivanov), 에두아르드 스트렐초프 같은 소련 축구 스타는 해외에서도 전설이 되었다. '디나모 키예프', '스파르타크 모스크바', '디나모 트빌리시' 등 소련의 프로 클럽팀 역시 국제무대에서 좋은 성적을 거뒀다. 디나모 키예프는 1975년과 1986년 UEFA컵 위너스컵 우승과 1975년 UEFA 슈퍼컵 우승을 차지할 만큼 정상에 올랐다. 발레리 로바놉스키(V. Lobanovsky), 콘스탄틴 베스코프(K. Beskov), 빅토르 마슬로프(V. Maslov) 같은 코치들은 축구의 전술 개발에 상당한 공헌을 했다. 로바놉스키는 과학적인 훈련 방식을 적용하고 컴퓨터 기술을 사용하여 게임을 분석하고 혁신적인 전술 계획을 도입한 최초의 코치 중 한 사람이었다. 선수를 체계적으로 준비시키고 훈련하는 그의 방법은 전 세계 많은 코치의 표준이 되었다.

소련의 붕괴는 국가 축구 시스템에 큰 변화를 가져왔다. 구소련 공화국 기반으로 독립 축구연맹이 창설되면서 소련 챔피언십은 사라지게 된다. 1992년 러시아축구연합이 결성됐고, 1996년 러시아 대표팀은 FIFA 랭킹 3위에 오를 정도로 역대 최고의 성적을 보였다. 그러나 이후 잦은 부침 끝에 소련 시절만큼의 위상을 유지하고 있지는 못하지만, 소련 축구의 유산은 여전히 살아 숨쉬고 있다.

소련 축구는 세계 스포츠 역사뿐 아니라 예술사에도 깊은 흔적으로 남겼다. 축구의 영역에서는 전술과 훈련 방법에 크게 이바지했고, 예술의 영역에서는 그림과 문학작품, 패션, 영화에 이르기까지 다양한 장르에 걸쳐 매우 포괄적이고 광범위한 창작을 남겼다. 현대식 축구가 러시아에 들어온 것은 19세기 말이었음에도, 축구는 비교적 짧은 시간에 여러 영역으로 범주를 넓히며 비약적인 발전을 이루었다. 특히 20세기 초 아방가르드 화가들과 작가들이 여기에 공헌한 바가 컸다. 그들의 전위 예술 속에 탄생한 축구는 실물 축구 이상으로 사람들에게 강한 인상을 남기면서 독창적 유산으로서의 가치를 인정받았음을 확인할 수 있다.

참고문헌

게일 해리슨 로먼·버지니아 헤이글스타인 마쿼트(편), 『아방가르드 프론티어: 러시아와 서구의 만남, 1910-1930』. 차지원 옮김 (서울: 그린비, 2017).

이진숙, 『위대한 고독의 순간』(경기: 돌베개, 2021).

Luecking, Stephen. "A Man and His Square: Kasimir Malevich and the Visualization of the Fourth Dimension," Journal of Mathematics and the Arts (June 2010).

Peppard, Victor. The Poetics of Yury Olesha (Gainesvill: Univ. of Florida Press, 1989).

Григоревич, Г. Г. Всеобщая история физической культуры и спорта (М.: Советский спорт, 2008).

Жигалин, Т. А. "Развитие саорта в условиях конфронтации социалистическойи капиталистической мировых систем (1946-1991 гг. XX века)," Вестник научного общества студентов, аспирантов и молодых ученых. №4 (2018)

Лотман, Ю. М. "Лекции по структуральной поэтике," Ю. М. Лотман и тартауско-московская семиотическая школа (М.: Гнозис, 1994).

Малевич, К. Черный квадрат (М.: Азбука, 2001).

Олеша, Юрий. Избранное (М.: Правда, 1983).

О'Махоуни, М. Спорт в СССР: физическая культура - визуальная культура (М.: Новое Литературное Оборение, 2010).

Рерих, Н.К. Листы дневника. Т. 3. (М.: Международный Центр Рерихов, 1996).

Успенский. П. Четвертое измерение: опыт исследования области неизмеримого (Петроград: Издание М. В. Пирожкова, 1918).

Успенский. П. Tertium organum (Спб.: Труд, 1911).

Хлебников, В. Творения (М.: Советский писатель, 1986).

Черёмушкин, П. Александр Дейнека (М.: Молодая гвардия, 2021).

Дарья Курдюкова, Ирина Горлова, Наталья Сидорова, "10 работ Кабаковых, которые нужно знать ≪Десять персонажей≫, ≪Красный вагон≫, ≪Жизнь мух≫ и другие," https://lavrus.tretyakov.ru/publications/10-rabot-Kabakovyh/ (검색일: 2024. 12. 5.)

"Евгений Евтушенко," http://ev-evt.net/stihi/e/streltcov.php (검색일: 2024. 12. 1.)

Ирина Мак, "Диагноз: травма Кабакова," https://artguide.com/posts/1496 (검색일: 2024. 12. 5.)

"Казимир Малевич – ≪Живописный Реализм Футболиста – Красочные Массы в Четвёртом Измерении≫ (лето/осень 1915 года)," https://dzen.ru/a/YvYTe5PwaUKDm7Lk (검색일: 2024. 11. 27)

"Кила' - русская традиционная игра с мячом. Кила — русская народная игра в мяч Правила игры в килу," https://fgun.ru/kila---russkaya-tradicionnaya-igra-s-myachom-kila-russkaya.html (검색일: 2024. 11. 27.)

Лиля Пальвелева, "Туман утопии," https://www.svoboda.org/a/25108185.html (검색일: 2024. 12. 10.)

"Российский футболист "Витебска" придумал форму для своего клуба: такого еще не было нигде," https://dzen.ru/a/X3NwD6S1XxqRTddE (검색일: 2024. 3. 7.)

"Спорт и искусство, "https://www.artcontext.info/articles-about-art/380-sport-iskusstvo.html (검색일: 2024. 11. 24.)

"Футбол в русском искусстве XX века, "https://vk.com/@bermoods-futbol-v-russkom-iskusstve-xx-veka?ysclid=m4zl6asp7036815478 (검색일: 2024. 9. 25.)

"Четвертое измерение", https://k-malevich.ru/library/gradostroitelnaya-zhivopis-i-kazimir-malevich11.html (검색일: 2024. 11. 27)

Энциклопедия русского авангарда, https://rusavangard.ru/online/biographies/deyneka-aleksandr-aleksandrovich/ (검색일: 2024. 10. 20.)

Юлия Грибер, "Градостроительная живопись и Казимир Малевич," https://iknigi.net/avtor-yuliya-griber/93812-gradostroitelnaya-zhivopis-i-kazimir-malevich-yuliya-griber/read/page-4.html (검색일: 2024. 11. 27)

https://dzen.ru/b/Y99csWtk7CjArWTZ (검색일: 2024. 11. 27.)

https://arzamas.academy/mag/548-football (검색일: 2024. 11. 27.)

Dirk Kurbjuweit und Lothar Gorris, "Ein Team von Hermaphroditen," https://www.spiegel.de/panorama/ein-team-von-hermaphroditen-a-5c7bb197-0

본문에 사용된 사진 및 자료 출처

p.302 https://dzen.ru/a/Y7_GlSGMiXaLGcsQ

p.318 https://deziiign.ru/project/415982157668450da9f112ad8997e566?ysclid=m5gnkgm47s276134509

p.329 위키피디아

p.334 https://www.vogue.com/article/gosha-rubchinskiy-collection-riffs-russian-culture

축구로 하나되는 유럽
유럽축구연맹(UEFA)의 발전과 유럽통합

신의찬(한국외국어대학교)

UEFA의 발전은 단순한 스포츠 조직의 성장을 넘어 유럽통합이라는 거시적 흐름과 밀접하게 연관되어 있다. 제2차 세계대전 이후 유럽의 안정과 평화를 위한 노력의 측면에서, UEFA는 동서 진영 간 정치적 긴장에도 불구하고 유럽 축구의 통합성을 유지하는 중요한 역할을 수행했다. UEFA는 설립 초기부터 독립적인 스포츠 기구로 출발했으나, 특히 1995년 보스만 판결과 2009년 재정적 페어플레이(FFP) 규정 도입 등 주요 제도적 변화를 겪으며 EU와 긴밀한 관계를 형성해 왔다. 본 글은 이론적 배경 및 선행 연구로 신기능주의, 자유주의적 정부간주의, 사회적 구성주의 등 유럽통합 이론을 분석한다. 이를 바탕으로 UEFA의 역사적 발전 과정을 살펴보고, 그 과정에서 EU와의 제도적 상호작용을 분석한다. 이를 통해, 스포츠가 유럽통합 과정에서 가지는 복합적이고 역동적인 역할을 조명한다.

I. UEFA와 유럽, 축구를 넘어선 이야기

유럽축구연맹(UEFA)은 유럽 축구를 관장하는 국제기구로서 지난 반세기 동안 괄목할 만한 성장을 거듭해 왔다. UEFA의 발전 과정은 단순히 스포츠 조직의 성장 차원을 넘어 유럽통합이라는 거시적 흐름 속에서 이해될 필요가 있다. 특히 UEFA와 유럽연합(EU) 간의 상호작용은 유럽 축구의 제도 변화를 촉진하는 주요 요인으로 작용해 왔다. 이에 본 글은 UEFA의 제도적 발전 과정을 유럽통합의 맥락에서 조망하고, 그 과정에서 EU와의 관계가 어떻게 전개되어 왔는지 심층적으로 분석하고자 한다.

이를 위해 본 글은 구체적으로 다음과 같은 연구 질문을 설정하였다. 첫째, UEFA는 어떠한 제도적 발전 과정을 거쳐 왔는가? 둘째, UEFA와 유럽연합(EU) 간의 협력과 갈등은 어떻게 전개되었으며, 유럽통합과는 어떤 방식으로 상호작용해 왔는가?

이러한 질문에 답하기 위해 본 글은 신기능주의, 자유주의적 정부간주의, 사회적 구성주의 등 유럽통합 이론을 기반으로 UEFA의 제도적 발전과 EU의 관계를 분석한다. 신기능주의는 경제통합이 정치 및 사회문화적 영역으로 파급되는 기능적 파급효과에 주목하며, UEFA 사례는 스포츠 분야의 초국가적 제도화를 설명하는 데 유용한 틀을 제공한다. 자유주의적 정부간주의는 회원국 간 협상과 주권 위임의 과정에 초점을 맞추는데, 이는 UEFA 정책 형성에 있어 EU 및 회원국 정부의 역할을 이해하는 데 도움이 된다. 한편 사회적 구성주의는 UEFA를 통해 형성되는 유럽 정체성과 규범에 주목함으로써 축구가 유럽통합에 기여하는 사회문화적 기제를 설명해 준다.

한편, UEFA의 역사적 발전 과정을 살펴보면, EU와의 관계 심화가 제도 변화의 중요한 계기가 되었음을 알 수 있다. 초기 UEFA는 유럽 축구를 관장하는 독립적 기구로서 역할을 했지만, 점차 EU의 법적·정책적 영향력이 확대되면서 양 기관의 관계는 복잡다단한 양상을 띠게 된다. 특히 1995년 보스만 판결은 UEFA가 EU 법질서를 전면적으로 수용하는 계기가 된 결정적 사건이었다. 이를 계기로 UEFA는 EU와의 제도적 조율과 정책 협력을 본격화했고, 이는 선수계약, 이적시장, 중계권 등 주요 정책 변화로 이어졌다.

2000년대 이후에도 UEFA의 제도적 혁신은 EU와의 상호작용 속에서 전개되었다. UEFA의 재정적 페어플레이 규정 도입은 EU 경쟁법과의 조화를 모색한 결과물이었으며, UEFA는 EU와의 긴밀한 정책 협의를 통해 규정의 합법성과 실효성을 확보할 수 있었다. 근래에는 포스트 코로나 시대를 맞아 UEFA와 EU 간 협력이 보다 포괄적인 의제로 확대되는 양상을 보이고 있다. 양자는 디지털 전환, 지속가능성, 굿 거버넌스 등 새로운 도전과제를 공동으로 해결하기 위해 전략적 파트너십을 강화하고 있다.

이처럼 UEFA와 EU의 관계는 단선적인 발전 경로라기보다는 상호 적응과 진화의 복합적 과정으로 이해될 필요가 있다. UEFA는 EU의 법 제도적 압력에 대응하면서도 동시에 EU 정책에 적극 관여함으로써 유럽 축구 거버넌스의 자율성을 확보하고자 노력해 왔다. 다른 한편 EU 역시 UEFA와의 협력을 통해 스포츠 분야 통합을 심화하고 유럽 정체성 형성에 기여하고자 했다. 이는 스포츠가 유럽통합의 새로운 영역으로 자리 잡아가면서, 초국가기구와 EU 간의 전략적 상호작용이 더욱 중요해지고 있음을 시사한다.

II. UEFA와 유럽통합을 보는 시각

1. 축구와 유럽통합의 연쇄 효과

제2차 세계대전 이후 유럽은 전쟁의 참화를 극복하고 평화로운 공동체를 건설하기 위한 노력을 시작했다. 이러한 배경 속에서 등장한 신기능주의는 유럽통합의 이론적 기반을 제공했으며, 하스(Ernst B. Haas)의 "The Uniting of Europe"을 통해 체계적인 이론으로 발전했다. 하스는 특정 분야에서 시작된 통합이 다른 영역으로 자연스럽게 확산되는 '파급효과(spillover)'를 통해 통합이 심화되고, 확대된다는 핵심 주장을 제기했다. 이는 한 분야에서 시작한 통합의 결과를 최대화하기 위해서는 주변 분야의 통합을 뒤따라 추진해야 한다는 의미로, 단순한 경제적 협력을 넘어 정치적 통합으로까지 이어지는 복합적인 과정을 설명하는 이론적 토대가 되었다.

특히 하스는 파급효과를 기능적(functional), 정치적(political), 배양된(cultivated) 파급효과로 구분하면서, 통합의 다차원적 성격을 강조했다. 첫째, 기능적 파급효과는 한 분야의 통합이 다른 분야의 통합을 기술적으로 필요로 하게 되는 현상을 의미한다. 둘째, 정치적 파급효과는 통합 과정에서 이해관계자들이 초국가적 수준으로 그들의 활동과 기대를 전환하는 것을 말한다. 셋째, 배양된 파급효과는 초국가적 기구들이 의도적으로 통합을 촉진하는 현상을 지칭한다.

이러한 파급효과의 개념은 스포츠 분야, 특히 유럽 축구의 통합 과정을 이해하는 데 매우 유용한 분석틀을 제공한다. 슈미터(Philippe C. Schmitter)에 따르면 신기능주의가 강조하는 파급효과는 반드시 선형적이거나 의도된 방향으로만 진행되는 것은 아니며, 때로는 예상치 못한 결과를 초래할 수 있다고 지적하면서, 유럽통합 과정에서 나타나는 파급효과의 다양성과 복잡성을 강조하였다.

예를 들어, 1950년대 유럽석탄철강공동체(ECSC)를 시작으로 진행된 경제통합은 상품과 노동력의 자유로운 이동이라는 기능적 파급효과를 창출했고, 이는 필연적으로 축구 선수들의 이동 문제로까지 확대되었다. 그리고 1995년 유럽사법재판소(CJEU)의 보스만 판결(Bosman ruling)은 이러한 복잡한 파급효과의 대표적 사례로 볼 수 있다. 당초 선수 이동의 자유화를 목적으로 한 이 판결은 단순히 노동시장의 자유화를 넘어, 유럽 축구의 경제적 구조와 경쟁 체계를 근본적으로 변화하게 했다.

한편, UEFA 챔피언스리그(Champions League)의 발전 과정은 경제적 통합이 스포츠 분야로 확장되는 기능적 파급효과의 전형적인 사례이다. 가르시아(Borja García)는 UEFA 챔피언스리그의 발전 과정을 분석하면서, 방송권의 공동 판매와 수익 분배 시스템이 어떻게 유럽 축구의 경제적 통합을 촉진했는지 상세히 분석하였는데, 이러한 경제적 통합은 단순히 재정적 측면에만 국한되지 않고, 유럽 전역에 표준화된 축구 거버넌스 구조를 형성하는 데 결정적인 역할을 했다고 평가했다.

또한 2009년 도입된 UEFA의 재정적 페어플레이(Financial Fair Play, FFP) 규정 역시 기능적 파급효과를 통한 제도적 발전의 중요한 사례로 평가된다. 웨이더릴(Stephen Weatheril)은 FFP가 EU 경쟁법의 적용과 스포츠의 특수성 인정이라는 두 가지 목표를 성공적으로 조화시켰다고 평가하였는데, 이는 2009년 도입된 FFP가 유럽 축구의 재정적 지속가능성을 제고했을 뿐만 아니라, EU

의 법적 프레임워크 내에서 스포츠 조직의 자율성을 확보하는 등 EU의 스포츠 정책 형성에도 중요한 영향을 미쳤다고 볼 수 있다.

이처럼 신기능주의적 관점에서 본 UEFA의 발전과 유럽통합은 복잡하고 다층적인 파급효과의 연결성을 보여 준다. 이는 단순한 경제적 통합을 넘어, 제도적, 사회문화적 통합으로 이어지는 포괄적인 과정이었으며, 현재진행형인 유럽통합의 한 단면을 잘 보여주고 있다.

2. 축구, 협력과 정체성의 형성

유럽통합 연구에서 자유주의적 정부간주의와 사회적 구성주의는 상호보완적인 이론적 시각을 제공한다. 모라브칙(Andrew Moravcsik)의 "The Choice for Europe"을 통해 체계화된 자유주의적 정부간주의는 1990년대 이후 유럽통합의 핵심 이론으로 부상하였다. 그는 유럽통합 과정을 국가들의 합리적 선택의 결과물로 이해하며, 특히 국내 정치적 요인과 정부 간 협상 과정의 상호작용에 주목한다. 이를 바탕으로 모라브칙은 유럽통합의 과정을 세 단계로 구분하여 다음과 같이 설명한다.

1단계: 국내 정치적 과정을 통한 국가 선호의 형성

2단계: 정부 간 협상을 통한 실질적 결과의 도출

3단계: 제도적 선택을 통한 협력의 제도화

이 과정에서 국가들은 자국의 경제적 이익을 극대화하기 위해 전략적으로 초국가적 제도에 주권을 위임하며 이러한 관점에서 볼 때 UEFA의 발전 과정은 각국 축구협회들이 자국의 이익을 위해 특정 권한을 위임한 결과로 해석될 수 있다. 그리고 이러한 위임 과정이 단순한 권한 이양이 아닌, 복잡한 정치적 협상의 결과물이며, 도이지(Mark Doidge)는 각국 축구협회들이 UEFA에 권한을 위임하는 과정에서 특히 방송권 판매와 같은 경제적 이슈에서 이러한 경향이 두드러진다고 분석했다. 실제로 UEFA 챔피언스리그의 중앙집중식 방송권 판매 시스템은 개별 국가들이 자국의 이익을 위해 특정 권한을 UEFA에 위임한 대표적 사례로 볼 수 있다.

또한 EU 및 회원국들의 스포츠 정책 및 규정과 UEFA 정책 간의 상호작용은 매우 복잡한 양상을 보인다는 점에 주목할 필요가 있다. 패리쉬(Richard Parrish)는 EU 회원국들의 스포츠 정책이 UEFA의 정책 형성에 미치는 영향을 포괄적으로 분석하면서 그들은 각국의 고유한 스포츠 문화와 제도적 전통이 사회적 대화를 통해 UEFA의 정책 수용 과정에 어떤 영향을 미치는지 분석했다. 예를 들어, 독일의 '50+1' 규정과 같은 국가별 특수성이 UEFA의 재정적 페어플레이 규정과 조화를 이루는 과정은 자유주의적 정부간주의의 관점에서 중요한 연구 대상이 되고 있다.

한편, 사회적 구성주의는 사회적 현상이나 의식이 사회적 맥락 속에서 어떻게 발전되는지를 설명하는 이론으로 이 관점에서 유럽 축구를 바라보면, 축구가 단순한 스포츠 이상의 의미를 지니며 유럽의 정체성과 통합 과정에 중요한 역할을 해왔음을 알 수 있다. 특히 사회적 구성주의는 유럽 축구에서 나타나는 정체성 형성과 가치 공유의 과정을 설명하는 데 중요한 이론적 기반을 제공한다. 사회적 구성주의는 EU 정책결정 과정에서의 사회화나 국내 행위자들의 유럽적 정체성 형성, 초국가적 네트워크의 형성과 작동, EU 제도 내

의사소통 방식의 변화와 같은 보다 구체적인 현상들을 연구 대상으로 삼는데, 웬트(Alexander Wendt)의 "Social Theory of International Politics"는 구성주의와 관련하여 다음과 같이 세 가지 핵심 주장을 제시하였다.

> 첫째, 국제체제 구조는 물질적 요소뿐만 아니라 사회적 관계에 의해 형성된다.
> 둘째, 국가의 정체성과 이익은 이러한 사회적 구조 속에서 구성된다.
> 셋째, 행위자와 구조는 상호구성적 관계에 있다.

이러한 구성주의적 관점은 UEFA가 단순한 스포츠 조직을 넘어 유럽적 가치와 규범을 생산하고 확산시키는 주체로 발전해온 과정을 설명하는 데 중요한 분석 틀을 제공한다. 리세(Thomas Risse)는 "A Community of Europeans?"에서 유럽 정체성의 다층적 형성 과정을 분석하면서 일상적 실천을 통한 정체성 형성에 주목하였고, 이는 축구가 유럽인들의 일상생활에서 차지하는 중요한 위치를 고려할 때 중요한 시사점을 제공한다. 또한 킹(Anthony King)은 UEFA 챔피언스리그가 초국가적 팬 문화를 형성하는 과정을 실증적으로 연구하였는데, 그의 연구에 따르면, 정기적인 국제 경기를 통해 형성되는 팬들의 초국가적 네트워크는 유럽적 정체성의 형성에 기여하였음을 밝혔고, 이러한 초국가적 팬 문화가 어떻게 지역적 정체성과 공존하면서 발전하는지 분석했다.

캐링턴(Ben Carrington)은 유럽 축구가 반인종주의, 페어플레이와 같은 가치를 확산시키는 과정 속에서 이러한 공유된 가치들은 단순한 구호를 넘어 실제

정책과 제도로 구현되면서, 유럽의 스포츠 문화를 형성하는 핵심 요소가 되었다는 점을 강조하였다. 그리고 UEFA의 'Respect' 캠페인이나 인종차별 근절을 위한 다양한 프로그램들은 이러한 가치의 제도화를 보여주는 대표적 사례이다.

이처럼 자유주의적 정부간주의와 사회적 구성주의 관점에서 본 UEFA의 발전은 EU 및 회원국의 스포츠 정책이 내포하는 함의와 권한 위임과 관련한 의제를 다루는 것뿐 아니라 유럽 축구의 통합을 통한 고유의 정체성 형성과 밀접하게 연결되어 있음을 보여준다.

Ⅲ. UEFA의 제도적 발전과 EU와의 관계

1. UEFA의 변화와 주요 정책

1904년 국제축구연맹(Fédération Internationale de Football Association, FIFA)이 출범한 이후 각 지역을 기반으로 한 국가별 축구협회의 조직이 차례로 설립되었다. 그리고 반세기가 지나 유럽에서 대륙 차원의 축구 조직이 최초로 출범하였는데 그것이 바로 1954년 설립된 유럽축구연맹(Union of the European Football Associations, UEFA)이다. 이후 UEFA는 유럽 차원에서 축구를 활성화하기 위해 다양한 대회, 규범, 훈련 프로그램을 도입하였고, 이를 바탕으로 다양한 클럽 및 국가대표팀 대회를 주관하는 등 유럽 축구의 발전과 공정성을 위한 정책을 수립하고 실행하고 있다. 그 결과, 현재 UEFA는 FIFA의 6개 대륙연맹 중 하나로, 유럽 지역의 축구를 대표하고 있으며 55개의 회원국 협회의 협력을 바탕으로 유럽 축구를 대표하는 핵심적인 거버넌스 기구로 성장하였다. 이렇듯 전체 55개의 UEFA 회원국 중 27개 국가가 EU 회원국이라는 점을 고려할 때, UEFA의 발전 과정에서 EU와의 연결성을 간과하기 어렵다.

〈표 1〉 UEFA의 제도적 발전 단계 구분

시기	주요 특징
1954-1959	- UEFA 설립(1954) - 유럽 챔피언스 클럽스컵 창설(1955)
1960-1991	- 유럽 네이션스컵 창설(1960) - UEFA 컵위너스컵 창설(1961)[11] - UEFA컵 창설(1971)
1992-2008	- UEFA 챔피언스리그 도입(1992) - 보스만 판결(1995)
2009-현재	- 재정적 페어플레이 규정 도입(2009)[12] - UEFA 유로파리그 도입(2009) - UEFA 네이션스리그 창설(2018) - UEFA 유로파 컨퍼런스리그 도입(2021)[13]

자료: UEFA 공식 홈페이지를 기반으로 저자 정리

UEFA의 역사적 발전 시기를 살펴보면 〈표 1〉과 같이 4단계로 구분할 수 있다. 먼저 1954-1959년까지는 UEFA의 설립과 초기 발전 과정으로 볼 수 있다. 제2차 세계대전 이후 유럽 재건 과정의 일환으로 1954년 6월 15일, 스위스 바젤에서 31개 회원국의 참여로 UEFA가 설립되었으며 이는 전후 유럽 축

11 1998-99 시즌을 끝으로 UEFA 컵위너스컵은 UEFA컵에 통합되었으며, 그 이후부터는 각국 컵 대회 우승팀들이 대신 UEFA컵에 참가하게 되었다.

12 2024년 재정적 지속가능성 규정(Financial Sustainability Regulations)으로 개정되었다.

13 2024-25 시즌부터 '유로파'를 제외한 '컨퍼런스리그'로 대회명이 변경되었다.

구계의 새로운 시작을 알리는 상징적인 순간이었다. 비록 창립 회원국들은 대부분 서유럽 국가들이었으나, UEFA는 설립 초기부터 범유럽적 조직을 지향했으며, 소련을 비롯한 공산권 국가뿐만 아니라 스페인과 포르투갈과 같은 독재 국가들도 참여할 수 있었다. 이러한 특징은 유럽 축구 내 오랜 교류 전통, FIFA 조직 내에서 UEFA의 참여, 그리고 제2차 세계대전 시기부터 스포츠의 정치화를 억제하려는 축구 당국의 전략과 이에 협력한 외교적 노력의 결과로 해석된다.

1955년에는 프랑스 스포츠 신문 레퀴프(L'Équipe)의 제안으로 각국 리그 우승팀들이 참가하는 최초의 범유럽 클럽 대항전인 유럽 챔피언스 클럽스컵(European Champions Club's Cup)을 창설하였다. 이는 UEFA가 클럽 차원의 국제 교류를 활성화함과 동시에 유럽 축구의 통합적 발전을 위한 실질적인 플랫폼을 제공했음을 보여준다.

다음으로 1960-1991년까지 이어지는 냉전 시기 동안 UEFA는 동서 진영 간의 정치적 긴장 속에서도 유럽 축구의 통합성을 유지하는데 중요한 역할을 수행하였다. 1960년에는 유럽 네이션스컵(European Nation's Cup)을 도입하여 국가대표팀 간의 경쟁체제를 구축하는 동시에 국가대표팀 차원에서 동서 교류를 촉진하는 계기가 되었다. 특히 초대 대회에서 소련의 우승은 스포츠를 통한 동서 간 긴장 완화 및 화해의 가능성을 보여주었다.[14]

특히 주목할 점은 UEFA가 냉전의 정치적 긴장 속에서도 동유럽 클럽들의 대회 참가를 지속적으로 보장했다는 것이다. 당시 루마니아의 스테아우아 부

---

14 유럽 네이션스컵은 1968년부터 UEFA 유럽 축구선수권대회로 대회명이 변경되었다.

쿠레슈티(Clubul Sportival Armatei Steaua București)나 유고슬라비아의 츠르베나 즈베즈다(Fudbalski Klub Crvena Zvezda) 같은 동유럽 클럽들의 유럽컵 우승은 UEFA 대회가 진정한 의미의 전유럽적 경쟁의 장으로 기능했음을 보여주는 예시이다.[15]

한편, UEFA는 1961년 UEFA 컵위너스컵(Cup Winners' Cup)을 창설하여 수익 창출을 통해 활동 범위를 넓혔으며, 다음과 같은 제도적 혁신을 마련하였다. 첫째, 경기 운영의 전문성을 강화하기 위해 심판 교육 프로그램을 체계화했다. 둘째, 1970년대에는 각종 전문위원회의 권한과 책임을 명확히 하는 제도적 정비를 단행하였다. 셋째, 1980년대에는 유럽 축구의 상업적 가치를 증진시키기 위한 마케팅 전략을 수립하기 시작했다.

1990-2009년은 UEFA에 새로운 도전과 기회를 동시에 제공했다. 1989년 베를린 장벽 붕괴와 이어진 소련의 해체로 인해 1990년대 초 EU가 공식 출범하였으며 기존 경제 중심의 통합에서 정치적 통합으로 발전하였다. 이러한 변화와 맞물려 UEFA 역시 다음과 같은 제도적 변화를 이끌어냈다.

첫째, 회원국 구성의 급격한 변화가 나타났다. 1991년부터 1994년까지 발트 3국, 독립국가연합(CIS) 국가들, 그리고 유고슬라비아 해체로 탄생한 신생 독립국들이 UEFA에 가입했다. 이들의 가입은 UEFA의 운영 방식에 근본적인 변화를 요구했으며 신규 회원국들의 원활한 참여를 위해 기술지원 프로그램을 도입하고, 재정 지원 체계를 마련했다.

둘째, 축구 산업의 상업적 발전의 가속화가 이루어졌다. 1992년 UEFA는

---

15 스테아우아 부쿠레슈티는 1986년, 츠르베나 즈베즈다는 1991년 우승을 차지하였다.

기존의 유럽챔피언스 클럽스컵을 UEFA 챔피언스리그로 개편하여 참가 클럽의 수를 확대하면서 경기 수의 증가를 통한 민간 방송사 간 경쟁으로 인한 중계권료 상승은 UEFA가 주요 클럽들의 불만을 해소하고 수익을 극대화하는 방안으로 활용되었다. 그리고 이러한 중앙집중식 중계권 판매 체계 도입과 통합 마케팅 전략 수립을 통해 UEFA는 재정적 독립성과 유럽 축구에 대한 영향력을 크게 강화하였다.

한편, 1995년 12월 15일 유럽사법재판소의 보스만 판결(European Court of Justice Case C-415/93)은 유럽 프로축구의 선수 이적 제도와 외국인 선수 제한 규정을 근본적으로 변화시켰다. 이 사건은 벨기에 프로축구 선수 장-마르크 보스만(Jean-Marc Bosman)이 RFC 리에주(RFC Liège)를 상대로 제기한 소송에서 비롯되었다. 계약이 만료된 보스만은 프랑스의 덩케르크(USL Dunkerque)로의 이적을 희망했으나, 당시 유효했던 이적료 제도로 인해 이적이 무산되었다. 보스만은 이러한 제도가 로마 조약 제48조(현 유럽연합 기능에 관한 조약 제45조)에서 보장하는 노동자의 자유이동권을 침해한다고 주장했다.

UEFA와 EU는 1960년대 후반부터 로마조약의 노동자 자유 이동 조항을 축구에 적용하려 했으며, 보스만 판결이 이러한 규정을 구체화하는 계기가 되었다. 당시 유럽사법재판소는 다음 두 가지 핵심적인 판결을 내렸다.

· 계약이 만료된 선수에 대한 이적료 요구는 불법이며, 선수들은 계약 만료 후 자유롭게 새로운 구단과 계약할 수 있다.
· UEFA와 각국 축구협회의 외국인 선수 출전 제한 규정은 EU 회원국 선수들에 대해서 적용될 수 없다.

이로 인해, 노동자의 자유 이동에 관한 EU 규정과 축구계 간의 조정이 이루어져 EU 회원국 선수들의 자유로운 이동이 보장되었으며 UEFA는 이에 대응하여 1996년 선수 이적 규정을 전면 개정했다. 이처럼 보스만 판결은 단순한 법적 판결을 넘어 현대 유럽 축구의 구조를 근본적으로 재편성한 역사적 전환점으로 평가된다. UEFA와 EU는 1960년대 후반부터 로마 조약에서 규정한 노동자의 자유 이동 조항에 축구를 적응시키고자 노력했는데, 이 판결을 계기로 선수 이적 제도, 외국인 선수 규정, 구단 재정 관리 등에 관한 새로운 규정들을 도입하게 되었다.

셋째, 거버넌스 구조의 현대화가 이루어졌다. 1990년대 들어 UEFA는 전문 경영진 체제를 도입하고, 의사결정 과정의 투명성을 강화했다. 2007년에는 프로축구 전략협의회(Professional Football Strategy Council)를 설치하여 각계 이해관계자들의 의견을 수렴하는 플랫폼을 마련했고, 2009년 재정적 페어플레이(FFP) 규정은 도입에 큰 영향을 미쳤다.

2009년부터 현재까지 UEFA는 전 세계 축구 시장의 확장과 함께 새로운 규범을 제정하고, 기존 주관 대회들의 개편 및 신설을 통해 변화를 꾀하고 있다. 그중 가장 큰 변화는 재정적 페어플레이(FFP) 규정의 도입이다.

UEFA의 FFP 규정은 2009년 9월 UEFA 집행위원회에서 승인되었으며, 2011-12시즌부터 단계적으로 시행되었다. 이 정책은 유럽 축구클럽들의 재정 지속 가능성을 확보하고 건전한 운영을 촉진하기 위해 도입되었다. 2000년대 후반, 유럽 축구계는 심각한 재정 문제에 직면했다. 2009년 UEFA의 조사에 따르면, 유럽 프로축구 클럽의 약 50%가 적자를 기록했으며, 부채 총액은 연간 수입의 45%를 초과했다. 특히 일부 구단들의 과도한 지출과 부채 증가는 유럽 축구의 재정적 안정성을 위협하는 요소로 지적되었다.

FFP 규정은 수지 균형 요건(Break-even requirement) 하에 클럽의 손익분기점 분석, 채무 상환 능력 평가, 그리고 투명한 재무 보고 등을 검토하여 규정을 위반한 클럽에 대해서는 UEFA 주관 대회 출전 금지, 벌금 부과, 선수 영입 제한 등의 제재를 부과한다. 관련 수입에는 입장료 수입, 중계권료, 상업적 활동 수입, UEFA 대회 상금이 포함되며, 관련 지출에는 선수단과 직원의 인건비, 선수 영입 비용, 기타 운영비가 포함된다. 주목할 점은 구단 소유주의 직접적인 재정 지원이나 관련 단체를 통한 과대 책정된 스폰서십은 관련 수입으로 인정되지 않는다는 점이다.

그러나 FFP 규정은 도입 이후 여러 한계점과 비판에 직면해 있다. 첫째, 규정이 기존 강팀의 지배력을 고착화한다는 비판이 있다. 수입 범위 내에서만 지출이 가능하다는 원칙은 이미 높은 수입을 올리고 있는 구단들에 유리하게 작용할 수 있기 때문이다. 둘째, 일부 구단들은 관계사를 통한 우회적 투자나 회계처리를 통해 규정을 회피하려 시도할 가능성이 있다.[16] 셋째, 시장에서의 자유로운 투자와 경쟁을 제한하는 것이 EU 경쟁법과 충돌할 가능성도 존재한다.

이에 따라, UEFA는 기존의 비판점을 고려하여 2024년에는 기존 FFP를 새로운 재정적 지속가능성 규정(Financial Sustainability Regulations)으로 개정하였으며 주요 내용은 다음과 같다.

---

16 맨체스터 시티와 파리 생제르맹 같은 거대 자본을 가진 클럽들이 스폰서십을 통한 수입 부풀리기 등의 방법으로 규정을 우회한다는 의혹도 지속적으로 제기되었다.

· 급여 비용 제한: 클럽 수입의 70%로 선수단과 감독진의 급여 총액을 제한

· 이적료 규제: 이적료 분할 납부 기간을 최대 5년으로 제한

· 자기자본 요건: 최소 자기자본 비율을 설정하여 재무구조 건전성 강화

· 지속가능성 지표: ESG(환경, 사회, 거버넌스) 기준을 도입하여 평가

한편, 2000년대 이후 UEFA는 기존 주관 대회들의 개편 및 신설을 통해 더 많은 팀과 국가에 유럽 무대 참가 기회 제공하여 유럽 축구의 전반적인 경쟁력을 향상시키는 동시에 대회의 상업적 가치를 확대하는 방안을 시행 중이다.

1971년 창설된 UEFA컵은 2009-10시즌부터 UEFA 유로파리그로 재편되었으며 UEFA 챔피언스리그에 이어 두 번째로 높은 위상을 지닌 대회로 자리 잡았다. UEFA 유로파리그로 재편됨에 따라 그룹 스테이지(group stage) 도입과 함께 더욱 체계적인 토너먼트 구조를 갖추게 되었다.[17]

2018년에는 기존의 친선경기를 대체하는 새로운 국가대항전인 UEFA 네이션스리그(Nations League)를 신설하여 변화를 꾀하였다.[18] UEFA 네이션스리그는 리그 간 승강제를 통해 팀들의 지속적인 발전을 유도하고, 순위가 낮은 국가들도 대회 참가를 통해 재정적 혜택을 받을 수 있도록 하였다. 또한 UEFA 유럽 축구선수권대회 본선 진출의 추가 기회를 제공함으로써 대회의

---

17 48팀 그룹 스테이지를 도입하여 12개 그룹, 각 4팀씩 운영하였으며 UEFA 챔피언스리그 조별 탈락 팀 합류 시스템을 유지하였다. 또한 2021년에는 대회 구조를 32팀 체제로 변경하여 그룹 1위 팀의 상위 라운드 직행, 2위 팀들 간 플레이오프, 컨퍼런스리그 강등 시스템을 도입하였다.

18 UEFA에 가입한 55개 회원국들이 각각 리그 A, B, C, D에 속하여 경기를 치르는 구조이다. 리그 A, B, C는 각각 16개 팀으로 구성되며, 4개 팀씩 4개 그룹으로 편성된다. 리그 D는 6개 팀으로 구성되며, 3개 팀씩 2개 그룹으로 나뉜다. 각 팀은 홈앤드어웨이 방식으로 그룹 내 다른 팀들과 경기를 치른다.

중요성을 강조하였다.

2021년에는 UEFA의 세 번째 클럽 대항전인 유로파 컨퍼런스리그(EUROPA Conference League)를 신설하여 상대적으로 작은 국가의 클럽들에게 유럽 무대에서 경쟁할 기회를 제공하였다.[19] 또한 2024-25시즌부터 UEFA 챔피언스리그가 소위 '스위스 모델(Swiss Model)'을 도입하여 기존의 8개 조 4팀 체제에서 36개 팀이 단일 리그로 경쟁하는 방식으로 변경되었다.[20]

이러한 일련의 UEFA 제도의 변화는 유럽 축구의 경쟁력 향상과 함께 더 많은 경기를 통해 클럽들의 수익을 증대시키고, 팬들에게 더 많은 축구 경기를 제공하는 등 긍정적인 영향을 미쳤으며, 모든 UEFA 회원국이 참여하는 대회를 통해 유럽 축구의 통합을 촉진하는 데 기여한다는 평가도 있다. 반면, 이러한 제도적 변화에 대한 비판점도 존재한다. 특히 경기 일정의 과밀화로 인해 선수들의 피로도와 부상 위험성 증가, 국제 경기 일정이 늘어나면서 국내 리그와 컵 대회 일정에 대한 압박감, 복잡한 대회 구조에 따른 팬들의 관심도 하락, 유럽 국가들만의 경기에 따른 비유럽 국가와의 교류 감소가 대표적인 문제로 제기되고 있다.

---

19 32개 팀 그룹 스테이지를 도입하여 8개 그룹, 각 4팀씩 운영하며 UEFA가 최근 5시즌의 유럽 대항전 성적을 기반으로 매기는 순위인 'UEFA 계수'가 낮은 국가의 클럽들에게 기회를 제공한다.

20 각 팀은 8경기(홈 4경기, 원정 4경기)를 치르게 되며 순위에 따른 녹아웃 스테이지 진출을 보장한다. (리그 1-8위: 16강 직행, 리그 9-24위: 플레이오프 진출(16강 진출권 경쟁), 리그 25-36위: 탈락)

2. UEFA와 EU, 협력과 조정의 과정

UEFA와 EU의 관계는 유럽 축구의 발전과 유럽통합이라는 두 흐름이 교차하는 지점에 있다. 이 관계는 단순한 스포츠 기구와 지역 협력체 간의 협력을 넘어, 유럽의 정체성, 경제, 사회적 가치 형성 및 변화 과정을 보여주는 대표적인 사례라 할 수 있다.

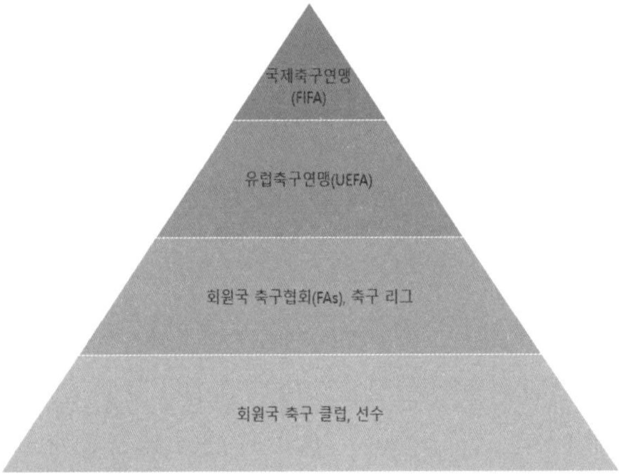

[그림 1] 유럽 축구의 거버넌스 구조 자료: Borja García (2007) 참조.

전통적으로 유럽 축구의 거버넌스는 각 층이 서로 다른 범위에서 다른 책임을 맡는 피라미드 구조와 유사하다. [그림 1]에서 나타나듯 FIFA는 전 세계 축구연맹을 대표하는 최상위에 위치해 있으며 유럽 축구 전반을 관리하는 UEFA와 회원국의 축구협회 및 리그들이 하위를 구성한다. 그리고 회원국의 축구 클럽 및 선수들이 피라미드의 기초를 형성하고 있다.

이러한 구조 아래, 비록 UEFA가 축구를 통한 동서 진영 간 긴장 완화 및 교류에 기여하면서 유럽통합의 안정성을 제공하기는 했으나 UEFA는 설립 초기부터 독립적인 스포츠 연맹으로 운영되었으며, 유럽통합과는 별개의 길을 걸어왔다.

특히 유럽통합의 초기 과정에서 기능적 파급효과에 따른 통합의 논의에서 스포츠 분야는 제외되었기에 UEFA는 자율적으로 유럽 축구를 관리했고, 유럽경제공동체(EEC)의 개입을 불필요한 것으로 간주하였다.

그러나 1970년대 유럽공동체(EC) 설립과 더불어 경제적 측면에서의 유럽통합이 가속화되면서 UEFA와의 갈등이 고조되었다. 특히 1976년 도니 판결(Donà v. Mantero)을 통해 유럽사법재판소는 처음으로 프로 스포츠에 EU 법률이 적용될 수 있음을 보여주었고, 스포츠에 대한 EU법 적용의 범위가 확대되는 계기가 마련되었다.[21]

이후 UEFA와 EU법 간의 충돌이 계속되는 상황에서 1995년 보스만 판결은 UEFA가 EU 법의 적용을 전면적으로 인정하는 중요한 이정표가 되었다. 유럽사법재판소는 선수들의 자유로운 이동을 제한하는 기존의 이적 시스템이 EU 법에 위배된다고 판단했고, 이는 UEFA와 EU 사이의 조정 및 협력이 필요함을 여실히 보여주었다. 특히 UEFA는 보스만 판결을 통해 기존의 이적 시스템을 EU 법에 부합하도록 개혁해야 했으며, EU 기관들과의 대화와 협력의 필요성을 인식하게 되었고, 정책을 결정할 때 EU 법과의 부합성을 고려하기 시작했다.

그 결과, UEFA는 2003년 브뤼셀에 대표사무소를 개설하였고, EU를 '장기적 전략적 파트너(long-term strategic partner)'로 설정하였다. 이는 UEFA가 EU 법의 우위성과 축구에 대한 적용을 수용하게 되었다는 점과 UEFA가 축구 거버넌스 구조 내에서 자신의 위치를 보존하기 위해 EU 당국과의 정책 협력을 강화하는 것이 필

21 이탈리아 축구클럽 로베레토의 스카우트였던 도니(Donà)는 외국인 선수 영입을 위해 에이전트 만테로(Mantero)를 고용하였으나 당시 이탈리아 축구협회(FIGC) 규정은 이탈리아 국적자만 에이전트 활동을 허용하고 있었다. 이에 도니는 해당 규정이 EU법(당시 EEC조약)에 위배된다며 소송을 제기하였다.

요함을 의미한다.

또한 2010년 도입된 UEFA의 FFP 규정은 UEFA와 EU 간의 협력이 더욱 긴밀해지는 계기가 되었다. 당초 유럽 축구 클럽들의 재정 건전성을 높이고 과도한 지출을 억제하는 것을 목표로 한 FFP는 EU 경쟁법과의 충돌 가능성으로 인해 논란의 대상이 되었다. 그러나 UEFA는 FFP가 EU 법에 위배되지 않도록 하기 위해 EU 집행위원회와 긴밀히 협력했고, 2011년 EU 집행위원회는 FFP가 EU 경쟁법과 양립 가능하다는 공동성명을 발표하였다. 이는 스포츠의 특수성 인정, 재정적 안정성 확보의 필요성, 경쟁의 공정성 보장을 근거로 한다.

한편, EU의 규범 및 전략 역시 UEFA의 활동에 중요한 영향을 미치고 있다. 특히 2007년 발표된 EU의 '스포츠 백서(White Paper on Sport (COM(2007) 391 final)는 스포츠의 특수성을 인정하면서도 EU법의 적용 가능성을 명확히 했으며 이에 따라 UEFA는 자신의 정책과 규정을 EU의 법적, 정책적 프레임워크 내에서 조정하고 있다.[22]

나아가 2009년 리스본 조약(Article 165 TFEU)는 스포츠의 특수성을 인정하면서도 EU의 경제 및 사회적 목표와 일치하는 방향으로 스포츠 정책을 추진할 수 있는 법적 근거를 명시하였다. 이 조항은 특히 스포츠의 구조적 특수성, 자발적 활동의 중요성, 그리고 스포츠의 사회 및 교육적 기능을 강조하고 있

22 EU의 주요 스포츠 정책 우선순위는 다음과 같다: 안전한 스포츠 환경 조성(safe environment in sport), 혐오 표현 근절(fight against hate speech), 반도핑 활동 강화(anti-Doping), 스포츠와 교육의 연계(sport and education), 성평등 제고(gender equality), 전통 스포츠 보호(traditional sports), 유럽 스포츠 모델 확산(European sport model), 선수권리 보호(athletes' rights), 굿 거버넌스 확립(good governance development and promotion within sport), 경기 조작 근절(fight against the manipulation of sports competitions)

다. 이를 통해 EU는 UEFA와의 협력을 통해 유럽 내 스포츠의 투명성과 공정성을 제고하려는 노력을 강화하고 있다.

이러한 조항을 통해 EU는 에라스무스+ 프로그램(Erasmums+ Program)과 같은 제도를 통해 스포츠 부문을 구조적으로 지원하며, 국제 무대에서 비 EU 국가들과 공동의 목소리를 낼 수 있는 법적 근거를 확보하고 있다.

〈표 2〉 리스본 조약 내 스포츠 관련 조항

조항	내용
제165조 제1항	스포츠의 특수한 성격, 자발적 활동에 기반한 구조 및 사회 및 교육 기능을 고려하면서 유럽 스포츠 문제의 촉진에 기여해야 한다.
제165조 제2항	스포츠의 공정성과 개방성을 증진하고 스포츠를 담당하는 기관 간의 협력을 촉진하며, 특히 청소년 선수들의 신체적, 도덕적 청렴성을 보호함으로써 유럽 차원의 스포츠 발전을 도모한다.
제165조 제3항	연합과 회원국은 제3국 및 교육 및 스포츠 분야의 국제기구, 특히 유럽평의회와의 협력을 촉진해야 한다.

자료: 리스본 조약 참조.

또한 2022년 10월에는 지난 2014년 UEFA와 EU 간 기존 협력 협정(cooperation agreement) 갱신하면서 코로나19 팬데믹 이후 가속화된 축구 산업의 재정위기, 기후 변화 및 지속 가능성 문제, 디지털 혁신과 같은 새로운 의제를 협력의 중심으로 삼았다. 특히 행동 규범, 평등, 사회적 포용 등 주요 EU 우선 과제를 해결하기 위해 협력관계를 강화할 것을 명시하였다.

V. 축구를 통한 유럽통합의 의미

본 글은 UEFA의 제도적 발전 과정과 EU와의 상호작용을 유럽통합의 이론적 토대인 신기능주의, 자유주의적 정부간주의, 사회적 구성주의의 관점에서 고찰하였다. 분석 결과, UEFA의 제도적 진화는 단순한 조직 내부의 변화를 넘어서 EU와의 다층적이고 역동적인 상호작용을 통해 이루어졌음을 알 수 있었다.

신기능주의 관점에서 UEFA의 제도적 발전은 EU 차원의 경제통합이 스포츠 영역으로 파급되는 '기능적 파급효과'의 사례로 평가할 수 있다. 보스만 판결에 따른 선수 이동의 자유화나 재정적 페어플레이 제도의 도입 등은 모두 UEFA가 EU의 법 · 제도적 압력에 적응한 결과로 해석이 가능하다.

반면, 자유주의적 정부간주의 관점에서는 UEFA의 제도 변화가 회원국 축구협회들의 이해관계가 투영된 전략적 선택의 결과로 볼 수 있다. 여기서 각국 협회들은 UEFA에 권한을 전략적으로 위임함으로써 자국 이익의 극대화를 도모했으며, 방송권 분배 등 상업적 이슈가 이러한 행태를 잘 보여준다. 일례로 독일의 50+1 규정과 같은 국가별 특수성과 UEFA 정책의 조화 과정 역시 정부 간 협상 모델로 설명 가능하며, 또한 방송권 판매 방식의 변화나 국가별 규정과의 조율 과정 등은 정부 간 협상의 역할을 잘 나타낸다.

한편, 사회적 구성주의의 관점에서 UEFA는 단순히 축구를 관장하는 조직을 넘어, 유럽 정체성과 규범, 그리고 사회문화적 가치를 생성하고 전파하는 행위자로 기능해 왔다. UEFA가 주도한 반인종주의, 양성평등과 같은 가치는 유럽의 보편적 규범으로 자리 잡았으며, 챔피언스리그를 통해 형성된 초국가적 팬덤 역시 탈국경적 연대를 가능케 한 문화적 통합의 결실로 평가할 수 있다.

종합해 보면, UEFA의 제도적 발전 과정은 유럽통합이라는 거시적 흐름과 궤를 같이하며, EU와의 상호작용은 이를 가능케 한 핵심적인 역할을 하였다. UEFA는 EU의 법 · 제도적 압력에 대응하면서도, EU 정책 형성 과정에 적극 개입하여 축구 분야의 자율성을 확보하려 했다. 다른 한편 EU 역시 UEFA와의 협력을 통해 스포츠를 통합의 새로운 영역으로 편입시키고, 유럽 정체성 형성에 기여하고자 했다.

이러한 결과는 유럽통합 과정에서 UEFA와 같은 협력 기구의 행위성(actorness)이 중요한 요인으로 작용할 수 있음을 시사한다. 비록 UEFA는 EU의 법적 우위를 인정할 수밖에 없었지만, 제도와 정책의 변화 과정은 일방적인 순응이 아닌 전략적 상호작용의 결과였다. 이는 유럽 공공정책 형성 과정에서 초국가기구의 자율성과 영향력이 작용하는 방식을 보여주는 사례라 할 수 있다.

참고문헌

백종훈ㆍ이정규, "유럽축구연맹의 재정적 페어플레이 규정에 대한 법적 고찰,"『스포츠엔터테인먼트와 법』, 18권 1호, (2015).

이철우, "축구와 유럽통합: 보스만 사건을 중심으로,"『황해문화』, 35권 (2002).

조홍식, "유럽통합과 축구: 연쇄효과의 사례연구,"『EU연구』, 45호 (2017).

Borja, García, "UEFA and the European Union: From Confrontation to Cooperation," Journal of Contemporary European Research, Vol. 3, No. 3 (2007).

Carrington, Ben, Race, Sport and Politics: The Sporting Black Diaspora (SAGE Publications, 2010).

Chakawata, Webster T., "EU Normative Actorness in Sport: An Idea(l) Whose Time Has Come?," Sports Law, Policy & Diplomacy Journal, Vo. 1, No. 2 (2023).

Doidge, Mark, Football Italia: Italian Football in an Age of Globalization (Bloomsbury Academic, 2015).

European Commission, ""Joint Statement on UEFA's Financial Fair Play Regulations," Brussels: EC Publications Office, https://competition-policy.ec.europa.eu/system/files/2022-03/2012_financial_fairplay_and_state_aid_in_professional_football_joint_statement_en.pdf.

European Commission, "European Commission and UEFA strengthen partnership with new cooperation agreement up to 2025," https://ec.europa.eu/commission/presscorner/detail/en/ac_22_6010.

European Parliament, "Sport," https://www.europarl.europa.eu/factsheets/en/sheet/143/sport.

Fisher, Eric, "Champions League Begins: Bigger Prize, More Games, Player Backlash," Front Office Sports, 2024. 09. 17, https://frontofficesports.com/champions-league-

begins-bigger-prize-more-games-player-backlash/ (검색일: 2024. 12. 15).
Haas, Ernst B., The Uniting of Europe: Political, Social and Economic Forces 1950-1957 (Stanford University Press, 1958).
Haas, Ernst B., "International Integration: The European and Universal Process," International Organization, Vol. 15, No. 3 (1961).
Höppner, Thomas, "UEFA Champions League: For the Game. For the World?", European Competition Law Review, Vol. 39, No. 1 (2018).
King, Anthony, "Football Fandom and Post-National Identity in the New Europe," British Journal of Sociology, Vol. 51, No. 3 (2000).
King, Anthony, The European Ritual: Football in the New Europe (Ashgate Publishing, 2003).
Mark, John, "UEFA, the EU and Financial Fair Play," Politique européenne, No. 36 (2012).
Moravcsik, Andrew, The Choice for Europe: Social Purpose and State Power from Messina to Maastricht, (Cornell University Press, 1998).
Parrish, Richard, "Social Dialogue in European Professional Football," European Law Journal, Vol. 17, No. 2 (2011).
Peeters, Thomas et al., "Financial fair play in European football," Economic Policy, Vol. 29, No. 78 (2014).
Risse, Thomas, A Community of Europeans? Transnational Identities and Public Spheres (Cornell University Press, 2010).
Schmitter, Philippe C., "Ernst B. Haas and the Legacy of Neofunctionalism", Journal of European Public Policy, Vol. 12, No. 2 (2005).
Solhekol, Kaveh, "UEFA's new financial sustainability regulations to replace FFP: All you need to know." Skysports, 2022. 04. 07, https://www.skysports.com/football/news/11095/12584543/uefas-new-financial-sustainability-regulations-to-replace-ffp-all-you-need-to-know (검색일: 2024. 12. 15).
UEFA, "Our history," https://www.uefa.com/about/our-history/. (검색일: 2024. 12. 10).
UEFA, "How UEFA's men's club competitions help to ensure competitive balance and development through financial distribution," 2024. 10. 03, https://www.uefa.com/news-media/news/0292-1c0065931946-f5061732ee69-1000—how-uefa-s-men-s-club-competitions-help-to-ensure-compet/. (검색일: 2024. 12. 15).

Vieli, André, "UEFA: 60 years at the heart of football," p. 41. https://editorial.uefa.com/resources/021f-0f842a4ba426-22bf135e36bc-1000/uefa_60_years_at_the_heart_of_football.pdf.

Vonnard, Philippe, "Gathering Europe in Football: UEFA, the Development of European Football and the Cold War (1949-1961)," STADION, Vol. 44, No. 1 (2020).

Weatherill, Stephen, "The Rule of Law and the Effective Protection of Taxpayers' Rights in VAT Law," World Journal of VAT/GST Law, Vol. 6, No. 1 (2017).

Weiler, Joseph H. H., The Constitution of Europe: "Do the New Clothes Have an Emperor?" and Other Essays on European Integration (Cambridge University Press, 1999)

Wendt, Alexander, Social Theory of International Politics (Cambridge University Press, 1999).

Wilson, Joanathan, "Everything That's Wrong About the Future of the UEFA Champions League," Sports Illustrated, 2021. 03. 31, https://www.si.com/soccer/2021/03/31/champions-league-future-format-expansion-swiss-system-criticism. (검색일: 2024. 12. 15).

저자 소개

제1장을 집필한 김봉철 교수는 한국외국어대학교 법과대학을 졸업하고 같은 대학원에서 법학석사를 취득하였으며, 영국 외무부의 Overseas Research Scholarship으로 King's College London에서 법학박사(Ph.D in Law) 학위를 취득하였다. 한국유럽학회장인 김봉철 교수는 한국외국어대학교 국제학부 교수로 재직하면서 EU연구소장을 역임하였고, 현재 HUFS-Jean Monnet EU Centre 공동소장 및 발트연구센터와 극지연구센터의 센터장 업무도 수행하고 있다.

제2장을 집필한 김수미 교수는 UC버클리대학교에서 역사학을 전공한 후, 영국 맨체스터대학교와 레스터대학교에서 국제문화교류를 연구 주제로 박물관학 석사와 박사 학위를 취득하였다. 한국외국어대학교 세계문화예술경영학과와 국제지역대학원에서 문화외교와 박물관학을 강의했으며, 현재 한양대학교 국제대학 글로벌콘텐츠융합학부 교수로 재직 중이다. 한-유럽 관계를 포함한 글로벌 맥락에서 문화정책과 실천의 흐름을 연구하고 있다..

제3장을 집필한 송은지 박사는 한국외국어대학교 헝가리어과를 졸업한 후, 동 대학에서 문화콘텐츠학 석 · 박사 학위를 취득하였다. 현재 한국외국어대학교 헝가리학과에서 특임강의교수로 재직 중이며, 주요 연구 분야는 유럽

및 헝가리의 문화와 문화콘텐츠, 도시 및 지역연구로, 해당 분야에서 강의와 연구를 활발히 진행하고 있다.

제4장을 집필한 정호윤 교수는 한국외국어대학교 포르투갈(브라질)어과를 졸업하였으며, 동 대학원에서 정치학 석사를 취득한 이후 미국 University of Hawaii at Manoa에서 정치학 박사(Ph.D in Political Science) 학위를 취득하였다. 현재 국립부경대학교 국제지역학부 교수로 재직중이며, 주로 중남미, 유럽 지역의 정치, 국제관계 및 국제개발협력과 관련된 연구를 수행하고 있다.

제5장을 집필한 강채희 박사는 한국외국어대학교 독일어과를 졸업한 후, 동 대학원에서 문학 석·박사 학위를 취득하였으며, 박사 과정 중 독일 함부르크 대학교에서 연구 연수를 수행하였다. 현재 가톨릭대학교 인간학연구소의 전임연구원 및 한국외국어대학교 강사로 재직 중이며, 동시에 출간 작가로서 연구와 집필을 이어가고 있다.

제6장을 집필한 구지훈 교수는 한국외국어대학교 이탈리아어과를 졸업하고 이탈리아 볼로냐대학교 대학원 미술사학과에서 석사와 박사학위를 취득하였다. 귀국 후 여러 대학에 출강하면서 서양미술사를 중심으로 다양한 강의와 연구를 이어나갔으며, 현재는 국립창원대학교 사학과 부교수로 재직 중이다. 대학 강의와 일반 대중 강연뿐만 아니라 미디어와 콘텐츠에도 관심이 많아 TvN 〈벌거벗은세계사〉 프로그램의 66화, 〈레오나르도와 미켈란젤로〉, 88화 〈갈릴레오 갈릴레이의 불편한 진실 〉편에 출연한 것을 바탕으로 축구해설위원 박문성의 채널 〈달수네 라이브〉, 방송인 이금희 아나운서의 〈마이금희〉, 이탈리아 방송인 알베르토 몬디의 채널 등의 유튜브 채널에도 자주 출연하고

있다. 이탈리아 미술사와 역사를 중심으로 다양한 유럽의 문화와 현상 등에 관심을 갖고 연구와 강의를 이어가고 있다.

제7장을 집필한 이하얀 박사는 한국외국어대학교 그리스·불가리아학과에서 졸업하였으며, 동 대학 국제지역대학원에서 경제학 석사를, 불가리아 정부 초청 장학생으로 선발되어 불가리아 소피아대학교에서 정치학 박사를 취득하였다. 현재 한국외국어대학교 EU연구소 인문사회연구사업단 연구교수로 재직 중이며, 중동부 유럽 관련 연구를 진행하고 있다.

제8장을 집필한 박종호 박사는 한국외국어대학교 국제학부를 졸업하고, 동 대학 국제지역대학원에서 정치학 석사를, 뉴욕 주의 정부 초청 장학생으로 선발되어 뉴욕주립대학교 빙엄턴 캠퍼스에서 정치학 박사를 취득하였다. 현재 한국외국어대학교 국제지역연구센터에서 연구교수로 재직 중이다.

제9장을 집필한 안준철 교수는 한국외국어대학교 법과대학을 졸업하였으며, 동 대학원에서 언론학 석사와 커뮤니케이션학 박사학위를 취득하였다. 스포츠 전문 매체 『MK스포츠』에서 기자로 일하며 올림픽, 아시안게임, 월드컵 축구 아시아 지역 예선 등 주요 국제대회를 취재했다. 현재 호남대학교 미디어커뮤니케이션학과 교수로 재직 중이며, 『이데일리』에 [안준철의 스포츠 시선]이라는 칼럼을 연재 중이다. 현재 한국유럽학회 홍보소통이사와 한국스포츠미디어학회 기획이사 업무도 수행하고 있다.

제10장을 집필한 홍재웅 교수는 한국외국어대학교 스칸디나비아어과를 졸업하고, 스웨덴 스톡홀름대학교(Stockholms universitet)에서 연극학 석사 및 박사학위를 취득하였다. 북유럽의 문화와 사회과학을 아우르는 융합적 연구

를 지속해 왔으며, 노벨문학상 수상 작가 욘 포세(Jon Fosse)를 비롯한 주요 북유럽 작가들의 작품을 번역하고 국내에 소개하고 있다. 현재 한국외국어대학교 스칸디나비아어과 교수로 재직 중이며, 세계문화예술경영연구소장과 세미오시스 연구센터 운영위원으로 활동하고 있다.

제11장을 집필한 이은경 교수는 한국외국어대학교 노어과를 졸업했고 동 대학원 노어노문학과에서 문학 박사 학위를 받았다. 저자는 현재 한국외국어대학교 국제지역연구센터 HK교수로 재직하며 러시아문학과 문화를 가르치고 연구하고 있다. 현재 한국노어노문학회 대외협력이사 업무를 수행하고 있다.

제12장을 집필한 신의찬 박사는 한국외국어대학교 국제학부를 졸업하고, 동 대학 국제지역대학원에서 정치학 석사 및 국제지역학(유럽연합) 박사학위를 취득하였다. 현재 한국외국어대학교 EU연구소 책임연구원으로 재직 중이며, 글로벌전략협력연구원 선임연구원으로도 활동하고 있다. 주요 연구 분야는 국제관계 및 국제협력, 유럽연합 정치 및 정책이며, 이와 관련된 연구와 강의를 진행하고 있다.

축구로 보는 유럽

초판 인쇄 2025년 10월 2일
초판 발행 2025년 10월 15일

지은이 김봉철 김수미 송은지 정호윤 강채희 구지훈
이하얀 박종호 안준철 홍재웅 이은경 신의찬
발행인 박정식
기획 신선호
편집장 장혜정
도서편집 박미현
디자인 고지연
출판행정 김가은
경영기획 김세희
인사행정 유빈
재무회계 곽순석 김세아
캐릭터 김세원
발행처 한국외국어대학교 지식출판콘텐츠원
02450 서울특별시 동대문구 이문로 107
전화 02)2173-2494~7
FAX 02)2173-3363
홈페이지 http://press.hufs.ac.kr
전자우편 press@hufs.ac.kr
출판등록 제6-6호(1969. 4. 30)
인쇄·제본 (주)파일투프린트 02)2285-0620

ISBN 979-11-7199-317-8 (93920) **정가** 27,000원

* 잘못된 책은 교환하여 드립니다.

HUINE 은 한국외국어대학교출판부의 어학도서, 사회과학도서, 지역학도서 Sub Brand이다. 한국외대의 영문명인 HUFS, 현명한 국제전문가 양성(International+Intelligent)의 의미를 담고 있으며, 휴인(携引)의 뜻인 '이끌다, 끌고 나가다'라는 의미처럼 출판계를 이끄는 리더로서, 혁신의 이미지를 담고 있다.